CORPVS SCRIPTORVM ECCLESIASTICORVM LATINORVM

EDITVM CONSILIO ET IMPENSIS
ACADEMIAE SCIENTIARVM AVSTRIACAE

VOL. LXXX

SANCTI AVRELI AVGVSTINI OPERA

SECT. VI PARS VI

DE DOCTRINA CHRISTIANA

RECENSVIT ET PRAEFATVS EST
GVILELMVS M. GREEN

VINDOBONAE
HOELDER-PICHLER-TEMPSKY
MCMLXIII

Verlag der
Österreichischen Akademie
der Wissenschaften
ÖAW

SANCTI AVRELI AVGVSTINI OPERA

SECT. VI PARS VI

DE DOCTRINA CHRISTIANA

LIBRI QVATTVOR

RECENSVIT ET PRAEFATVS EST

GVILELMVS M. GREEN

VINDOBONAE
HOELDER-PICHLER-TEMPSKY
MCMLXIII

Verlag der
Österreichischen Akademie
der Wissenschaften

ÖAW

VINDOBONAE
Ex officina typographica
R. Spies & Co.

CONSPECTVS MATERIAE

PRAEFATIO

I. De origine librorum

Inter opuscula quae Augustinus primis annis episcopatus sui scripsit libri de doctrina Christiana quartum locum tenent. Opus tamen illo tempore conficere nequivit neque iterum in manus suscepit donec senex opuscula sua omnia recensuit. Tum denique scripsit: 'Libros de doctrina Christiana cum imperfectos comperissem, perficere malui quam eis sic relictis ad alia retractanda transire. Complevi ergo tertium, qui scriptus fuerat usque ad eum locum ubi commemoratum est ex evangelio testimonium de muliere quae abscondit fermentum in tribus mensuris farinae donec fermentaretur totum' (3, 35). 'Addidi etiam novissimum librum et quattuor libris opus illud implevi; quorum primi tres adiuvant ut scripturae intellegantur, quartus autem quomodo quae intellegimus proferenda sint' (Retract. 2, 4). His verbis apparet circiter triginta annos intercessisse, cum auctor operi finem anno 426 imposuit. Episcopus enim anno 395 consecratus tanta celeritate libros edidit ut verisimile sit eum quattuor opuscula septem libros continentia uno fere anno scribere potuisse (cf. S. M. Zarb, Chronologia operum sancti Augustini, 41—43).

Ex his verbis Retractationum videtur prima pars huius operis iam in publicum prodisse sicut cetera scripta quae senex tum retractabat. Tres enim locos secundi libri reprehendit, id quod minime necesse fuisset, si librum nondum edidisset. Quae res etiam verbis operis Contra Faustum anno 398 scripti probatur: 'Quod vero expoliavit Aegyptios (Moyses) iussu domini dei sui nihil nisi iustissime iubentis, quid praefiguraverit, iam in quibusdam libris quos De doctrina Christiana praenotavi, quantum mihi tunc occurrit, me recolo posuisse, quod auro et argento et veste Aegyptiorum significatae sint quaedam doctrinae quae in ipsa consuetudine gentium non inutili studio discantur' (Contra Faustum 22, 91). Si verum est, ut olim opinatus est de Bruyne (Rev. d'hist. eccl. 23, 1927, 784), Augustinum non hic affirmare se libros iam edidisse, rem valde inauditam habemus, id est, talem mentionem fieri librorum nondum divulgatorum. Sed aliud argumentum eiusdem de Bruyne maius pondus habet. Nam, ne quando extitisse credamus editionem librorum duorum cum parte tertii libri, consuetudinem Augustini commemorat qua partes maioris operis non nisi in libris perfectis edebat, velut in libris De civitate Dei atque in libris Contra litteras Petiliani; non igitur verisimile esse eum tertium librum adhuc imperfectum edidisse.

De hac editione antehac dubitari poterat, quod nullus codex manuscriptus qui textum eius exhiberet in lucem prolatus erat. Sed codex unus latebat, quem iam diu vir quidam peritus designaverat antiquissimum omnium codicum qui opuscula Augustini habent (Chatelain, Uncialis Scriptura, 1901, 6). Hic codex olim Corbeiensis, hodie Leninopolitanus Q. v. 1, 3, ab editoribus Maurinis adhibitus est et ab eis 'perquam egregius, ante mille annos descriptus' designatus est (PL 40, 101). Opuscula quattuor continet quae initio episcopatus sui Augustinus scripsit, eodem ordine posita quo auctor opera in secundo libro Retractationum enumerat, id est:

Ad Simplicianum libros duo de diversis quaestionibus (foliis 1—49)
Contra epistulam Manichaei quam vocant Fundamenti librum unum (49—85)
De agone Christiano librum unum (86—106)
De doctrina Christiana libros duo (106—152).

Litterae unciales eius formae sunt quae in codicibus antiquissimis legitur, ita ut vir horum codicum peritissimus E. A. Lowe me certiorem facere potuerit codicem sine dubio quinti saeculi esse, nisi forte etiam antiquiorem. De hoc codice iam scripsi (Revue Bénédictine 69, 1959, 191—197) quod mihi obvium videbatur: nos hic habere illam primam editionem, non duorum librorum cum parte tertii divulgatorum (quae res monstrum fuisset), sed librorum duorum qui soli iam completi erant. Finem habet textus in prima columna folii recti, ita ut spatium nimis amplum ad colophonem cum ornamentis suis inserendum maneret. Ultima verba libri secundum morem Augustini argumentum sequentis libri praenuntiant; tertius autem liber ideo, ut mihi persuasum est, non sequitur quia nondum completus erat. Praeterea, si verum suspicor, confectus est codex non solum ante annum 426, sed potius haud multo post annum 396. Nulla enim ratio apparet qua re hi libri in ordine congregati sint, nisi quia is qui codicem parari iussit omnia quae episcopus brevi tempore scripsisset in manibus habere volebat. Suspicor etiam talem codicem facilius Hippone Regio in scriptorio ipsius Augustini quam alibi parari potuisse, nam ibi, ut memorat Possidius (Vita 18, 10), omnium operum servabantur emendatoria exemplaria e quibus libri describi a quovis petente poterant. Sicut Paulinus anno 394 quinque libris contra Manichaeos ab Augustino acceptis quaesivit num quid in alios hostes catholicae fidei scripsiset, item alius lector postea ab Augustino petere potuit libros omnes quos ab initio episcopatus scripserat.

Auctor ipse quid hoc opere efficere voluerit iam ab initio patefacit: 'Sunt praecepta' inquit 'tractandarum scripturarum, quae studiosis earum video non incommode posse tradi... Haec tradere institui volentibus et valentibus discere' (Prol. 1). Deinde reprehensoribus pauca respondet: 'Duae sunt res quibus nititur omnis tractatio scripturarum, modus inveniendi quae intellegenda sunt et modus proferendi quae intellecta sunt' (1, 1). Et paulo post: 'Omnis doctrina vel rerum est vel signorum, sed res per signa discuntur' (1, 2). Argumentum igitur quattuor libris ita distribuit ut primo libro de rebus, secundo de signis, tertio de ambiguis signis, quarto de proferendis eis quae sentimus disputet.

Apparet etiam quibus lectoribus quattuor libri praeparati sint, id est, omnibus studiosis sacrae scripturae qui discere volebant et valebant. Itaque praecepta et de rebus et de signis omnibus Christianis apta sunt, omnibus enim viam ad salutem aeternam pastor monstrare volebat. Res intellegendae atque praecepta observanda in scripturis inveniuntur, omnibus igitur tradendae sunt regulae tractandarum scripturarum. Mirari igitur possumus quomodo orta sit controversia, utrum ad usum clericorum an cuiuslibet hominis hi libri scripti sint. Inter alios negat G. Boissier (Fin du paganisme 1, 1891, 342) opus ad usum omnium paratum esse, nam Augustinum tantumnodo clericos instituere voluisse. Quam sententiam recte respuit H.-I. Marrou (Saint Augustin et la fin de la culture antique, 1938, 332, n. 1; 380—385), qui dum mentionem facit multorum laicorum quibus Augustinus aut epistulas aut tractatus de rebus divinis scripsit, nostrorum potius temporum esse affirmat distinctionem facere inter studia quae clericis et quae ceteris apta sint. Fatendum tamen est disputationem quarti libri de proferendo quae intellecta sunt, aut omnino aut magna ex parte ad officium clericorum pertinere. Nam quis alius est 'cui est in ecclesia persona doctoris imposita' (4, 33), quis ille 'doctor ecclesiasticus' qui 'de loco superiore populis' dicit (4, 35), 'de loco scilicet superioris sedis ecclesiasticae, quam sana doctrina constituit' (4, 95)?

Licet igitur concludere Augustinum ab initio velle omnibus Christianis rationem studiorum tradere, id est modum inveniendi quae intellegenda sunt et modum proferendi quae intellecta sunt, hanc tamen partem de proferendo potius ad clericos pertinere. Prima pars igitur ad omnes pertinet, altera pars tantummodo ad eos pertinere potuit qui eloquentes ecclesiastici fieri volebant. Neque in prima parte sunt singuli libri omnibus lectoribus eiusdem momenti. Nam liber primus res continet fidei quae accipiendae sunt et praecepta quae observanda sunt omnibus Christianis. Secundus autem liber post distinctionem inter genera signorum septem gradus ad sapientiam describit (2, 9—11), quorum tertia est scientia scripturarum. Deinde sequitur canon scripturarum et disputatio de cognitione linguarum artium institutionum huius mundi, id est de omnibus quae utilia sunt ad scripturas intellegendas et ad adversarios refutandos. Cuius rei similitudinem Hebraei dederunt, qui idolis Aegyptiorum relictis secum ex Aegypto vasa atque ornamenta de auro et argento ad usum meliorem portaverunt (2, 60). Haec est summa huius libri, immo totius operis: qui per scientiam scripturarum Deo perfrui vult, rebus atque disciplinis huius mundi ad hunc finem utitur.

Eisdem lectoribus scriptus est etiam tertius liber, omnibus scilicet (ut verbis ipsius utar) qui deum timentes voluntatem eius in scripturis sanctis diligenter inquirunt. Neque longe distat res quae ibi tractatur; nam ad secundum librum de signis additur tertius de ambiguis signis, qui studiosos iam cognitione rerum necessariarum instructos iubet venire ad ambigua scripturarum discutienda atque solvenda. Ambiguitates autem aut in verbis propriis esse dicuntur aut in translatis (3, 1). Deinde breviter de verbis propriis locutus (3, 2—8), id est de impedimentis quae primum sensum verborum obscurant, ad rem maioris momenti pergit: 'Sed verborum translatorum ambiguitates, de quibus deinceps loquendum est, non mediocrem curam industriamque desiderant. Nam in principio cavendum est ne figuratam locutionem ad litteram accipias. Et ad hoc enim pertinet quod ait apostolus: Littera occidit, spiritus autem vivificat. Cum enim figurate dictum sic accipitur tamquam proprie dictum sit, carnaliter sapitur; neque ulla mors animae congruentius appellatur quam cum intellegentia carni subicitur sequendo litteram.'

Quibus verbis videtur Augustinus non tam de schematibus sive tropis rhetorum antiquorum disputare velle, quam de scripturarum sensu spiritali qui allegoria continetur. Ipse enim quondam erroribus Manichaeorum implicatus nodos quaestionum de vetere testamento solvere nequiverat, donec sensum spiritalem ab Ambrosio episcopo accepit. Postea cum Manichaeis saepe et libris et colloquiis disputans victoriam semper auxilio interpretationis allegoricae reportavit, neque ullus locus scripturarum saepius allatus est quam verba apostoli supra citata (cf. J. Ries, La Bible chez saint Augustin et chez les Manichéens, Revue des Études Augustiniennes 7, 1961, 231—243). Quod argumentum in hoc libro de ambiguitatibus minime neglegendum iudicavit, sed amplius producit (3, 13—34); postremo autem pauca loquitur (3, 35—41) de varietate similitudinum et de modis locutionis quos grammatici tropos vocant. Deinde sequitur (3, 42—56) expositio septem regularum Tichonii Donatistae, quas Augustinus valde utiles iudicabat ad penetranda obscura scripturarum. His regulis compendium artis hermeneuticae, ut dicitur, studiosis oblatum est, et libro finis commodus imponitur. Confer sis verba quae scripsit B. Altaner (Patrologie, 1958, 393): 'Buch 1—2 handeln von der für ein erfolgreiches Schriftstudium notwendigen profanwissenschaftlichen und theologischen Vorbildung, 3 bietet eine Hermeneutik und 4 eine Homiletik.'

Si forte duas classes lectorum distinguere possumus, eorum scilicet qui cognitione scripturarum ad sapientiam venire volebant, et eorum qui doctores ecclesiastici fieri nitebantur, illis quidem libri I et II maxime apti sunt, his autem quartus liber. Tertius liber in medio positus magis ad doctores et defensores fidei instituendos spectat quam ad usum plebis Christianae. Etsi huius distinctionis auctor nusquam mentionem facit, suspicari tamen licet eum satis intellexisse quot homines ad studia pietatis prioribus libris allicere posset, quorum magna pars ambigua scripturarum atque praecepta eloquentiae tertio et quarto libris exposita minus curabat.

Quae res, ut mihi persuasum est, nos adiuvare potest ad solvendam quaestionem iam diu obscuram, id est: quare Augustinus priores libros sine mora divulgare maluerit, cum reliquam partem triginta annos neglexerit. Non est dubitandum quin negotia diversa saepe episcopum premere potuerint, ita ut necesse esset laborem scribendi intermittere; sed primam partem nisi auctor habere utilitatem propriam credidisset, numquam prius in manus hominum dedisset quam totum opus perficere potuisset.

II. De codicibus

De codice Leninopolitano Q. v. I, 3, antea Corbeiensi, pauca *C* iam scripsi (p. VIII). Cum mihi codicem ipsum inspicere non liceret, praefecti bibliothecae benigne imagines photographicas parandas curaverunt. Huius libri amplissimam descriptionem una cum commemoratione eorum qui iam antea de libro scripserant, invenire potes apud O. Dobiaš-Roždestvenskaia, Histoire de l'atelier graphique de Corbie, 1934, 51. 110—112. 137—8. Conferenda etiam sunt ea quae rettulit Iosephus Zycha in editione operum Contra epistulam Fundamenti et De agone Christiano (CSEL 25, 1891, XXVII—XXX; 41, 1900, XIV sq.). Zycha a bibliothecariis monitus affirmavit codicem ab uno librario diligenter scriptum esse, Dobiaš autem alteram manum inde a folio 137 discrevit. Et re vera duabus rebus nova manus facile distinguitur; nam litterae singulae quae cuiusque paginae et columnae primum locum habent fere eiusdem magnitudinis sunt qua ceterae (id quod ab usu primi librarii discrepat), et lineola quae in fine lineae posita litteram *m* vel *n* designat nusquam fere a manu nova adhibetur. Quondam e quaternionibus viginti compositus, codex post folium 132 quaternionem unum amisit, qui partem textus libri secundi habebat inde a verbis 'tribus Iohannis' (2, 13) usque ad 'posita inven-' (2, 26).

Qui totum librum diligenter examinaverit, vix a Zycha dissentire poterit, qui affirmavit eum verba Augustini integerrime servavisse, lacunas autem numero esse paucissimas singulasque ambitu perexiguo (CSEL 25, XXVIII; 41, XV). Textum libri Contra epistulam Fundamenti quater correctum esse credit Zycha, sed quotiens correcti sint libri De doctrina Christiana vix affirmare audeo. Fere deciens singulae voces vel syllabae aut supra lineam aut in margine supplentur manu unciali quae eiusdem aetatis esse potest, totidem autem locis quaedam litterae formam habent quae semiuncialis vocatur. In margine folii 124^{v} sex voces 'sed per eas potius curramus alacriter' (1, 38, 36) litteris minusculis eius formae scriptae sunt quae propria est abbatiae Corbeiensis tempore abbatis Leutcharii 751—768 (Dobiaš, 137; L. W. Jones, Speculum 22, 1947, 384), quare nobis licet suspicari librum ibi eo tempore correctum esse.

Hae correctiones fere omnes ad lacunas supplendas factae sunt. Duobus tamen locis reperies vocem unam additam, ut videtur, ad locum evangelii clarius latine interpretandum. Quem locum (Matth. 22, 40) Vetus Latina, dum Graecum ad verbum sequitur, sic habet: 'In his duobus praeceptis tota lex pendet et prophetae.' Haec verba sic compluribus locis scripsit Augustinus, semel autem (Mor. eccl. 1, 59): 'Tota lex pendet et omnes prophetae'. Quae vox 'omnes' neque in textu Graeco neque, quod sciam, in ceteris scriptoribus Latinis invenitur; suspicor igitur eam ab ipso Augustino additam esse dum secundum morem suum versionem Latinam emendat (cf. C. H. Milne, A reconstruction of the old Latin text of the Gospels used by saint Augustine, 1926, 61; D. de Bruyne, Saint Augustin reviseur de la Bible, Miscellanea Agostiniana, II, 1931, 521 sq.). In primo autem libro De doctrina Christiana haec verba bis citantur (1, 27 et 31), ubi maior pars codicum vocem 'omnes' habet, altera pars omittit; Corbeiensis quidem prima manus omisit vocem, quae postea supra lineam in folio 119^{v}, in margine folii 121^{v} addita est. Quae res certe non casu facta est, neque credi potest scribam sua sponte vocem addidisse, sed potius videmur correctionem ipsius auctoris habere; num manu ipsius in hoc codice scripta sit, nescio.

Alia de hoc libro quaestio manet, quam nemo, quod sciam, adhuc solvere conatus est. Nam post colophonem a librario in altera columna ultimi folii confectum spatium modicum relictum est, ubi uncialibus litteris, manu minus perita, ut videtur, scriptum legimus:

P
LEGE ET ORA PEC
O CA
M TO
E RE
AG*** INUS

Hae litterae utrum eiusdem aetatis sint an posterioris (ut viro peritissimo E. A. Lowe videtur), nescio, nam alii huius disciplinae periti nihil pro certo affirmare audent. Vix tamen dubitari potest quin nomen Augustini episcopi ibi subscriptum sit, dum ipse pro se preces legentium postulat. Neque facile intellegitur quare lector aut librarius recentioris aetatis hanc postulationem sine auctoritate Augustini ipsius supponere voluerit. Quamdiu igitur de aetate scripturae dubitare licet, in promptu est suspicari nos hic in fine huius codicis nomen autographum ipsius auctoris ante oculos habere.

Praeter hunc Leninopolitanum, olim fortasse Hipponensem, codices omnes intra spatium fere quadringentorum annorum scripti, qui libros De doctrina Christiana continebant, e conspectu hominum elapsi sunt; eorum autem qui ante annum 900 scripti esse videntur undecim in bibliothecis Europae hodie exstant. Hos omnes una cum quattuordecim posterioris aetatis ad hanc editionem parandam adhibui. E prioribus distinguuntur sex et textus similitudine et alia re singulari; nam ante exordium quarti libri tabulam habent quae rerum in singulis libris tractatarum rationem exhibet:

I. Liber de rebus continentibus fidem
II. De rebus et signis
III. De signis et verbis
IV. De omnibus quae intelleguntur proferendis

De origine huius tabulae nihil temere affirmo, codices tamen qui illam exhibent persaepe in textu lectionem genuinam contra ceteros retinere videntur, alibi autem erroribus perspicuis deformati sunt, velut 3, 45, 11, ubi sex verba de capite praecedenti insulse repetuntur. Si haec verba litteris 31 scripta unam lineam occupaverunt illius exemplaris de quo haec familia originem sumpsit, veri simile videtur illam tabulam litteris maiusculis temporis antiquioris scriptam fuisse.

D Huius familiae antiquissimus est alter codex Corbeiensis, nunc Parisinus bibliothecae nationalis 13359. In primo et ultimo folio eius leguntur versus cuiusdam Angilberti, qui librum conficiendum curaverat ut eum 'Hlodoico regi' daret. Satis probavit L. Traube (Abh. Bayr. Akad. 19, 1891, 322-329) hunc Angilbertum non esse abbatem Corbeiensem, sed illum poetam et generum Caroli Magni qui abbatiam Centulensem anno 790 accepisset, regem igitur in versibus nominatum sine dubio esse filium Caroli qui Ludovicus Pius vocabatur. Versus autem propter mentionem fratris, uxoris prolisque annis 796—810 scriptos iudicat Traube. Librum igitur eo tempore in scriptorio Centulensi fabricatum donavit Angilbertus abbas Ludovico regi suo. Liber autem ante annum 1200 in abbatiam Corbeiensem transportatus cum aliis scriptis religatus est quae nunc folia 1—17 occupant, id est, sermones 'De gloria Petri apostoli magni' et 'De tribus sancti Petri festivitatibus'. Nam catalogus fere eo tempore factus habet: 'De gloria et festivitatibus. Augustinus de doctrina Christiana' (Becker 136, 21). Liber deinde in bibliotheca Corbeiensi usque ad annum 1638 servatus est, quo tempore in coenobium sancti Germani a Pratis migravit, postea tandem 1795—1796 in sedem hodiernam. Pluribus ut videtur manibus tam accurate scriptus est ut paucis correctionibus egeret. Raro ad lacunas supplendas supra lineam sunt singulae voces aut syllabae; undecies in margine maiores omissiones supplentur. Hae in textu variis notis signantur semper eadem nota in margine respondente; correctiones autem omnes nisi fallor saeculi noni esse possunt. Hunc codicem una cum Corbeiensi antiquiore adhibuerunt Maurini ad editionem anni 1680 parandam, id quod monstratur lineis hic illic in utroque libro ductis supra lectiones quae ab editionibus prioribus discrepant; sed hunc librum recentiorem Maurini multo saepius talibus lineis deformaverunt.

Eiusdem familiae et eiusdem fere aetatis est codex Colo- *K* niensis ecclesiae metropolitanae 74, duabus manibus tempore archiepiscopi Hildobaldi (785—819) scriptus. Hunc inter alios codices Colonienses accuratissime descripsit vir doctus L. W. Jones (The Script of Cologne from Hildebald to Hermann, 1932, 49—51). Codex circiter anno 805 exaratus mox primam partem quae tredecim quaterniones habuit amisit, deinde altera manus non multo posterior decem quaternionibus textum amissum supplevit. Post libros De doctrina Christiana sequuntur duo libri De Genesi contra Manichaeos, non quidem completi, sed cum verbis 'omni ligno paradisi' (PL 34, 216) interrupti. Verba perperam scripta saepe manu non multo posteriore coniectura, ut videtur, correcta sunt; saepe etiam neglegentem correctorem latuerunt errores, quorum maiorem partem ab apparatu critico exclusi. Hic illic in margine apparent adnotationes velut ab aliquo magistro additae: 'Hic adtende lector' vel 'Pal ad Rom' (id est, Paulus ad Romanos) vel 'Nota mirabiliter expressum'.

De codice Coloniensi exscriptus est Lugdunensis 609, qui *Lugd.* prima pagina de se testatur: 'Liber oblatus ad altare sancti Stephani dono Remigii episcopi.' Hic episcopus Lugdunensis annis 852—875 erat. In fine autem (f. 133^{v}) legimus: 'Martinus presbyter scripsit.' Textus ubique Coloniensi simillimus est, dum correctiones prioris codicis in textum recipiuntur, colophones ad verbum respondent, adnotationes magna ex parte apparent, in fine textus eisdem verbis abrumpitur. Et si quis adhuc dubitare velit, hic locus animadvertendus est: ubi Coloniensis folio 40^{v} habet: 'et con/sensiones eius vident. Sicut enim, verbi gratia, una figura lit/terae quae', librarius Lugdunensis neglegenter versum integrum praetermittens scripsit: 'et conterae quae' (2, 37, 11.)

Extat tertius eiusdem familiae codex hodie Monacensis *A* 3824, olim Augustanae ecclesiae 124. Continet praeter libros

De doctrina Christiana (ff. 1—94) etiam duos libros De Genesi contra Manichaeos (ff. 94—135), quae opuscula etiam codex Coloniensis habet. Secundum iudicium Bernhardi Bischoff (Die südostdeutsche Schreibschule, 12) liber quattuor aut pluribus manibus ante medium saeculi noni in Germania occidentali scriptus esse videtur. Cognationem cum Coloniensi aliae quoque res indicant. Nam in fine secundi libri legimus: 'Explicit de doctrina christiana liber secundus. Deo gratias. Incipit liber tertius de eadem re.' Hic colophon ad verbum cum Coloniensi consentit neque alibi nisi in Lugdunensi reperitur. Inter alias lectiones horum proprias notanda est vox 'praemonentem' (2, 50, 22), quae immutata in Coloniensi exstat, in Augustano autem altera manu correcta est.

Ceteris suae familiae dissimilis est Augustanus, quod tabulam ante textum quarti libri interpositam non habet. Nam post verba 'EXPLICIT LIBER TERTIUS DE DOCTRINA XPIANA. ANEM.' (sic) in summo folio 66 recto scripta, neque tabula huius familiae propria sequitur neque textus libri insequentis, sed spatium vacuum manet; pergamenae autem pars integra postea exsecta est. Verba enim 'INCIPIT LIBER QUARTUS' et quae sequuntur alia manu scripta primum locum novi quaternionis habent, ut me benigne docuit vir huius rei peritus, Günther Bernt. Qua re apparet laborem textus exscribendi inter plures divisum esse, ita ut neque prior librarius tertii libri neque posterior tabulam exscripserit.

Huius familiae restant duo codices ita inter se coniuncti ut saepe partem suam deserentes cum codicibus alterius familiae consentiant, saepe etiam contra omnes lectionem pro-
S priam exhibeant. Horum primus est codex Sangallensis 147, in eodem nonasterio circiter medio saeculo nono manu tam perita exaratus ut rarissime manu correctrice opus esset. Correctionum autem maior pars manu, ut videtur, prima supra lineam factae sunt, ter autem in margine scriptae cum signo ·/.. In margine etiam hic illic inveniuntur adnotationes manu posteriore scriptae, interdum etiam manu quae dicitur cursiva.

Ad verborum circuitus distinguendos adhibentur litterae capitales, item cola et commata signis interpunctionis ostenduntur. Huius libri non folia sed paginae numeris 1—276 signantur.

Cum hoc Sangallensi arte coniunctus est codex Camera- *M*
censis 473, qui secunda parte saeculi noni, ut Bischoff opinatur, fortasse in Germania occidentali scriptus est. Folia 1—116 libros De doctrina Christiana habent, deinde folia 117—131 duas epistulas sancti Hieronymi. Textus distinctiones tam similes sunt eis quae in Sangallensi lectorem adiuvant ut mihi facile persuasum sit ambos codices ab uno exemplari noni saeculi derivatos esse. Praeterea colophones in initio et in fine librorum idem sunt atque in Sangallensi.

Alterius familiae codices noni saeculi fere totidem numero sunt, quorum fortasse antiquissimus est codex Palatinus
Bibliothecae Vaticanae 188, foliorum 81, olim in monasterio *P*
Laureshamensi exaratus. Hunc novissime descripsit E. A. Lowe (Codices Latini Antiquiores I, numero 82), qui eum vel ultimis saeculi octavi vel primis saeculi noni annis scriptum iudicat. In ultimo folio posteriore manu scriptum exstat nomen 'Adalungo abbas' qui annis 805—838 abbas Laureshamensis erat. Verba et syllabae saepe per compendia scripta sunt, quorum pars formae insularis sunt; in principio autem libri et alibi (ff. 1, 3^{v}, 10, 15) versus aliquot litteris formae Anglosaxonicae scripti sunt. Eorum codicum qui mihi noti sunt hic solus Prologum a primo libro separat; primus autem liber a verbis 'Omnis doctrina vel rerum est vel signorum' (1, 2) initium capit. Magis apte tamen manus altera initium libri designat in margine verbis 'Duae sunt res' (1, 1), quo loco etiam editiones nostri temporis initium primi libri habent. Saepius librarius verba omisit vel perperam transcripsit; omissiones plurium vocum variis signis in textu indicantur, dum in margine aut idem aut aliud signum verba omissa introducit. Semel quidem (2, 14, 1—12) praetermisit scriba 86 verba, ita ut totius marginis spatium corrector occupet.

Eiusdem familiae atque fere eiusdem aetatis est codex
Q alter Palatinus cui numerus est 189. Foliis binis columnis scriptis continet libros De doctrina Christiana una cum ea parte Retractationum quae ad illos libros pertinet. Liber sumptuosus videtur, nam primam paginam totam occupat colophon elaboratis capitalibus alternis coloribus scriptus, sed sine vocum separatione; ceteri quoque colophones eodem modo ornati sunt. Librorum singulorum primae columnae uncialibus litteris scriptae sunt. Correctiones perrarae sunt, quarum unam septem verborum f. 47^{v} notavi. Rara etiam sunt compendia praeter ea quae nomina sacra et verbum 'est' designant. Forma scripturae similis est in codicibus Atrebatensi 644 et Einsiedlensi 191 ab E. A. Lowe descriptis (CLA VI, No. 713; VII, No. 874), qua de causa Bischoff codicem Palatinum una cum his primis annis saeculi noni in Gallia septentrionali scriptum esse credit.

Cum his duobus non arte coniunctus est codex Londi-
Lond. niensis Brit. Mus. Add. 11873, in abbatia Cluniacensi annis 948—994 scriptus, qui foliis 60—136 libros De doctrina Christiana habet. Textum eius totum contuli. De hoc libro in praefatione editionis libri De vera religione iam scripsi (CSEL 77, 2, X). Textum contaminatum habet, secundum morem illius temporis, sed plerumque cum *PQ*, hic illic cum *Q* solo consentit, duobus autem locis (Prol. 7, 2; 2, 7, 31) cum altera familia α.

E Eiusdem familiae est codex Parisinus 2704, olim Lemovicensis 129, nuper a bibliothecariis Parisinis accurate descriptus (Cat. Gen. III, 1952, 12). Ante medium saeculi noni in Gallia scriptus, non tamen in parte meridionali, codex saeculo decimo in abbatia sancti Martialis Lemovicensis sedem invenit, postremo autem anno 1730 cum ceteris eiusdem abbatiae libris in Bibliothecam regiam intravit. Licet igitur suspicari hunc codicem eundem esse atque sancti Martialis quem Maurini adhibuerunt, etsi lineas eorum supra verba Augustini ductas frustra quaesivi. Multae correctiones pluribus manibus eiusdem, ut videtur, aetatis factae sunt, adnotationes quoque hic illic in margine litteris minutissimis scriptae sunt.

Quartus huius familiae codex est Parisinus novae acquisitionis 1595, olim sancti Martini Turonensis 74, quem anno 1929 *T* accurate descripsit E. K. Rand (Studies in the script of Tours I, 123 sq.; Plates LXX, LXXI). Scripturam quinque manuum discernit Rand, e quibus duas iudicat similes manibus duorum librariorum qui cum sex aliis codicem Vaticanum Reginensem 762 (Livii historiam) confecerunt. Codicem Livianum iudicat Rand ante adventum Alcuini in scriptorio sancti Martini scriptum esse vel non multo postea, nostrum autem Augustini codicem ipso tempore Alcuini (796—802) vel paulo post; contra Bischoff credit librum fere annis 825—850 exaratum esse. Exceptis nominibus sacris verborum compendia pauca sunt, paucae etiam correctiones, quarum maior pars manu noni, ut videtur, saeculi scripta est; adnotationes tamen plurimae eadem fortasse manu in margine additae sunt. *Atreb.*

Cum Turonensi artissime coniunctus est codex Atrebatensis 628, olim monasterii sancti Vedasti numero 1628 B. 56 signatus, qui foliis 1—52 aliquot tractatus sanctorum patrum, foliis 54—113 libros de doctrina Christiana continet; deinde foliis 113^{v}—125 alia scripta sequuntur. Et in initio et in fine mutilus duodecim hiatus habet qui singula folia desiderare videntur. Iudicat Bischoff librum in Gallia occidentali ante medium saeculi noni confectum esse litteris eius formae quae libros Turonenses in memoriam revocet. Textus autem fere ubique idem est qui in codice Turonensi legitur, quare suspicari licet exemplar eiusdem generis iam primis saeculi noni annis in illa regione exstitisse; codex autem Lemovicensis cum textum similem habeat ab eodem exemplari derivatus esse potest. Ab apparatu huius editionis lectiones codicis Atrebatensis exclusi, quia plerumque cum Turonensi et Lemovicensi consentiunt.

Eiusdem familiae est codex Bambergensis patristicus 21, *B* cuius prima pars (ff. 1—36) Chronica continet Hugonis de sancto

Victore saeculo XII scripta, altera pars nono saeculo scripta libros De doctrina Christiana (ff. 37—129) habet una cum aliis operibus Augustini (ff. 130—146). Hanc partem, sicut inscriptio identidem in margine inferiore repetita testatur, 'Herimarus archidiaconus dedit fratribus Remensis ecclesiae'. Sunt autem aliae adnotationes quae indicant librum in Remensi ecclesia tempore Hincmari episcopi ante annum 882 exstitisse. In Gallia, sed non in scriptorio Remensi eum scriptum esse iudicat Bischoff. Postea in bibliothecam ecclesiae cathedralis Bambergensis migravit. Hanc bibliothecam in nova ecclesia cathedrali anno 1007 instituit imperator Henricus II. eamque regie libris undique collectis ornavit, inter quos nonnulli originem Gallicam habebant (cf. P. Ruf, Mittelalt. Bibliothekskataloge Deutschlands und der Schweiz, III 3, 1939, 321).

Codex Bambergensis, quamquam lectiones familiae β contra adversarios fere ubique sustinet, saepe ipse de via decedit, modo per neglegentiam, modo, ut mihi videtur, quia textum faciliorem aut pulchriorem habere vult. Manibus pluribus hiatus in margine supplentur, textus tamen non ad normam correctus est. Margines adnotationibus abundant.

Fris. A simili fonte aut fortasse ab ipso codice Bambergensi derivatus est codex Monacensis 6301, olim Frisingensis 101, saeculo decimo scriptus. Bambergensem enim in erroribus plerumque sequitur sive neglegenter sive de industria factis.

Duorum codicum qui saeculo sexto in monasterio Bobiensi scripti sunt fragmenta hodie in bibliotheca Ambrosiana Mediolanensi servantur, quorum antiquitas meretur ut ad textum recensendum adhibeantur. Haec accurate ab E. A. Lowe descripta sunt (CLA III, no. 343, 356). Fragmentum primum in duobus ultimis foliis codicis Ambrosiani G. 58. sup. consistit, quae textum Augustini litteris uncialibus scriptum a verbis 'secundum linguas suas' (3, 53, 30) usque ad finem tertii libri habent; pauca tamen verba in summis paginis amissa sunt. Librarium Lowe opinatur esse Italicum. Textus cum codicibus *DKA* consentire videtur. Fragmentum alterum

Ambros. G. 58

inventum est in foliis primo et ultimo eius libri cui signatura est M. 77. sup. Textus aqua, ut videtur, valde corruptus est, ut vix legi possit; collationem tamen facere conatus sum a verbis 'nascentibus vel' (2, 36, 24) usque ad 'quadam lingua cum' (2, 37, 3). Tres lectiones quas in apparatu invenies nullum indicium de familia codicis offerunt. *Ambros. M. 77*

Sunt autem nonnulli codices aetatis posterioris quos ipsos aut imagines eorum contuli, ut naturam unius cuiusque cognoscerem et praesertim ut eos locos inspicerem ubi textus Maurinorum suffragio codicum antiquiorum carere videbatur. Inter eos quos in manibus habui solus codex Monacensis 10048, clare litteris duodecimi saeculi scriptus, tabulam familiae α propriam habet; textus autem ita mixtus est ut saepius lectiones alterius familiae habeat. Quibusdam locis cum codice Londiniensi aut cum correctore eius consentit, inter quos maxime notabilis est vox 'scios' pro 'socios' 1, 6, 13 scripta. Hanc vocem habet etiam codex Florentinus bibliothecae Laurentianae Plut. 13 dext. 5, saeculo XIII scriptus; etiam aliis locis hic codex lectionem editorum contra codices antiquiores continet. *Monac. 10048* *Florent.*

Alius etiam testis exstat qui magnam auctoritatem habet ad textum confirmandum, id est liber ille excerptorum ex operibus sancti Augustini ab Eugippio abbate Lucullanensi prope Neapolim saeculo sexto confectus. Ibi (CSEL 9, 803—877) maior pars librorum I. II. III. De doctrina Christiana transscripta est. Textus plerumque cum codicibus familiae β consentit. Aliquando codices inter se eodem modo quo codices ipsius Augustini discrepant, sed cum consentiunt satis auctoritatis habere videntur ad controversiam componendam, si ceteri ancipiti Marte pugnant. *Eugipp.*

III. De cognatione codicum

Si huius operis codices investigamus, eundem statum invenimus atque in aliis operibus Augustini, velut in libris De libero arbitrio et De vera religione (vide sis quae scripsi CSEL

74, XIV sq.; 77; 2, XIII sq.). Libri antiquiores manifestam cognationem prae se ferre videntur, posteriores autem ita contaminati sunt ut stirpem singulorum vix repetere possimus. Cognationes igitur eorum codicum quos pro fundamento huius editionis adhibui hac tabula exhiberi possunt:

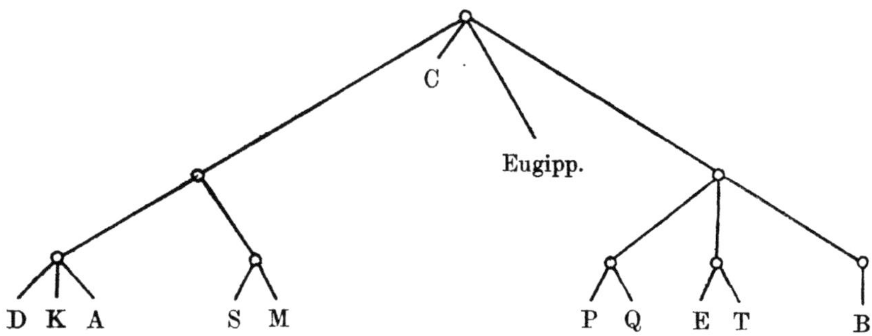

Quae cognationes quamquam plerumque in apparatu indicantur, saepe tamen quivis testis suam familiam deserit ut cum adversariis societur. Nullius autem familiae sunt codex *C* et Eugippius, antiquiores enim videntur quam origo familiarum α et β. Fere toties cum familia α quoties cum β consentit *C*, sicut in apparatu observari potest, Eugippius autem saepius cum β.

IV. De textu constituendo

Antiquitate codicis *C* freti textum librorum I. II maxima fiducia constituere possumus. Nam hic codex nusquam fere nisi in perspicuis erroribus contra ceteros omnes stat, plerumque autem suffragiis complurium codicum fulcitur, quam rem iudico optimum indicium textus genuini. De quibusdam locis quos secundum hanc regulam emendavi, confer sis quae scripsi in ephemeride Rev. des Ét. Augustiniennes, 8 (1962), 225—231.

Eodem modo, etiam si non eadem fiducia, testimonium Eugippii adhibere possumus. Numquam enim partem unius familiae sustinet contra suffragia et alterius familiae et codicis *C*. In tertio autem libro, ubi *C* deest, Eugippius velut arbiter vocari potest ad litem inter duas partes solvendam, raro tamen partem familiae α sustinet.

Quod restat, ubi testes ab utraque parte fere eiusdem auctoritatis sunt, nihil consilii capere scio nisi ut eam lectionem accipiam quam usus scribendi atque contextus orationis postulare videtur.

V. De editionibus

Postquam saeculo quinto decimo nova ars librorum typis exscribendorum inventa est, hoc opusculum locum inter prima incunabula ut dicitur typographiae habuit. Nam anno fere 1465 Argentorati typis expressus est liber quartus qui 'de arte praedicandi' appellabatur (Schoenemann II, 227); totum autem opusculum non multo post et Coloniae et Moguntiae. Sin autem historiam textus qui nostris temporibus traditus est cognoscere volumus, maioris momenti sunt editiones quae opuscula plurima continebant: Scoti Veneta 1488, Badii Parisina 1502, Amerbachii Basileensis 1506, theologorum Lovaniensium 1576. His enim mos erat textum priorum editionum recipere, dum emendationes faciunt vel codicum manuscriptorum auxilio vel proprio ingenio freti. Neque Maurini hanc consuetudinem omnino respuerunt, sed in rebus minoris momenti, praesertim in ordine verborum, editiones priores sequi solebant. Ita evenit ut saepe lectio Maurinorum suffragiis careat codicum antiquiorum, sustinetur tamen omnibus aut compluribus editionum priorum. Ut de hac re certior fierem, tres editiones contuli, id est Scoti Badii Lovaniensium; nihil tamen in apparatum intuli nisi ut compendio 'edd.' consensum Maurinorum cum una aut cum compluribus ex editionibus prioribus indicarem.

VI. De orthographia

Si nobis persuasum est codicem Leninopolitanum in scriptorio Hipponensi exaratum esse, occasionem singularem habemus cognoscendi quomodo librarii ipsius Augustini tempore verba eius scribere soliti sint. De orthographia huius codicis iam scripsit Zycha (CSEL 25, 1891, XXVII—XXX; 41, 1900, XV), dum credit totum codicem ab uno librario exaratum esse. Cum autem sine dubio a duobus liber scriptus sit, possumus et proprium usum utriusque manus et, quod maioris momenti est, communem usum amborum definire; hunc enim suspicari possumus eundem esse qui in exemplari manu auctoris emendato observari potuerit. Infra eas res notavi quibus altera manus a prima differt.

1. Compendia scripturae. In fine linearum a primo librario litterae *m* et *n* indicantur lineola in utraque extremitate adunca, quem usum altera manus fere ubique respuit. Item prima manu, non altera, syllabae 'bus' et 'que' compendiis *b·* et *q·* scribuntur; semel prima manu 'fratres' compendio *FF*. Alia compendia fere nulla sunt nisi nominum sacrorum; 'ds, ihs, xps, sps, scs, dms' (non 'dns'), una cum casibus obliquis 'di' etc. Forma accusativi 'dominum' compendio 'dom' scribitur. Haec omnia constanter habet manus prima, altera tamen semper 'deus', 'dei', etc. scribit, 'dominus' autem modo sine compendio, modo compendio usitatiore 'dns'. Nomen spiritus sancti in hac parte (ff. 137—152) non invenio; solummodo nomina 'ihs, xps' constanter ad normam scribuntur.

2. Varia de singulis litteris.

AE pro E. In medio vocabulo: daecusatim, compraehendere, repraehendere (6ies; reprehendere semel), interpraetari, expraessio, laevare, praecibus. In fine verborum: in ablativis: legae baptismatae. In adverbiis: aptae, beatae, incompositae, iniuriosae, liberae, obscurae, perversae (bis), propriae, sanae, sobriae, voluntariae.

B pro V: habitabit, immolabit, viberemus.

BS pro PS: labsus, scribsit.

BT pro PT: scribtum (quater), scribtura (prima manu 17ies, 13ies scriptura; altera manu 13ies, numquam aliter).

PT pro BT: optinendum.

E pro AE: demoniis (semel, alibi 9ies daemon, etc.), herere, inherere etc. (8ies; haerere etc. ter), hereticus, hebreos, letari.

F pro PH: cofinos, colafo, Farao, Filemon, fysica.
H adiecta: Habraham, horator, Chorinthios, Israhel (semper), Marchus.
H omissa: initio: umido, ebraeam; in medio vocabulo: exibere (bis). Post C: caracteres, monaco. Post P: propeta (semel, alibi propheta), sopistice. Post T: Pytagoras.
I pro E: disperatione, divitare, exercit, gallinacius.
I pro Y: elemosinas (=eleemosynas).
P adiecta: contempnunt.
P omissa: diremtorem, promtu, praesumtio, sumtu, temtare, temtatio.
QU pro C: quuius, aliquuius etc. (13ies, alibi 'cuius', etc.), quum (pro coniunctione 'cum' fere semper utraque manu scriptum, raro 'qum'), quur (semel), loquutio, loquutus, consequutus.
T pro D: aput, aliut, aliquit, athibita, atquiescere.
U pro O: rutundus (bis).
X pro XS: excindere, existere (bis; bis exscindere), exultare, expectare (semel; alibi exsultare), extinguere.
Y pro OE: proymio.
Y pro I: genethliacy.

3. Assimilatio praepositionum neglecta vel contra usum admissa: amministratio (bis, altera manu): adcrevit, adfectus etc. (6ies; quater aff-), adgredi, adglutinare, adpetere (bis prima manu, alibi app-), adserere, adsolere, adsumere (ter; semel ass-), conlatus, conlocare, conplacere, inbecillus, inlabor, inlicitus, inludere, inlustrare, inmortalitas, inmutare, inplicare (imp- semel), inpraessio, inpudenter, inpune, inrationalis, inretitus, interlector.

4. Declinatio nominum: phantasmatis (abl.)

Alia sunt menda quae potius neglegentiae quam consuetudini librarii ascribenda sunt, quorum magnam partem in apparatu invenies, nonnulla autem leviora sunt quam ut memoratu digna sint.

Haec editio plerumque codicem Leninopolitanum sequitur, etiam iis locis ubi ille rationem scribendi variat, velut 'adfectus' et 'affectus'. Eas tamen formas quae plane a norma scribendi discrepant, velut adverbia 'aptae', 'beatae', etc. exclusi. Neque mihi persuadere potui ut coniunctionem 'quum' scriberem, id quod lectoribus nostri temporis certe taedium afferet, quamquam manifestum est hanc fuisse normam librariorum huius codicis.

Textum librorum III. IV una cum ea parte libri II quae in codice *C* deest (2, 14—26), de codicibus saeculorum VIII. IX exscripsi, cum in singulis verbis eos codices sequar qui proxime ad usum Hipponensem accedunt. Hi omnes compendia sui temporis habent et errores per neglegentiam factos, quos enumerare non est necesse. Rarius iam AE pro E scribunt, saepius E pro AE. In assimilatione praepositionum neglecta saepe cum *C* consentiunt, saepe etiam altera manu correcti sunt ut cum usu posteriore consentiant.

Restat ut illis gratias agam qui mihi in hoc labore consilium benigne dederunt, praecipue duobus viris rerum palaeographicarum peritissimis, E. A. Lowe et Bernhardo Bischoff. Ille enim me primus de antiquitate codicis Leninopolitani monuit, idem longe antea me iusserat de codicibus omnibus mediae aetatis v. d. Bischoff consulere, cui quantum debeam neque in hoc volumine reticui neque in praecedentibus (CSEL 74 et 77). Bibliothecariis omnibus qui codices ad meum usum praebuerunt una cum femina Parisina J. Vielliard, quae imagines complurium codicum parandas curavit, gratias ago, nam sine eorum auxilio hoc munus meum explere non potuissem. Neque nomina praeterire volo collegarum meorum W. S. Anderson, A. E. Gordon, L. W. Jones, L. A. MacKay, qui consilium suum numquam recusaverunt.

Postremo maximam gratiam debeo viro doctissimo Vincentio Bulhart, qui et lapsus multos notavit et persaepe mihi lectiones probabiliores proposuit. Ille etiam numeros crassos addidit, quibus textus in minimas partes nunc distinguitur.

William M. Green

Conspectus siglorum

C = Leninopolitanus Q. v. I, 3, s. IV ex., olim Corbeiensis, continens l. I. II.
D = Parisinus 13359, ann. 796—810, olim Corbeiensis
K = Coloniensis 74, fere ann. 805—819
A = Monacensis 3824, ante med. s. IX, olim Augustanus
S = Sangallensis 147, fere med. s. IX
M = Cameracensis 473, post med. s. IX
α = consensus codicum *DKASM*
P = Palatinus Vaticanus 188, s. VIII vel s. IX in., olim Laureshamensis
Q = Palatinus Vaticanus 189, s. IX in.
E = Parisinus 2704, fere ann. 825—850, olim Lemovicensis
T = Parisinus nov. acq. 1595, fere ann. 825—850, olim Turonensis
B = Bambergensis Patr. 21, fere ann. 850—882, olim Remensis
β = consensus codicum *PQETB*
Hic illic allati sunt

Ambros. G. 58 = Mediolanensis Bibl. Ambros. G. 58. sup., s. VI
Ambros. M. 77 = Mediolanensis Bibl. Ambros. M. 77. sup., s. VI
Atreb. = Atrebatensis 628, s. IX
Florent. = Florentinus Bibl. Laurent. Plut. 13 dext. 5, s. XIII
Lond. = Londiniensis Brit. Mus. Add. 11873, s. X
Monac. = Monacensis 10048, s. XII

v = editio Scoti Veneta 1488
b = editio Badii Parisina 1502
a = editio Amerbachii Basileensis 1506
l = editio theologorum Lovaniensium 1576
m = editio Maurinorum Parisina 1680
edd. = consensus Maurinorum cum aliquibus superiorum

S. AVRELI AVGVSTINI

DE DOCTRINA CHRISTIANA

LIBRI QVATTVOR

DE DOCTRINA CHRISTIANA

PROLOGVS

1. **1.** Sunt praecepta quaedam tractandarum scripturarum quae studiosis earum video non incommode posse tradi, ut non solum legendo alios qui divinarum litterarum operta aperuerunt, sed etiam ipsi aperiendo proficiant. Haec tradere institui volentibus et valentibus discere, si dominus ac deus noster ea quae de hac re cogitanti solet suggerere, etiam scribenti mihi non deneget. **2.** Quod antequam exordiar videtur mihi respondendum esse his qui haec reprehensuri sunt aut reprehensuri essent, si eos non ante placaremus. Quod si nonnulli etiam post ista reprehenderint, saltem alios non movebunt nec ab utili studio ad imperitiae pigritiam revocabunt, quos movere possent nisi praemunitos praeparatosque invenirent.

2. **3.** Quidam enim reprehensuri sunt hoc opus nostrum, cum ea quae praecepturi sumus non intellexerint. Quidam vero cum intellectis uti voluerint conatique fuerint scripturas divinas secundum haec praecepta tractare neque valuerint aperire atque explicare quod cupiunt, inaniter me laborasse arbitrabuntur; et quia ipsi non adiuvabuntur hoc opere, nullum adiuvari posse censebunt.

4. Tertium genus est reprehensorum qui divinas scripturas vel re vera bene tractant vel bene tractare sibi videntur. Qui quoniam nullis huiusmodi observationibus lectis quales nunc tradere institui, facultatem exponendorum sanctorum

---

1—3 Incipit de doctrina christiana episcopi Augustini aeclesiae catholicae liber ·I· Amen Sunt praecepta *C fol.* 106^{r}*; alii aliter, sed libri manuscripti distinctionem prologi non habent* 5 divinarum] divina aut *B* 6 etiam] et alia *B*, et aliis *edd.* 7 deus ac dominus *edd.* 9 neget *B* 11 placarem *K* 13 admovere *B* 14 possint *KPET* 23 videntur] eas nequeunt *E*

librorum se assecutos vel vident vel putant, nemini esse ista praecepta necessaria, sed potius totum quod de illarum litterarum obscuritatibus laudabiliter aperitur, divino munere fieri posse clamitabunt.

5. Quibus omnibus breviter respondens, illis qui haec quae 3.
scribimus non intellegunt hoc dico ita, me non esse reprehendendum, quia haec non intellegunt. Tamquam si lunam vel veterem vel novam sidusve aliquod minime clarum vellent videre, quod ego intento digito demonstrarem, illis autem nec ad ipsum digitum meum videndum sufficiens acies esset oculorum, num propterea mihi suscensere deberent?

6. Illi vero qui etiam istis praeceptis cognitis atque perceptis ea quae in divinis scripturis obscura sunt intueri nequiverint, arbitrentur se digitum quidem meum videre posse, sidera vero quibus demonstrandis intenditur videre non posse. Et illi ergo et isti me reprehendere desinant et lumen oculorum divinitus sibi praeberi deprecentur. Non enim si possum membrum meum ad aliquid demonstrandum movere, possum etiam oculos accendere quibus vel ipsa demonstratio mea vel etiam illud quod volo demonstrare cernatur.

7. Iam vero eorum qui divino munere exultant et sine 4.
talibus praeceptis qualia nunc tradere institui, se sanctos libros intellegere atque tractare gloriantur et propterea me superflua voluisse scribere existimant, sic est lenienda commotio ut, quamvis magno dei dono iure laetentur, recordentur se tamen per homines didicisse vel litteras **8.** nec propterea sibi ab Antonio sancto et perfecto Aegyptio monacho insultari debere, qui sine ulla scientia litterarum scripturas divinas et memoriter audiendo tenuisse et prudenter cogitando intellexisse praedicatur, aut ab illo servo barbaro Christiano, de quo a gravissimis fideique dignissimis viris nuper accepimus, qui litteras

---

1 assequutos *C* 6 hoc . . . ita: *cf. CSEL 76 praef. I p. XLIX n. 103 a* me ita *edd.* 7 vel *om. edd.* 10 esset acies *B edd.* 11 num] non *E edd.* succensere *SMEB* 16 *pr.* et *om. ET* 22 se *om. ET* 23 superflua voluisse me *edd.* 27 monaco *C*

quoque ipsas nullo docente homine in plenam notitiam orando ut sibi revelarentur, accepit triduanis precibus impetrans, ut etiam codicem oblatum stupentibus qui aderant, legendo percurreret.

5. **9.** Aut si haec quisque falsa esse arbitratur, non ago pugnaciter. Certe enim quoniam cum Christianis nobis res est qui se scripturas sanctas sine duce homine nosse gaudent et, si ita est, vero et non mediocri gaudent bono, concedant necesse est unum quemque nostrum et ab ineunte pueritia consuetudine audiendi linguam suam didicisse et aliam aliquam vel Graecam vel Hebraeam vel quamlibet ceterarum aut similiter audiendo aut per hominem praeceptorem accepisse. **10.** Iam ergo si placet, moneamus omnes fratres ne parvulos suos ista doceant, quia momento uno temporis adveniente spiritu sancto repleti apostoli omnium gentium linguis locuti sunt; aut cui talia non provenerint, non se arbitretur esse Christianum aut spiritum sanctum accepisse se dubitet.

11. Immo vero et quod per hominem discendum est, sine superbia discat, et per quem docetur alius, sine superbia et sine invidia tradat quod accepit; neque temptemus eum cui credidimus, ne talibus inimici versutiis et perversitate decepti ad ipsum quoque audiendum evangelium atque discendum nolimus ire in ecclesias aut codicem legere aut legentem praedicantemque hominem audire et exspectemus rapi *usque in tertium caelum sive in corpore sive extra corpus*, sicut dicit apostolus, et ibi audire *ineffabilia verba quae non licet homini loqui*, aut ibi videre dominum Iesum Christum et ab illo potius quam ab hominibus audire evangelium.

6. **12.** Caveamus tales temptationes superbissimas et periculosissimas magisque cogitemus et ipsum apostolum Paulum, licet divina et caelesti voce prostratum et instructum, ad

---

14—15 cf. Act. 2, 1—4 24—26 *II Cor. 12, 2—4 30—2 cf. Act. 9, 3—6

---

7 gaudent nosse *edd.*, intellexisse gaudent *B* et si non *C* 13 ergo] enim *PET* 17 se *om.* *B* 20 temtemus *C*, tentemus *edd.* 21 credimus *α* 23 in] ad *DSM* legentem] docentem *B*

hominem tamen missum esse ut sacramenta perciperet atque copularetur ecclesiae; et centurionem Cornelium, quamvis exauditas orationes eius elemosinasque respectas ei angelus nuntiaverit, Petro tamen traditum imbuendum, per quem non solum sacramenta perciperet, sed etiam quid credendum quid sperandum quid diligendum esset audiret. **13.** Et poterant utique omnia per angelum fieri, sed abiecta esset humana condicio si per homines hominibus deus verbum suum ministrare nolle videretur. Quomodo enim verum esset quod dictum est: *Templum enim dei sanctum est, quod estis vos*, si deus de humano templo responsa non redderet et totum quod discendum hominibus tradi vellet, de caelo atque per angelos personaret? Deinde ipsa caritas, quae sibi homines invicem nodo unitatis astringit, non haberet aditum refundendorum et quasi miscendorum sibimet animorum, si homines per homines nihil discerent.

14. Et certe illum spadonem, qui Esaiam prophetam 7.
legens non intellegebat, neque ad apostolum angelus misit nec ei per angelum id quod non intellegebat expositum aut divinitus in mente sine hominis ministerio revelatum est. Sed potius suggestione divina missus est ad eum seditque cum eo Philippus, qui noverat Esaiam prophetam, eique humanis verbis et lingua quod in scriptura illa tectum erat aperuit. **15.** Nonne cum Moyse deus loquebatur et tamen consilium regendi atque administrandi tam magni populi a socero suo, alienigena scilicet homine, et maxime providus et minime superbus accepit? Noverat enim ille vir, ex quacumque anima verum consilium processisset, non ei sed illi qui est veritas incommutabili deo esse tribuendum.

2—6 cf. Act. 10, 1—48 9—10 I Cor. 3, 17 16—22 cf. Act. 8, 26—35 23—26 cf. Exod. 18, 14—27

---

3 elemosinasque *CaB, alii aliter, cf. Thes. l. L. 350, 64* 13 invicem homines *edd.* 16 spadonem illum *edd.* 17 ad apostolum angelus misit *$C\beta$*, ad quem apostolum non angelum misit instruendum *a*, ad angelum apostolus misit *m* (*cf. Act. 10, 3—5 ubi Cornelium angelus iussit viros ad apostolum mittere*) 25 homine et maxime providus et *om. ET* 28 tribuendum esse *edd.*

8. **16.** Postremo quisquis se nullis praeceptis instructum divino munere quaecumque in scripturis obscura sunt intellegere gloriatur, bene quidem credit, et verum est, non esse illam facultatem quasi a se ipso exsistentem, sed divinitus traditam; ita enim dei gloriam quaerit et non suam. Sed cum legit et nullo sibi hominum exponente intellegit, cur ipse aliis affectat exponere ac non potius eos remittit deo, ut ipsi quoque non per hominem sed illo intus docente intellegant? **17.** Sed videlicet timet ne audiat a domino: *serve nequam, dares pecuniam meam nummulariis.* Sicut ergo hi ea quae intellegunt produnt ceteris vel loquendo vel scribendo, ita ego quoque si non solum ea quae intellego, sed etiam in intellegendo ea quae observent, prodidero, culpari ab eis profecto non debeo. Quamquam nemo debet aliquid sic habere quasi suum proprium, nisi forte mendacium. Nam omne verum ab illo est qui ait: *ego sum veritas.* Quid enim habemus quod non accepimus? Quod si accepimus, quid gloriamur quasi non acceperimus?

9. **18.** Qui legit audientibus litteras, utique quas agnoscit enuntiat; qui autem ipsas litteras tradit, hoc agit ut alii quoque legere noverint; uterque tamen id insinuat quod accepit. Sic etiam qui ea quae in scripturis intellegit exponit audientibus, tamquam litteras quas agnoscit pronuntiat lectoris officio. Qui autem praecipit quomodo intellegendum sit, similis est tradenti litteras, hoc est praecipienti quo modo legendum sit; ut, quomodo ille qui legere novit alio lectore non indiget, cum codicem invenerit, a quo audiat quid ibi scriptum sit, sic iste qui praecepta quae conamur tradere acceperit, cum in libris aliquid obscuritatis invenerit, quasdam regulas velut litteras tenens intellectorem alium non requirat, per quem sibi quod opertum est retegatur, sed quibusdam vestigiis indagatis ad occultum sensum sine ullo errore ipse perveniat aut certe in

9—10 *Matth. 25, 26—27 16 Ioh. 14, 6 16—17 cf. I Cor. 4, 7

9 dares] dare debueras *KA* 11 et ego *PET* 12 intellego] intellegant *Q Lond. edd.* in *om.* *α* 14 debeat *PET* sic aliquid *DKA* 23 sit legendum *PB edd.* 29 intellectorem] lectorem *SMQ*

absurditatem pravae sententiae non incidat. **19.** Quapropter, quamquam et in ipso opere satis apparere possit huic officioso labori nostro non recte aliquem contradicere, tamen, si huiusmodi proemio quibuslibet obsistentibus convenienter videtur esse responsum, huius viae quam in hoc libro ingredi volumus, tale nobis occurrit exordium.

<LIBER PRIMUS>

I. 1.

1. Duae sunt res quibus nititur omnis tractatio scripturarum, modus inveniendi quae intellegenda sunt et modus proferendi quae intellecta sunt. De inveniendo prius, de proferendo postea disseremus. Magnum onus et arduum et si ad sustinendum difficile, vereor ne ad suscipiendum temerarium, ita sane si de nobis ipsis praesumeremus. Nunc vero cum in illo sit spes peragendi huius operis a quo nobis in cogitatione multa de hac re iam tradita tenemus, non est metuendum ne dare desinat cetera, cum ea quae data sunt coëperimus impendere. **2.** Omnis enim res quae dando non deficit, dum habetur et non datur, nondum habetur quomodo habenda est. Ille enim ait: *Qui habet, dabitur ei.* Dabit ergo habentibus, id est, cum benignitate utentibus eo quod acceperunt, adimplebit atque cumulabit quod dedit. Illi quinque et illi septem erant panes, antequam inciperent dari esurientibus; quod ubi fieri coepit, cofinos et sportas satiatis hominum tot milibus impleverunt. **3.** Sicut ergo ille panis dum frangeretur adcrevit, sic ea quae ad hoc opus adgrediendum iam dominus praebuit, cum disputari

19 Matth. 13, 12 21—23 cf. Matth. 14, 17—21; 15, 34—38

4 prooemio *edd.* 7 liber primus *edd., codd. tamen hoc loco nullam distinctionem habent* 11 onus] opus *PQ edd.* 13 praesumpserimus *α* 19 dabitur ergo *KA* 20 acceperint *C* 22 inciperentur *SMQ* cophinos *SQEB edd.* 23 tot hominum *β edd.* 24 illi panes *K* accrevit *β* 25 disputari] dispensari *SMQ edd.*

coeperint, eo ipso suggerente multiplicabuntur, ut in hoc nostro ministerio non solum nullam patiamur inopiam, sed de mirabili abundantia gaudeamus.

II. 2. **4.** Omnis doctrina vel rerum est vel signorum, sed res per signa discuntur. Proprie autem nunc res appellavi, quae non ad significandum aliquid adhibentur, sicuti est lignum, lapis, pecus atque huiusmodi cetera; sed non illud lignum quod in aquas amaras Moysen misisse legimus, ut amaritudine carerent neque ille lapis quem Iacob sibi ad caput posuerat neque illud pecus quod pro filio immolavit Abraham. Hae namque ita res sunt, ut aliarum etiam signa sint rerum. **5.** Sunt alia signa quorum omnis usus in significando est, sicuti sunt verba. Nemo enim utitur verbis nisi aliquid significandi gratia. Ex quo intellegitur quid appellem signa: res eas videlicet quae ad significandum aliquid adhibentur. Quam ob rem omne signum etiam res aliqua est; quod enim nulla res est, omnino nihil est. Non autem omnis res etiam signum est. **6.** Et ideo in hac divisione rerum atque signorum, cum de rebus loquemur, ita loquemur ut etiamsi earum aliquae adhiberi ad significandum possint, non impediant partitionem qua prius de rebus, postea de signis disseremus; memoriterque teneamus id nunc in rebus considerandum esse quod sunt, non quod aliud etiam praeter se ipsas significant.

III. 3. **7.** Res ergo aliae sunt quibus fruendum est, aliae quibus utendum, aliae quae fruuntur et utuntur. Illae quibus fruendum est nos beatos faciunt; istis quibus utendum est tendentes ad beatitudinem adiuvamur et quasi adminiculamur, ut ad illas quae nos beatos faciunt, pervenire atque his inherere possimus. Nos vero qui fruimur et utimur inter utrasque constituti, si eis

---

4—11, 30 cf. Eugippi Exc. 246 p. 803—806 Knoell 7—8 cf. Exod. 15, 25 9 cf. Gen. 28, 11 10 cf. Gen. 22, 13

---

1 ipso *om. ET* in ipso hoc *SMP edd.* 3 mirabili etiam *edd.* 4 incipit liber primus omnis doctrina *litteris uncialibus P* 10 habraham *C* haec *B Eug.* (*cf. Thes. l. L. 2700, 29*) 12 in significandum *C* 19 loquimur ita loquimur *βK* 26 beatos nos *edd.* 28 in his *ET* inhaerere *Q edd.*

quibus utendum est frui voluerimus, impeditur cursus noster et aliquando etiam deflectitur, ut ab his rebus quibus fruendum est obtinendis vel retardemur vel etiam revocemur inferiorum amore praepediti.

8. Frui est enim amore inherere alicui rei propter se ipsam, IV. 4.
uti autem, quod in usum venerit ad id quod amas optinendum referre, si tamen amandum est. Nam usus inlicitus abusus potius vel abusio nominanda est. Quomodo ergo, si essemus peregrini qui beate vivere nisi in patria non possemus, eaque peregrinatione utique miseri et miseriam finire cupientes in patriam redire vellemus, opus esset vel terrestribus vel marinis vehiculis quibus utendum esset ut ad patriam qua fruendum erat pervenire valeremus; quod si amoenitates itineris et ipsa gestatio vehiculorum nos delectaret, conversi ad fruendum his quibus uti debuimus nollemus cito viam finire et perversa suavitate implicati alienaremur a patria, cuius suavitas faceret beatos: **9.** sic in huius mortalitatis vita peregrinantes a domino, si redire in patriam volumus ubi beati esse possimus, utendum est *hoc mundo*, non fruendum, ut *invisibilia dei per ea quae facta sunt intellecta* conspiciantur, hoc est, ut de corporalibus temporalibusque rebus aeterna et spiritalia capiamus.

10. Res igitur quibus fruendum est, pater et filius et spiritus V. 5.
sanctus, eademque trinitas una quaedam summa res communisque omnibus fruentibus ea, si tamen res et non rerum omnium causa, si tamen et causa. Non enim facile nomen quod tantae excellentiae conveniat, inveniri potest, nisi quod melius ita dicitur trinitas haec, unus deus ex quo omnia, per quem omnia, in quo omnia. **11.** Ita pater et filius et spiritus sanctus et singulus quisque horum deus, et simul omnes unus deus et singu-

---

17 cf. II Cor. 5, 6 19 I Cor. 7, 31 19—20 Rom. 1, 20 27—28 cf. Rom. 11, 36

---

5 alicui rei inhaerere *edd.* 6 optinendum *CT*, obtinendum *cett., edd.* 8 nominandus *edd.* 9—10 eamque peregrinationem *P* 10 finire] vitare *B* 13 amoenitas *D²MB* 14 et conversi *D²m* 21 spiritualia *T² edd.* 25 causa sit *SMQ edd.* 26 potest inveniri *edd.*

lus quisque horum plena substantia et simul omnes una substantia. Pater nec filius est nec spiritus sanctus, filius nec pater est nec spiritus sanctus, spiritus sanctus nec pater est nec filius, sed pater tantum pater et filius tantum filius et spiritus sanctus tantum spiritus sanctus. **12.** Eadem tribus aeternitas, eadem incommutabilitas, eadem maiestas, eadem potestas. In patre unitas, in filio aequalitas, in spiritu sancto unitatis aequalitatisque concordia. Et tria haec unum omnia propter patrem, aequalia omnia propter filium, conexa omnia propter spiritum sanctum.

VI. 6. **13.** Diximusne aliquid et sonuimus aliquid dignum deo? Immo vero nihil me aliud quam dicere voluisse sentio; si autem dixi, non hoc est quod dicere volui. Hoc unde scio, nisi quia deus ineffabilis est? Quod autem a me dictum est, si ineffabile esset, dictum non esset. Ac per hoc ne ineffabilis quidem dicendus est deus, quia et hoc cum dicitur, aliquid dicitur. Et fit nescio qua pugna verborum, quoniam si illud est ineffabile quod dici non potest, non est ineffabile quod vel ineffabile dici potest. Quae pugna verborum silentio cavenda potius quam voce pacanda est. **14.** Et tamen deus, cum de illo nihil digne dici possit, admisit humanae vocis obsequium et verbis nostris in laude sua gaudere nos voluit. Nam inde est et quod dicitur deus. Non enim re vera in strepitu istarum duarum syllabarum ipse cognoscitur, sed tamen omnes latinae linguae socios, cum aures eorum sonus iste tetigerit, movet ad cogitandam excellentissimam quandam immortalemque naturam.

VII. 7. **15.** Nam cum ille unus cogitatur deorum deus, ab his etiam qui alios et suspicantur et vocant et colunt deos sive in caelo sive in terra, ita cogitatur ut aliquid quo nihil sit melius atque sublimius illa cogitatio conetur attingere. Sane quoniam diversis moventur bonis, partim eis quae ad corporis sensum, partim eis quae ad animi intellegentiam pertinent, illi qui dediti sunt corporis sensibus, aut ipsum caelum aut quod in caelo fulgen-

9 connexa *Q edd.* 16 nescio quae *D^2SQT^2B edd.* 24 socios] scios *lm, Florent., Monac., Lond. p. corr., al.* 29 melius sit *edd.*

tissimum vident aut ipsum mundum deum deorum esse arbitrantur. Aut si extra mundum ire contendunt, aliquid lucidum imaginantur idque vel infinitum vel ea forma quae optima videtur inani suspicione constituunt, aut humani corporis figuram cogitant, si eam ceteris anteponunt. **16.** Quod si unum deum deorum esse non putant et potius multos aut innumerabiles aequalis ordinis deos, etiam eos tamen prout cuique aliquid corporis videtur excellere, ita figuratos animo tenent. Illi autem qui per intellegentiam pergunt videre quod deus est, omnibus eum naturis visibilibus et corporalibus, intellegibilibus vero et spiritalibus, omnibus mutabilibus praeferunt. Omnes tamen certatim pro excellentia dei dimicant, nec quisquam inveniri potest qui hoc deum credat esse quo est aliquid melius. Itaque omnes hoc deum esse consentiunt quod ceteris rebus omnibus anteponunt.

17. Et quoniam omnes qui de deo cogitant vivum aliquid VIII. 8.
cogitant, illi soli possunt non absurda et indigna existimare de deo qui vitam ipsam cogitant. Et quaecumque illis forma occurrerit corporis, eam vita vivere vel non vivere statuunt et viventem non viventi anteponunt, eamque ipsam viventem corporis formam, quantalibet luce praefulgeat, quantalibet magnitudine praemineat, quantalibet pulchritudine ornetur, aliud esse ipsam, aliud vitam qua vegetatur intellegunt, eamque illi moli quae ab illa vegetatur et animatur, dignitate incomparabili praeferunt. **18.** Deinde ipsam vitam pergunt inspicere, et si eam sine sensu vegetantem invenerint, qualis est arborum, praeponunt ei sentientem, qualis est pecorum, et huic rursus intellegentem, qualis est hominum. Quam cum adhuc mutabilem viderint, etiam huic aliquam incommutabilem coguntur praeponere, illam scilicet vitam quae non aliquando desipit aliquando sapit, sed est potius ipsa sapientia.

5 sic eam *SPQ bl* 10 vero] etiam *edd.* 11 omnibus mutabilibus *om. ET* 13 melius aliquid est *edd.* 14 hoc omnes *edd.* consentiunt esse *edd.* 16 quoniam] quia *ET* 22 praemineat *codd.*, praeemineat *m* 24 moli *om. ET* 27 ei] eis *m*

19. Sapiens enim mens, id est, adepta sapientiam, antequam adipisceretur non erat sapiens; at vero ipsa sapientia nec fuit umquam insipiens nec esse umquam potest. Quam si non viderent, nullo modo plena fiducia vitam incommutabiliter sapientem commutabili vitae anteponerent. Ipsam quippe regulam veritatis, qua illam clamant esse meliorem, incommutabilem vident, nec uspiam nisi supra suam naturam vident, quandoquidem se mutabiles vident.

IX. 9. **20.** Nemo est enim tam inpudenter insulsus qui dicat: Unde scis incommutabiliter sapientem vitam mutabili esse praeferendam? Idipsum enim quod interrogat, unde sciam, omnibus ad contemplandum communiter atque incommutabiliter praesto est. Et hoc qui non videt, ita est quasi caecus in sole, cui nihil prodest ipsis locis oculorum eius tam clarae ac praesentis lucis fulgor infusus. **21.** Qui autem videt et refugit, consuetudine umbrarum carnalium invalidam mentis aciem gerit. Pravorum igitur morum quasi contrariis flatibus ab ipsa patria repercutiuntur homines, posteriora atque inferiora sectantes quam illud quod esse melius atque praestantius confitentur.

X. 10. **22.** Quapropter, cum illa veritate perfruendum sit quae incommutabiliter vivit, et in ea trinitas deus, auctor et conditor universitatis, rebus quas condidit consulat, purgandus est animus, ut et perspicere illam lucem valeat et inherere perspectae. Quam purgationem quasi ambulationem quandam et quasi navigationem ad patriam esse arbitremur. Non enim ad eum qui ubique praesens est locis movemur, sed bono studio bonisque moribus.

XI. 11. **23.** Quod non possumus, nisi ipsa sapientia tantae etiam nostrae infirmitati congruere dignaretur et vivendi nobis

---

21—16, 1 cf. Eug. Excerpta 247 p. 807—809 Knoell 24 cf. Plotinus 6, 7, 36 26 cf. Plotinus 1, 6, 8

---

1 sapientia *KSB* 5 praeponerent *B* quippe] quoque *PQ* 8 vident mutabiles *edd.* 9 inprudenter (imp- *B*) *SETB* 12 ad *om. B* 19 potius quam *M* 22 conditor] cognitor *ET* 23 consolat *CM* 27 movetur *B* 30 nostrae *om. B*

praeberet exemplum, non aliter quam in homine, quoniam et nos homines sumus. Sed quia nos cum ad illam venimus, sapienter facimus, ipsa cum ad nos venit, ab hominibus superbis quasi stulte fecisse putata est. Et quoniam nos cum ad illam venimus convalescimus, ipsa cum ad nos venit, quasi infirma existimata est. Sed *quod stultum est dei, sapientius est hominibus, et quod infirmum est dei, fortius est hominibus.* Cum ergo ipsa sit patria, viam se quoque nobis fecit ad patriam.

24. Et cum sano et puro interiori oculo ubique sit prae- XII.
sens, eorum qui oculum illum infirmum immundumque habent, oculis etiam carneis apparere dignata est. *Quia enim in sapientia dei non* poterat *mundus per sapientiam* cognoscere *deum, placuit deo per stultitiam praedicationis salvos facere credentes.*

25. Non igitur per locorum spatia veniendo, sed in carne 12.
mortali mortalibus apparendo venisse ad nos dicitur. Illuc ergo venit ubi erat, quia *in hoc mundo erat et mundus per eam factus est.* Sed quoniam cupiditate fruendi pro ipso creatore creatura homines configurati huic mundo et mundi nomine congruentissime vocati non eam cognoverunt, propterea dixit evangelista: *Et mundus eam non cognovit.* Itaque in sapientia dei non poterat mundus per sapientiam cognoscere deum. Cur ergo venit cum hic esset, nisi quia placuit deo per stultitiam praedicationis salvos facere credentes?

26. Quomodo venit, nisi quod *verbum caro factum est et* XIII.
habitavit in nobis? Sicuti cum loquimur, ut id quod animo gerimus in audientis animum per aures carneas inlabatur, fit

6—7 I Cor. 1, 25 12—15 I Cor. 1, 21 18—19 *Ioh. 1, 10 19—20 cf. Rom. 12, 2 22 Ioh. 1, 10 26 Ioh. 1, 14

1 quoniam et nos homines] quod et nos *B* 3 ab] cum *B* 6 existimata] cogitata *ET* 7 hominibus] quam homines *E^2B Eug.* hominibus] quam homines *E^2B Eug.* 12 dignatus *ET* 16 igitur] ergo *QET* 18 eam] eum *SE* 21 eam] eum *SE* 22 eam] eum *ASM^2EB Vulg.* 23 quur *CDKQ* 27 ut *om. ET*

sonus verbum quod corde gestamus, et locutio vocatur. Nec tamen in eundem sonum cogitatio nostra convertitur, sed apud se manens integra, formam vocis qua se insinuet auribus sine aliqua labe suae mutationis adsumit. Ita verbum dei non commutatum caro tamen factum est ut habitaret in nobis.

XIV. 13. **27.** Sicut autem curatio via est ad sanitatem, sic ista curatio peccatores sanandos reficiendosque suscepit. Et quem ad modum medici cum alligant vulnera non incomposite sed apte id faciunt, ut vinculi utilitatem quaedam pulchritudo etiam consequatur, sic medicina sapientiae per hominis susceptionem nostris est accomodata vulneribus, de quibusdam contrariis curans et de quibusdam similibus. **28.** Sicut etiam ille qui medetur vulneri corporis, adhibet quaedam contraria, sicut frigidum calido vel humido siccum vel quid aliud eius modi, adhibet etiam quaedam similia, sicut linteolum vel rotundo vulneri rotundum vel oblongum oblongo ligaturamque ipsam non eandem membris omnibus, sed similem similibus coaptat: sic sapientia dei hominem curans se ipsam exhibuit ad sanandum, ipsa medicus, ipsa medicina. Quia ergo per superbiam homo lapsus est, humilitatem adhibuit ad sanandum. Serpentis sapientia decepti sumus, dei stultitia liberamur. **29.** Quem ad modum autem illa sapientia vocabatur, erat autem stultitia contemnentibus deum, sic ista quae vocatur stultitia, sapientia est vincentibus diabolum. Nos inmortalitatem male usi sumus ut moreremur, Christus mortalitate bene usus est ut viveremus. Corrupto animo feminae ingressus est morbus, integro corpore feminae processit salus. Ad eadem contraria pertinet quod etiam exemplo virtutum eius vitia nostra curantur. **30.** Iam vero similia quasi ligamenta membris et vulneribus nostris adhibita illa sunt, quod per feminam deceptos per feminam natus, homo

---

3 integram *DKAPTB* 14 umido *CB*, humidum sicco *edd.* si quid *SMPQETB edd.* 14—15 huiusmodi *AP edd.* 16 rutundo vulneri rutundum *CKE* 21 stultitia] iustitia *Q* 25 inmortalitatem *CP*, -e *cet.* moraremur *KA*

homines, mortalis mortales, morte mortuos liberavit. Multa quoque alia diligentius considerantibus quos instituti operis peragendi necessitas non rapit, vel a contrariis vel a similibus medicinae christianae apparet instructio.

31. Iam vero credita domini a mortuis resurrectio et in XV. 14.
caelum ascensio magna spe fulcit nostram fidem. Multum enim ostendit quam voluntarie pro nobis animam posuerit, qui eam sic habuit in potestatem resumere. Quanta ergo se fiducia spes credentium consolatur, considerans quantus quanta pro nondum credentibus passus sit! Cum vero iudex vivorum atque mortuorum expectatur e caelo, magnum timorem incutit neglegentibus, ut se ad diligentiam convertant, eumque magis bene agendo desiderent, quam male agendo formident. **32.** Quibus autem verbis dici aut qua cogitatione capi potest praemium quod ille in fine daturus est, quando ad consolationem huius itineris de spiritu suo tantum dedit, quo in adversis vitae huius fiduciam caritatemque tantam eius quem nondum videmus habeamus, et dona uni cuique propria ad instructionem ecclesiae suae, ut id quod ostendit esse faciendum, non solum sine murmure sed etiam cum delectatione faciamus!

33. Est enim ecclesia corpus eius, sicut apostolica doc- XVI. 15
trina commendat, quae coniunx etiam eius dicitur. Corpus ergo suum multis membris diversa officia gerentibus nodo unitatis et caritatis tamquam sanitatis adstringit. Exercet autem hoc tempore et purgat medicinalibus quibusdam molestiis, ut erutam de hoc saeculo in aeternum sibi copulet coniugem *ecclesiam, non habentem maculam aut rugam aut aliquid eius modi.*

---

7 cf. Ioh. 10, 18 18 cf. I Cor. 12, 7 22 cf. Eph. 1, 23 23 cf. Eph. 5, 23—32 24 cf. Rom. 12, 4 28—29 Eph. 5, 27

---

3 rapit] carpit *S* 4 appareret *DM* 6 fidem nostram *edd.* 8 potestatem *C* (*cf. Thes. l. L. s. v.* habeo *2421, 6. 12, s. v.* in *795, 38*), -e *cett.* 16 suo] sancto *SB* quo] quod *B* 17 tantum *KA* 23 etiam coniux *edd.* 24 ergo] vero *K* 29 huiusmodi *E edd.*

XVII. 16. **34.** Porro quoniam in via sumus nec via ista locorum est, sed adfectuum, quam intercludebant quasi saepta quaedam spinosa, praeteritorum malitia peccatorum, quid liberalius et misericordius facere potuit, qui se ipsum nobis qua rediremus substernere voluit, nisi ut omnia donaret peccata conversis et graviter fixa interdicta reditus nostri pro nobis crucifixus evelleret?

XVIII. 17. **35.** Has igitur claves dedit ecclesiae suae, ut quae solveret in terra, soluta essent et in caelo, quae ligaret in terra, ligata essent et in caelo, scilicet ut quisquis in ecclesia eius dimitti sibi peccata non crederet, non ei dimitterentur, quisquis autem crederet seque ab his correctus averteret, in eiusdem ecclesiae gremio constitutus eadem fide atque correctione sanaretur. Quisquis enim non credit dimitti sibi posse peccata, fit deterior desperando, quasi nihil illi melius quam malum esse remaneat, ubi de fructu suae conversionis infidus est.

XIX. 18. **36.** Iam vero sicut animi quaedam mors est vitae prioris morumque relictio, quae fit paenitendo, sic etiam corporis mors est animationis pristinae resolutio. Et quomodo animus post paenitentiam, qua priores mores perditos interemit, reformatur in melius, sic etiam corpus post istam mortem quam vinculo peccati omnes debemus, credendum et sperandum est resurrectionis tempore in melius commutari, ut non caro et sanguis regnum caelorum possideat, quod fieri non potest, sed corruptibile hoc induat incorruptionem et mortale hoc induat inmortalitatem nullamque faciens molestiam, quia nullam patietur indigentiam, a beata perfectaque anima cum summa quiete vegetetur.

XX. 19. **37.** Cuius autem animus non moritur huic saeculo neque incipit configurari veritati, in graviorem mortem morte cor-

8—10 cf. Matth. 16, 19   24—27 cf. I Cor. 15, 50. 53

2 intercludebat *SP edd.*   9 essent soluta *DK*   et *om. ET edd.*   16 ubi] ibi *DM*   conversationis *K*   17 est et stultus *S*   21 interimit *ASPQET*   25 caelorum] dei *Vulg., edd.*   possideant D^2*SMPQ edd.*   30 quuius *C*

poris trahitur neque ad commutationem caelestis habitudinis, sed ad luenda supplicia revivescit.

38. Hoc itaque fides habet atque ita se rem habere XXI.
credendum est neque animum neque corpus humanum omnimodum interitum pati, sed impios resurgere ad poenas inaestimabiles, pios autem ad vitam aeternam.

39. In his igitur omnibus rebus illae tantum sunt quibus XXII.
fruendum est, quas aeternas atque incommutabiles commemo- 20.
ravimus; ceteris autem utendum est ut ad illarum perfructionem pervenire possimus. Nos itaque qui fruimur et utimur aliis rebus, res aliquae sumus. Magna enim quaedam res est homo, factus ad imaginem et similitudinem dei, non in quantum mortali corpore includitur, sed in quantum bestias rationalis animae honore praecedit. **40.** Itaque magna quaestio est, utrum frui se homines debeant an uti an utrumque. Praeceptum est enim nobis ut diligamus invicem, sed quaeritur, utrum propter se homo ab homine diligendus sit an propter aliud. Si enim propter se, fruimur eo; si propter aliud, utimur eo. Videtur autem mihi propter aliud diligendus. Quod enim propter se diligendum est, in eo constituitur beata vita, cuius etiamsi nondum res, tamen spes eius nos hoc tempore consolatur. Maledictus autem qui spem suam ponit in homine.

41. Sed nec se ipso quisquam frui debet, si liquide ad- 21.
vertas, quia nec se ipsum debet propter se ipsum diligere, sed propter illum quo fruendum est. Tunc est quippe optimus homo, cum tota vita sua pergit in incommutabilem vitam et toto adfectu inheret illi. Si autem se propter se diligit, non se refert ad deum, sed ad se ipsum conversus non ad incommutabile aliquid convertitur. Et propterea iam cum defectu

5—6 cf. Matth. 25, 46 12 cf. Gen. 1, 26—27 cf. Eug. Exc. 248 p. 809—811 Knoell 16 cf. Ioh. 13, 34. 15, 12. 17 22 cf. Ier. 17, 5

2 reviviscet *B^2edd.*, reviviscit *KAPQ* 4—5 omnimodo *SPETB* 9—10 perfruitionem *S*, perfectionem *E* 11 aliqua *DK* res quaedam *DS* 18 eo] eos *P*, *om. B* 20 vita beata *edd.* 23 quisque *P*, quis *Eug.* liquido *edd.*

aliquo se fruitur, quia melior est cum totus haeret atque constringitur incommutabili bono, quam cum inde vel ad se ipsum relaxatur. **42.** Si ergo te ipsum non propter te debes diligere, sed propter illum ubi dilectionis tuae rectissimus finis est, non suscenseat alius homo, si etiam ipsum propter deum diligis. Haec enim regula dilectionis divinitus constituta est: *Diliges*, inquit, *proximum tuum tamquam te ipsum*, deum vero *ex toto corde, ex tota anima, ex tota mente*, ut omnes cogitationes tuas et omnem vitam et omnem intellectum in illum conferas a quo habes ea ipsa quae confers. **43.** Cum autem ait *toto corde, tota anima, tota mente*, nullam vitae nostrae partem reliquit quae vacare debeat et quasi locum dare ut alia re velit frui, sed quidquid aliud diligendum venerit in animum, illuc rapiatur quo totus dilectionis impetus currit. Quisquis ergo recte diligit proximum, hoc cum eo debet agere, ut etiam ipse toto corde, tota anima, tota mente diligat deum. Sic enim eum diligens tamquam se ipsum totam dilectionem sui et illius refert in illam dilectionem dei quae nullum a se rivulum duci extra patitur, cuius derivatione minuatur.

XXIII. 22. **44.** Non autem omnia quibus utendum est diligenda sunt, sed ea sola quae aut nobiscum societate quadam referuntur in deum, sicut est homo vel angelus, aut ad nos relata beneficio dei per nos indigent, sicut est corpus. Nam utique martyres non dilexerunt scelus persequentium se, quo tamen usi sunt ad promerendum deum. **45.** Cum ergo quattuor sint diligenda, unum quod supra nos est, alterum quod nos sumus, tertium quod iuxta nos est, quartum quod infra nos est, de secundo et quarto nulla praecepta danda erant. Quantumlibet enim homo excidat a veritate, remanet illi dilectio sui et dilectio corporis sui. Fugax enim animus ab incommuta-

7 *Matth. 22, 39 8 *Matth. 22, 37 26—21, 22 cf. Eug. Exc. 249 p. 811—813 30 cf. II Tim. 2, 18

7 tamquam] sicut *Vulg. edd.* 15 proximum diligit *edd.* 23 sicut *Cβ*, sicuti *cett.*, *edd.* 31 enim *om. C*

bili lumine omnium regnatore id agit, ut ipse sibi regnet et corpori suo, et ideo non potest nisi et se et corpus diligere.

46. Magnum autem aliquid adeptum se putat, si etiam 23.
sociis, id est aliis hominibus, dominari potuerit. Inest enim vitioso animo id magis appetere et sibi tamquam debitum vindicare, quod uni proprie debetur deo. Talis autem sui dilectio melius odium vocatur. Iniquum est enim, quia vult sibi servire quod infra se est, cum ipse superiori servire nolit, rectissimeque dictum est: *Qui autem diligit iniquitatem, odit animam suam.* Et ideo fit infirmus animus et de mortali corpore cruciatur. **47.** Necesse est enim ut illud diligat et eius corruptione praegravetur. Immortalitas enim et incorruptio corporis de sanitate animi existit, sanitas autem animi est firmissime inherere potiori, hoc est incommutabili deo. Cum vero etiam eis qui sibi naturaliter pares sunt, hoc est, hominibus, dominari affectat, intolerabilis omnino superbia est.

48. Nemo ergo se odit. Et hinc quidem nulla cum aliqua
secta quaestio fuit. Sed neque corpus suum quisquam odit. XXIV.
Verum est enim quod ait apostolus: *Nemo umquam carnem* 24.
suam odio habuit. Et quod nonnulli dicunt, malle se esse sine corpore, omnino falluntur. Non enim corpus suum, sed corruptiones eius et pondus oderunt. **49.** Non itaque nullum corpus, sed incorruptum et celerrimum corpus volunt habere, sed putant nullum corpus esse si tale fuerit, quia tale aliquid esse animam putant. Quod autem continentia quadam et laboribus quasi persequi videntur corpora sua, qui hoc recte faciunt non id agunt ut non habeant corpus, set ut habeant subiugatum et paratum ad opera necessaria. **50.** Libidines enim male utentes corpore, id est consuetudines et incli-

---

10—11 Ps. 10, 6   20—21 Eph. 5, 29

---

9 servire superiori *edd.* noluit *K*, noluerit *PET* 10 autem *om. edd.* 13 correptione *E*, corruptionem *C* 21 male *ET* 22 se omnino *edd.* 23 oderunt] oderata est *PQ* 26 quaedam *ET* 30 enim] etiam *PETB* 30—1 et inclinationes *KPQ edd.*, inclinationis *cett.*

nationes animae ad fruendum inferioribus, per ipsius corporis laboriosam quandam militiam extinguere adfectant. Nam non se interimunt et curam suae valetudinis gerunt.

25. **51.** Qui autem perverse id agunt, quasi naturaliter inimico suo corpori bellum ingerunt. In quo fallit eos quod legunt: *Caro concupiscit adversus spiritum et spiritus adversus carnem; haec enim invicem adversantur.* Dictum est enim hoc propter indomitam carnalem consuetudinem, adversus quam spiritus concupiscit, non ut interimat corpus, sed ut concupiscentia eius, id est consuetudine mala edomita faciat spiritui subiugatum, quod naturalis ordo desiderat. **52.** Quia enim hoc erit post resurrectionem, ut corpus omnimodo cum quiete summa spiritui subditum immortaliter vigeat, hoc etiam in hac vita meditandum est, ut consuetudo carnis mutetur in melius nec inordinatis motibus resistat spiritui. Quod donec fiat, caro concupiscit adversus spiritum et spiritus adversus carnem, non per odium resistente spiritu, sed per principatum, quia magis quod diligit vult subditum esse meliori, nec per odium resistente carne, sed per consuetudinis vinculum, quod a parentum etiam propagine inveteratum naturae lege inolevit. **53.** Id ergo agit spiritus in domanda carne, ut solvat malae consuetudinis quasi pacta perversa et fiat pax consuetudinis bonae. Tamen nec isti qui falsa opinione depravati corpora sua detestantur, parati essent unum oculum vel sine sensu doloris amittere, etiamsi in altero tantus cernendi sensus remaneret quantus erat in duobus, nisi aliqua res quae praeponenda esset urgeret. Isto atque huiusmodi documentis satis ostenditur eis qui sine pertinacia verum requirunt, quam

6—7 *Gal. 5, 17

3 et] sed *Lond.*, *edd.* 7 sibi invicem *Eug. edd.* 9—10 concupiscentia *CSQ edd.*, concupiscentiam *cett.* 10 mala edomita] male domitam *DKB* 11 subiugatam *DTB* 14 carnis] carnalis βC^2*edd.* 17 per *alt. om. SMET* 18 quia] qui *ETB*, quo *Eug.* 20 inveteratur *C* naturae] naturali *B* 24 oculorum *T* 26 ab aliqua re *ET* 27 urgueret *SMPB* isto] istis $DKAB^2$ modi] modo *C* documento C^2

certa sententia sit apostoli, ubi ait: *Nemo enim umquam carnem suam odio habuit.* Addidit etiam: *Sed nutrit et fovet eam, sicut et Christus ecclesiam.*

54. Modus ergo diligendi praecipiendus est homini, id est XXV.
quomodo se diligat ut prosit sibi — quin autem se diligat et 26.
prodesse sibi velit, dubitare dementis est —, praecipiendum etiam quomodo corpus suum diligat, ut ei ordinate prudenterque consulat. Nam quod diligat etiam corpus suum idque salvum habere atque integrum velit, aeque manifestum est. **55.** Aliquid itaque amplius diligere aliquis potest, quam salutem atque integritatem corporis sui. Nam multi et dolores et amissiones nonnullorum membrorum voluntarias suscepisse inveniuntur, sed ut alia quae amplius diligebant consequerentur. Non ergo propterea quisquam dicendus est non diligere salutem atque incolumitatem corporis sui quia plus aliquid diligit. **56.** Nam et avarus quamvis pecuniam diligat, tamen emit sibi panem; quod cum facit dat pecuniam quam multum diligit et augere desiderat, sed quia pluris aestimat salutem corporis sui, quae illo pane fulcitur. Supervacaneum est diutius de re manifestissima disputare, quod tamen plerumque nos facere cogit error impiorum.

57. Ergo quoniam praecepto non opus est ut se quisque et XXVI.
corpus suum diligat, id est quoniam id quod sumus et id quod 27.
infra nos, ad nos tamen pertinet, inconcussa naturae lege diligimus, quae in bestias etiam promulgata est, nam et bestiae se atque corpora sua diligunt, restabat ut et de illo quod supra nos est et de illo quod iuxta nos est praecepta sumeremus. *Diliges*, inquit, *dominum deum tuum ex toto corde tuo et ex tota anima tua et ex tota mente tua*, et *diliges proximum tuum tamquam te ipsum. In his duobus praeceptis tota lex*

1—3 Eph. 5, 29 28—23, 1 *Matth. 22, 37—40 28—24, 15 cf. Eug. Exc. 249 p. 813—815 Knoell

1 certe *E* 3 et *om.* *β* 5 diligit *K* 13 diligebantur *ET* saltim (-tem *L*) consequerentur *SMPQ Lond.* 17 quum *C* 18 plures *K* 24 nos est ad *T edd.* 25 bestiis *PET*

pendet et omnes prophetae. **58.** Finis itaque praecepti est dilectio et ea gemina, id est dei et proximi. Quod si te totum intellegas, id est animum et corpus, et proximum totum, id est animum et corpus eius — homo enim ex animo constat et corpore —, nullum rerum diligendarum genus in his duobus praeceptis praetermissum est. Cum enim praecurrat dilectio dei eiusque dilectionis modus praescriptus appareat, ita ut cetera in illum confluant, de dilectione tua nihil dictum videtur. Sed cum dictum est: *Diliges proximum tuum tamquam te ipsum,* simul et tui abs te dilectio non praetermissa est.

XXVII. **59.** Ille autem iuste et sancte vivit qui rerum integer
28. aestimator est. Ipse est autem qui ordinatam habet dilectionem, ne aut diligat quod non est diligendum, aut non diligat quod diligendum est, aut amplius diligat quod minus diligendum est, aut aeque diligat quod vel minus vel amplius diligendum est. Omnis peccator in quantum peccator est, non est diligendus, et omnis homo in quantum homo est, diligendus est propter deum, deus vero propter se ipsum. **60.** Et si deus omni homine amplius diligendus est, amplius quisque deum debet diligere quam se ipsum. Item amplius alius homo diligendus est quam corpus nostrum, quia propter deum omnia ista diligenda sunt et potest nobiscum alius homo deo perfrui, quod non potest corpus, quia corpus per animam vivit qua fruimur deo.

XXVIII. **61.** Omnes autem aeque diligendi sunt. Sed cum omnibus
29. prodesse non possis, his potissimum consulendum est qui pro locorum et temporum vel quarumlibet rerum oportunitatibus constrictius tibi quasi quadam sorte iunguntur. **62.** Sicut enim si tibi abundaret aliquid quod dare oporteret ei qui non

---

1—2 cf. I Tim. 1, 5

---

1 omnes prophetae C^{2}*SMPETB*, prophetae *CDKAQ edd.* 3 corpus tuum *edd.* 9 tamquam] sicut *Vulg. Eug.* 12—13 dilectonem habet *edd.* 13 est diligendum *bis habent edd.* 15 aeque] minus aeque *DKA pr.* vel *om.* *β DK* minus *om.* *DKA* 20 debet deum *edd.* 25 omnes] homines *B* 29 dare *CB*, dari *cett., edd.*

haberet nec duobus dari potuisset, si tibi occurrerent duo, quorum neuter alium vel indigentia vel erga te aliqua necessitudine superaret, nihil iustius faceres quam ut sorte legeres cui dandum esset quod dari utrique non posset, sic in hominibus quibus omnibus consulere nequeas, pro sorte habendum est, prout quisque temporaliter conligatius adhaerere potuerit.

63. Omnium autem qui nobiscum frui possunt deo, par- XXIX.
tim eos diligimus quos ipsi adiuvamus, partim eos a quibus 30.
adiuvamur, partim quorum et indigemus adiutorio et indigentiae subvenimus, partim quibus nec ipsi conferimus aliquid commodi nec ab eis ut nobis conferatur attendimus. Velle tamen debemus ut omnes nobiscum diligant deum, et totum quod eos vel adiuvamus vel adiuvamur ab eis ad unum illum finem referendum est. **64.** Si enim in theatris nequitiae qui aliquem diligit histrionem et tamquam magno vel etiam summo bono eius arte perfruitur, omnes diligit qui secum eum diligunt, non propter illos, sed propter eum quem pariter diligunt, et quanto est in eius amore ferventior, tanto agit quibus modis potest ut a pluribus diligatur et tanto pluribus eum cupit ostendere, et quem frigidiorem videt, excitat eum quantum potest laudibus illius, si autem contravenientem invenerit, odit in illo vehementer odium dilecti sui, et quibus modis valet instat ut auferat: quid nos in societate dilectionis dei agere convenit, quo perfrui beate vivere est, et a quo hábent omnes qui eum diligunt et quod sunt et quod eum diligunt, de quo nihil metuimus ne cuiquam possit cognitus displicere, et qui se vult diligi, non ut sibi aliquid, sed ut eis qui diligunt aeternum praemium conferatur, hoc est ipse quem diligunt?

65. Hinc efficitur ut inimicos etiam nostros diligamus. Non enim eos timemus, quia nobis quod diligimus auferre non

---

1 posset *PQ edd.* 4 legeres] eligeres *SP*, diligeres *B* utique *KB* possit *CET* 9 diligamus *PQET* 14 vel eos *edd.* 16 histrionem] istrionem *DKAB*, strionem *ET* 17 eum diligunt secum *edd.* 19 quantum *β* tantum *β* 19—20 potest modis *edd.*

possunt, sed miseramur potius, quia tanto magis nos oderunt quanto ab illo quem diligimus separati sunt. Ad quem si conversi fuerint, et illum tamquam beatificum bonum et nos tamquam socios tanti boni necesse est ut diligant.

XXX. **66.** Oritur autem hoc loco de angelis nonnulla quaestio.
31. Illo enim fruentes etiam ipsi beati sunt, quo et nos frui desideramus; et quantum in hac vita fruimur vel per speculum vel in aenigmate, tanto eam peregrinationem et tolerabilius sustinemus et ardentius finire cupimus. Sed utrum ad illa duo praecepta etiam dilectio pertineat angelorum, non inrationabiliter quaeri potest. **67.** Nam quod nullum hominum exceperit qui praecepit ut proximum diligamus, et ipse in evangelio dominus ostendit et apostolus Paulus. Namque ille cui duo ipsa praecepta protulerat atque in eis pendere totam legem prophetasque omnes dixerat, cum interrogaret eum dicens: *Et quis est mihi proximus?* hominem quendam proposuit descendentem ab Hierusalem ad Iericho incidisse in latrones et ab eis graviter vulneratum saucium et semivivum esse derelictum. Cui proximum esse non docuit, nisi qui erga illum recreandum atque curandum misericors extitit, ita ut hoc qui interrogaverat interrogatus ipse fateretur. **68.** Cui dominus ait: *Vade et tu fac similiter*, ut videlicet eum proximum esse intellegamus, cui vel exhibendum est officium misericordiae, si indiget, vel exhibendum esset, si indigeret. Ex quo iam est consequens ut etiam ille a quo nobis hoc vicissim exhibendum est proximus sit noster. Proximi enim nomen ad aliquid est, nec quisquam esse proximus nisi proximo potest. **69.** Nullum autem exceptum esse cui misericordiae dene-

8 cf. I Cor. 13, 12 16 *Luc. 10, 29 22 Luc. 10, 37

1 misereamus *K*, miramur *DB* 4 ut *om. DKA* 7 quanto *Q edd.* 8 eam] etiam *DSM*, nostram *edd.* 13 Paulus apostolus *edd.* 15 prophetasque omnes *βC²SM*, prophetasque *C¹DKA edd.* 16 mihi] meus *Vulg. edd.* 17 ad] in *DPQB Vulg. edd.* iericho *KAE*, Ierichum *C*, *alii aliter* 22 tu *om. QET* 23 esse eum proximum *β*, eum esse proximum *edd.* intellegas *K* 25 est iam *QET*, est etiam *P*, *om. B*

getur officium, quis non videat, quando usque ad inimicos etiam porrectum est, eodem domino dicente: *Diligite inimicos vestros, benefacite eis qui vos oderunt.*

70. Ita quoque Paulus apostolus docet cum dicit: *Nam* 32.
non adulterabis, non homicidium facies, non furaberis, non concupisces, et si quod est aliud mandatum, in hoc sermone recapitulatur: Diliges proximum tuum tamquam te ipsum. Dilectio proximi malum non operatur. Quisquis ergo arbitratur non de omni homine apostolum praecepisse, cogitur fateri, quod absurdissimum et sceleratissimum est, visum fuisse apostolo non esse peccatum si quis aut non Christiani aut inimici adulterarit uxorem aut eum occiderit aut eius rem concupiverit. Quod si dementis est dicere, manifestum est omnem hominem proximum esse deputandum, quia erga neminem operandum est malum.

71. Iam vero si vel cui praebendum vel a quo nobis 33.
praebendum est officium misericordiae, recte proximus dicitur, manifestum est hoc praecepto quo iubemur diligere proximum, etiam sanctos angelos contineri, a quibus tanta nobis misericordiae impenduntur officia, quanta multis divinarum scripturarum locis animadvertere facile est. Ex quo et ipse deus et dominus noster proximum se nostrum dici voluit. Nam et se ipsum significat dominus Iesus Christus opitulatum esse semivivo iacenti in via afflicto et relicto a latronibus.
72. Et propheta in oratione ait: *Sicut proximum, sicut fratrem nostrum, ita conplacebam.* Sed quoniam excellentior ac supra nostram naturam est divina substantia, praeceptum quo diligamus deum, a proximi dilectione distinctum est. Ille enim

2—3 Matth. 5, 44 4—8 *Rom. 13, 9—10 23 cf. Luc. 10, 30—33 25—26 *Ps. 34, 14

2 dicente domino *K* 3 eis] his *DKA* oderunt vos *P edd.* 6 sermone] verbo *PB Vulg.* 9 cogetur *ET* 10 fuisse visum *m* 12 adulteraret *PETB*, adulteraverit *Q edd.* 13 concupierit *PQB edd.* 14 ergo *CPQ* 16 praebendum est *edd.* 18 praecepto hoc *Q* quo] quod *C* 20—21 scripturarum divinarum *β* 27 quo] quod *PET*

nobis praebet misericordiam propter suam bonitatem, nos autem nobis invicem propter illius, id est, ille nostri miseretur ut se perfruamur, nos vero invicem nostri miseremur ut illo perfruamur.

XXXI. 34. **73.** Quapropter adhuc ambiguum videtur esse, cum dicimus ea re nos perfrui quam diligimus propter se ipsam, et ea re nobis fruendum esse tantum, qua efficimur beati, ceteris vero utendum. Diligit enim nos deus, et multum nobis dilectionem eius erga nos divina scriptura commendat. Quomodo ergo diligit? ut nobis utatur an ut fruatur? **74.** Sed si fruitur, eget bono nostro, quod nemo sanus dixerit. Omne enim nostrum bonum vel ipse vel ab ipso est. Cui autem obscurum vel dubium est, non egere lucem rerum harum nitore quas ipsa inlustraverit? Dicit apertissime etiam propheta: *Dixi domino, dominus meus es tu, quoniam bonorum meorum non eges.* Non ergo fruitur nobis, sed utitur. Nam si neque fruitur neque utitur, non invenio quem ad modum diligat.

XXXII. 35. **75.** Sed neque sic utitur ut nos; nam nos res quibus utimur ad id referimus ut dei bonitate perfruamur, deus vero ad suam bonitatem usum nostrum refert. Quia enim bonus est, sumus; et in quantum sumus, boni sumus. Porro quia etiam iustus est, non inpune mali sumus; et in quantum mali sumus, in tantum etiam minus sumus. Ille enim summe ac primitus est, qui omnino incommutabilis est et qui plenissime dicere potuit: *Ego sum qui sum*, et: *Dices eis: Qui est misit me ad vos.* Et cetera quae sunt, et nisi ab illo esse non possint, et in tantum bona sint, in quantum acceperunt ut sint. **76.** Ille igitur usus qui dicitur dei quo nobis utitur, non ad eius sed ad nostram utilitatem refertur, ad eius autem tantummodo bonitatem. Cuius autem nos miseremur et cui con-

---

8 cf. Rom. 5, 8 11–12 cf. Iac. 1, 17 14–15 *Ps. 15, 2 25–26 cf. Exod. 3, 14

---

3 in illo *K* 5 esse videtur *edd.* 11—12 bonum nostrum *β edd.* 14 etiam apertissime *edd.* 15 dominus *CAT cum LXX*, deus *cett. cum Vulg., edd.* indiges *β* 19 fruamur *ET* 21 autem quia *edd.* 22 sumus mali *edd.* 26 *pr.* et *CSMP*, ut *cett. m*, at *bl*

sulimus, ad eius quidem utilitatem id facimus eamque intuemur, sed nescio quo modo etiam nostra fit consequens, cum eam misericordiam quam impendimus egenti, sine mercede non relinquit deus. Haec autem merces summa est ut ipso perfruamur, et omnes qui eo fruimur, nobis etiam invicem in ipso perfruamur.

77. Nam si in nobis id facimus, remanemus in via et XXXIII
spem beatitudinis nostrae in homine aut in angelo conloca- 36.
mus. Quod et homo superbus et angelus superbus arrogant sibi atque in se aliorum spem gaudent constitui. Sanctus autem homo et sanctus angelus etiam fessos nos atque in se adquiescere et remanere cupientes reficiunt potius aut eo sumptu quem propter nos, aut illo etiam quem propter se acceperunt, acceperunt tamen. Atque ita refectos in illum ire compellunt, quo fruentes pariter beati sumus. **78.** Nam et apostolus clamat: *Numquid Paulus crucifixus est pro vobis? Aut in nomine Pauli baptizati estis?* et: *Neque qui plantat est aliquid neque qui rigat, sed qui incrementum dat deus.* Et angelus hominem se adorantem monet ut illum potius adoret, sub quo ei domino etiam ipse conservus est.

79. Cum autem homine in deo frueris, deo potius quam 37.
homine frueris. Illo enim frueris quo efficeris beatus, et ad eum te pervenisse laetaberis, in quo spem ponis ut venias. Inde ad Filemonem Paulus: *Ita, frater,* inquit, *ego te fruar in domino.* Quod si non addidisset *in domino* et *te fruar* tantum dixisset, in eo constituisset spem beatitudinis suae. Quamquam etiam vicinissime dicitur frui cum dilectione uti. **80.** Cum enim adest quod diligitur, etiam delectationem secum necesse est gerat. Per quam si transieris eamque ad illud ubi perma-

16—17 I Cor. 1, 13 17—18 I Cor. 3, 7 19—20 cf. Apoc. 19, 10; 22, 8—9 24—25 Philem. 20 21—31, 30 cf. Eug. Exc. 250 p. 815—818 Knoell

8 aut] vel *edd.* 12 atquiescere *CK*, acq- *P edd.* 13 illo] illum *K* 14 *alt.* acceperunt *om.* D^2*PQ* 15 et *om.* *ETB* 19 potius illum *edd.* 24 Filemonem *CαE Eug.*, Phil- *cett.*, *edd.* 27 delectatione *PQ edd.* 28 dilectionem *ST*

nendum est rettuleris, uteris ea et abusive, non proprie diceris frui. Si vero inhaeseris atque permanseris, finem in ea ponens laetitiae tuae, tunc vere et proprie frui dicendus es. Quod non faciendum est nisi in illa trinitate, id est summo et incommutabili bono.

XXXIV. 38. **81.** Vide quem ad modum, cum ipsa veritas et verbum per quod facta sunt omnia, caro factum esset ut habitaret in nobis, tamen ait apostolus: *Et si noveramus Christum secundum carnem, sed iam non novimus.* Ille quippe qui non solum pervenientibus possessionem, sed etiam viam se voluit praebere venientibus ad principium viarum, voluit carnem adsumere. Unde est etiam illud: *Dominus creavit me in principio viarum suarum,* ut inde inciperent qui vellent venire. **82.** Apostolus igitur quamvis adhuc ambularet in via et ad palmam supernae vocationis sequeretur vocantem deum, tamen ea *quae retro sunt obliviscens et in ea quae ante sunt extentus,* iam principium viarum transierat, hoc est, eo non indigebat a quo tamen adgrediendum et exordiendum iter est omnibus qui ad veritatem pervenire et in vita aeterna permanere desiderant. Sic enim ait: *Ego sum via et veritas et vita,* hoc est, per me venitur, ad me pervenitur, in me permanetur. **83.** Cum enim ad ipsum pervenitur, etiam ad patrem pervenitur, quia per aequalem ille cui est aequalis agnoscitur, vinciente et tamquam adglutinante nos sancto spiritu, quo in summo atque incommutabili bono permanere possimus. Ex quo intellegitur quam nulla res in via tenere nos debeat, quando nec ipse dominus, in quantum via nostra esse dignatus est, tenere nos voluerit, sed transire, ne rebus tempora-

7 cf. Ioh. 1, 3 8 cf. Ioh. 1, 14 8—9 *II Cor. 5, 16 12—13 *Prov. 8, 22 15 cf. Phil. 3, 14 16—17 *Phil. 3, 13 20 Ioh. 14, 6 22—23 cf. Ioh. 14, 9

1 rettuleris *CP Eug.*, retuleris *cett.*, *edd.* 2 ea] eam *DKM* 7 esset] esse *K*, est *QB* 9 nunc iam E^2 *Eug. Vulg.* 10—11 se praebere voluit *B Eug.*, praebere se voluit *edd.* ad se *m mg.* 12 esset *ET* 21 per me *om. DKA* ad me pervenitur *om. ET* 24 spiritu sancto *edd.* quo] quod *C* 26 quam] quia P^2B *Eug.*

libus, quamvis ab illo pro salute nostra susceptis et gestis, haereamus infirmiter, sed per eas potius curramus alacriter, ut ad eum ipsum, qui nostram naturam a temporalibus liberavit et conlocavit ad dexteram patris, provehi atque pervehi mereamur.

84. Omnium igitur quae dicta sunt, ex quo de rebus XXXV
tractamus, haec summa est, ut intellegatur legis et omnium 39.
divinarum scripturarum plenitudo et finis esse dilectio rei qua fruendum est et rei quae nobiscum ea re frui potest, quia ut se quisque diligat praecepto non opus est. **85.** Hoc ergo ut nossemus atque possemus, facta est tota pro nostra salute per divinam providentiam dispensatio temporalis qua debemus uti, non quasi mansoria quadam dilectione et delectatione, sed transitoria potius tamquam viae, tamquam vehiculorum vel aliorum quorumlibet instrumentorum, aut si quid congruentius dici potest, ut ea quibus ferimur propter illud ad quod ferimur diligamus.

86. Quisquis igitur scripturas divinas vel quamlibet XXXVI
earum partem intellexisse sibi videtur, ita ut eo intellectu non 40.
aedificet istam geminam caritatem dei et proximi, nondum intellexit. Quisquis vero talem inde sententiam duxerit, ut huic aedificandae caritati sit utilis, nec tamen hoc dixerit quod ille quem legit eo loco sensisse probabitur, non perniciose fallitur nec omnino mentitur. Inest quippe in mentiente voluntas falsa dicendi, et ideo multos invenimus qui mentiri velint, qui autem falli, neminem. **87.** Cum igitur hoc sciens homo faciat, illud nesciens patiatur, satis apparet in una eademque re illum qui fallitur eo qui mentitur esse meliorem,

8 cf. Rom. 13, 10 19—21 cf. I Cor. 8, 1—2

2 sed per eas potius curramus alacriter *om. C, in mg. add. litteris minusculis* 4—5 pervehi] pervenire *Q bl* 6 dicta] praedicta *PE²B* 8 esset *DK* 11 salute nostra *edd.* 13 et] atque *edd.* 14 tamquam viae *om. ET* viae et *DKS* 19 intellecto *ET* 21 dixerit *K m mg* 23—24 perniciose fallitur nec *om. B* 27—28 in una eademque re apparet *edd.*

quandoquidem pati melius est iniquitatem quam facere. Omnis autem qui mentitur inique facit, et si cuiquam videtur utile aliquando esse mendacium, potest videri utilem aliquando esse iniquitatem. Nemo enim mentiens in eo quod mentitur servat fidem. Nam hoc utique vult, ut cui mentitur fidem sibi habeat, quam tamen ei mentiendo non servat. Omnis autem fidei violator iniquus est. Aut igitur iniquitas aliquando est utilis, quod fieri non potest, aut mendacium semper inutile est.

41. **88.** Sed quisquis in scripturis aliud sentit quam ille qui scripsit, illis non mentientibus fallitur. Sed tamen, ut dicere coeperam, si ea sententia fallitur qua aedificet caritatem, quae finis praecepti est, ita fallitur, ac si quisquam errore deserens viam, eo tamen per agrum pergat quo etiam via illa perducit. Corrigendus est tamen, et quam sit utilius viam non deserere demonstrandum est, ne consuetudine deviandi etiam in transversum aut perversum ire cogatur.

XXXVII. **89.** Asserendo enim temere quod ille non sensit quem legit, plerumque incurrit in alia quae illi sententiae contexere nequeat. Quae si vera et certa esse consentit, illud non possit verum esse quod senserat, fitque in eo nescio quo modo ut amando sententiam suam scripturae incipiat offensior esse quam sibi. Quod malum si serpere siverit, evertetur ex eo. Per fidem enim ambulamus, non per speciem; titubabit autem fides, si divinarum scripturarum vacillat auctoritas; porro fide titubante caritas etiam ipsa languescit. **90.** Nam si a fide quisque ceciderit, a caritate etiam necesse est cadat. Non enim potest diligere quod esse non credit. Porro si et credit et diligit, bene agendo et praeceptis morum bonorum obtemperando efficit ut etiam speret se ad id quod diligit esse ven-

---

1 cf. I Petr. 3, 17 12—13 cf. I Tim. 1,5

---

2 inique] iniquitatem *P edd.* 3 utilem] utile *KSMET* 8 utilis est *edd.* 10 quisquis] si quis *B* 13 praeceptis *C*, praecepta *K* 15 utile *B* 17 traversum *C* 19 incurritur *ET* 20 consensit *K* 23 siverit] coeperit *P*

turum. Itaque tria haec sunt quibus et scientia omnis et prophetia militat: fides, spes, caritas.

91. Sed fidei succedet species quam videbimus, et spei XXXVII
succedet beatitudo ipsa ad quam perventuri sumus, caritas 42.
autem etiam istis decedentibus augebitur potius. Si enim credendo diligimus quod nondum videmus, quanto magis cum videre coeperimus? Et si sperando diligimus quo nondum pervenimus, quanto magis cum pervenerimus? **92.** Inter temporalia quippe atque aeterna hoc interest, quod temporale aliquid plus diligitur antequam habeatur, vilescet autem cum advenerit. Non enim satiat animam, cui vera est et certa sedes aeternitas. Aeternum autem ardentius diligitur adeptum quam desideratum. Nulli enim desideranti conceditur plus de illo existimare quam se habet, ut ei vilescat cum minus invenerit, sed quantum quisque veniens existimare potuerit, plus perveniens inventurus est.

93. Homo itaque fide et spe et caritate subnixus eaque XXXIX.
inconcusse retinens non indiget scripturis nisi ad alios instru- 43.
endos. Itaque multi per haec tria etiam in solitudine sine codicibus vivunt. Unde in illis arbitror iam impletum esse quod dictum est: *Sive prophetiae evacuabuntur sive linguae cessabunt sive scientia evacuabitur.* **94.** Quibus tamen quasi machinis tanta fidei et spei et caritatis in eis surrexit instructio, ut perfectum aliquid tenentes, ea quae sunt ex parte non quaerant, perfectum sane, quantum in hac vita potest. Nam in comparatione futurae vitae nullius iusti et sancti est vita ista perfecta. Ideo *manent* inquit, *fides, spes, caritas, tria haec. Maior autem horum est caritas*, quia et cum quisque ad aeterna pervenerit, duobus istis decedentibus caritas auctior et certior permanebit.

1—2 cf. I Cor. 13, 13 1—33, 12 cf. Eug. Exc. 251 p. 819 sq. Knoell 21—22 *I Cor. 13, 8 23—24 cf. I Cor. 13, 10 27—28 *I Cor. 13, 13

---

3 succedet *CDASB*[2] *Eug.*, succedit *cett. edd.* species] spes *ET* 4 succedet *CDASB*[2] *Eug.*, succedit *cett. edd.* 10 vilescet *Ca*, -it *cett.*, *edd.* 12 et certa *om. A* 17 *pr.* et *om. edd.* easque *P*[2]*B* 20—21 quod dictum est *om. ET* 25 potest minime reperitur *B*

XL. 44. **95.** Quapropter, cum quisque cognoverit finem praecepti esse caritatem *de corde puro et conscientia bona et fide non ficta*, omnem intellectum divinarum scripturarum ad ista tria relaturus, ad tractationem illorum librorum securus accedat. Cum enim diceret *caritas*, addidit *de corde puro*, ut nihil aliud quam id quod diligendum est diligatur. *Conscientiam* vero *bonam* subiunxit propter spem. Ille enim se ad id quod credit et diligit perventurum esse desperat cui malae conscientiae scrupulus inest. Tertio *et fide* inquit *non ficta*. **96.** Si enim fides nostra mendacio caruerit, tunc et non diligimus quod non est diligendum, et recte vivendo id speramus, ut nullo modo spes nostra fallatur. Propterea de rebus continentibus fidem, quantum pro tempore satis esse arbitratus sum, dicere volui, quia in aliis voluminibus sive per alios sive per nos multa iam dicta sunt. Modus itaque sit iste libri huius. Cetera de signis, quantum dominus dederit, disseremus.

LIBER SECUNDUS

I. 1. **1.** Quoniam de rebus cum scriberem praemisi commonens ne quis in eis attenderet nisi quod sunt, non etiam si quid aliud praeter se significant, vicissim de signis disserens hoc dico, ne quis in eis attendat quod sunt, sed potius quod signa sunt, id est, quod significant. Signum est enim res, praeter speciem quam ingerit sensibus, aliud aliquid ex se faciens in cogitationem venire; sicut vestigio viso transisse animal cuius vestigium est cogitamus et fumo viso ignem subesse cognoscimus, et voce animantis audita adfectionem animi eius advertimus, et tuba sonante milites vel progredi se vel regredi, et si quid aliud pugna postulat, oportere noverunt.

2—3 I Tim. 1, 5   19—34, 23 cf. Eugippi Exc. 252 p. 820 sq. Knoell

---

4 revelaturus *C*, re ** laturus *Q*   7 coniunxit *QETB*   16 dominus] deus *ETB*   16—17 disseramus *KT*   20 non] nam *K*

2. Signorum igitur alia sunt naturalia, alia data. Natu- 2.
ralia sunt quae sine voluntate atque ullo appetitu significandi praeter se aliquid aliud ex se cognosci faciunt, sicuti est fumus significans ignem. Non enim volens significare id facit, sed rerum expertarum animadversione et notatione cognoscitur ignem subesse, etiam si fumus solus appareat. Sed et vestigium transeuntis animantis ad hoc genus pertinet; et vultus irati seu tristis affectionem animi significat, etiam nulla eius voluntate qui aut iratus aut tristis est; aut si quis alius motus animi, vultu indice proditur, etiam nobis non id agentibus ut prodatur. Sed de hoc toto genere nunc disserere non est propositum. Quoniam tamen incidit in partitionem nostram, praeteriri omnino non potuit, atque id hactenus notatum esse suffecerit.

3. Data vero signa sunt quae sibi quaeque viventia in- II. 3.
vicem dant ad demonstrandos quantum possunt motus animi sui, vel sensa aut intellecta quaelibet. Nec ulla causa est nobis significandi, id est signi dandi, nisi ad depromendum et traiciendum in alterius animum id quod animo gerit qui signum dat. Horum igitur signorum genus, quantum ad homines attinet, considerare atque tractare statuimus, quia et signa divinitus data quae scripturis sanctis continentur, per homines nobis indicata sunt qui ea conscripserunt. **4.** Habent etiam bestiae quaedam inter se signa quibus produnt adpetitum animi sui. Nam et gallus gallinacius reperto cibo dat signum vocis gallinae ut accurrat, et columbus gemitu columbam vocat vel ab ea vicissim vocatur, et multa huiusmodi animadverti solent. Quae utrum, sicut vultus aut dolentis clamor, sine voluntate significandi sequantur motum animi an vere ad significandum dentur, alia quaestio est et ad rem quae agitur non pertinet. Quam partem ab hoc opere tamquam non necessariam removemus.

---

4 non enim quis homo *B* 12 quoniam] cum *B* 13 id *om. KPB* 15 vero] ergo *K* 18—19 traiciendi *ET* 19 in animo *PQ* is qui *edd.* 22 quae in *Eug. edd.* 22—23 hominem *C* 25 et *om. DKA* 29 significandi voluntate *edd.*

III. 4. **5.** Signorum igitur quibus inter se homines sua sensa communicant, quaedam pertinent ad oculorum sensum, pleraque ad aurium, paucissima ad ceteros sensus. Nam cum innuimus, non damus signum nisi oculis eius quem volumus per hoc signum voluntatis nostrae participem facere. Et quidam motus manuum pleraque significant, et histriones omnium membrorum motibus dant signa quaedam scientibus et cum oculis eorum quasi fabulantur, et vexilla draconesque militares per oculos insinuant voluntatem ducum. Et sunt haec omnia quasi quaedam verba visibilia. **6.** Ad aures autem quae pertinent, ut dixi, plura sunt, in verbis maxime. Nam et tuba et tibia et cithara dant plerumque non solum suavem, sed etiam significantem sonum. Sed omnia verbis comparata paucissima sunt. Verba enim prorsus inter homines obtinuerunt principatum significandi quaecumque animo concipiuntur, si ea quisque prodere velit. **7.** Nam et odore unguenti dominus, quo perfusi sunt pedes eius, signum aliquod dedit, et sacramento corporis et sanguinis sui per gustatum significavit quod voluit, et cum mulier tangendo fimbriam vestimenti eius salva facta est, nonnihil significat. Sed innumerabilis multitudo signorum quibus suas cogitationes homines exserunt, in verbis constituta est. Nam illa signa omnia quorum genera breviter attigi, potui verbis enuntiare, verba vero illis signis nullo modo possem.

IV. 5. **8.** Sed quia verberato aere statim transeunt nec diutius manent quam sonant, instituta sunt per litteras signa verborum. Ita voces oculis ostenduntur, non per se ipsas, sed per signa quaedam sua. Ista signa igitur non potuerunt communia esse omnibus gentibus, peccato quodam dissensionis

---

13—36, 19 cf. Eug. Exc. 253 p. 822 sq. Knoell 16—17 cf. Ioh. 12, 3—7 18—19 cf. Matth. 26, 26—29, etc. 19—20 cf. Matth. 9, 20—22, etc.

---

6 motu *m* histriones] striones *ET* 13 sed haec *m* omnia signa *PEB* *edd.* 18 per gustatum] pergustato *M*²*T*, praegustato *edd.* 22 exserunt *CQ*, exerunt *cett.* nam et *Q* 23 nuntiare *B* 24 possum *P* 27 et ita *B* 28 igitur signa *edd.*

humanae, cum ad se quisque principatum rapit. Cuius superbiae signum est erecta illa turris in caelum, ubi homines impii non solum animos, sed etiam voces dissonas habere meruerunt.

9. Ex quo factum est ut etiam scriptura divina, qua V. 6.
tantis morbis humanarum voluntatium subvenitur, ab una lingua profecta, qua opportune potuit per orbem terrarum disseminari, per varias interpretum linguas longe lateque diffusa innotesceret gentibus ad salutem. Quam legentes nihil aliud appetunt quam cogitationes voluntatemque illorum a quibus conscripta est invenire et per illas voluntatem dei, secundum quam tales homines locutos credimus.

10. Sed multis et multiplicibus obscuritatibus et ambi- VI. 7.
guitatibus decipiuntur qui temere legunt, aliud pro alio sentientes. Quibusdam autem locis quid vel falso suspicentur non inveniunt: ita obscure dicta quaedam densissimam caliginem obducunt. Quod totum provisum esse divinitus non dubito, ad edomandam labore superbiam et intellectum a fastidio renovandum, cui facile investigata plerumque vilescunt. **11.** Quid enim est, quaeso, quod si quisquam dicat sanctos esse homines atque perfectos, quorum vita et moribus Christi ecclesia de quibuslibet superstitionibus praecidit eos qui ad se veniunt, et imitatione bonorum sibimet quodam modo incorporat, qui boni, fideles et veri dei servi deponentes onera saeculi ad sanctum baptismi lavacrum vénerunt atque inde ascendentes conceptione sancti spiritus fructum dant geminae caritatis, id est, dei et proximi, quid est ergo quod si haec quisquam dicat, minus delectat audientem quam si ad eundem sensum locum illum exponat de Canticis canticorum ubi dictum est ecclesiae, cum tamquam pulchra quaedam

1—4 cf. Gen. 11, 1—9   20—38, 25 cf. Eug. Exc. 254 p. 823—825 Knoell

6 voluntatum *PE^2T^2 edd.*, voluptatum *a*   7 opportune *C*, oportune *cett.*   9 diffusas *DKA*   innotescere *DAET*   12 credidimus *PET*   16 non obscure *DM*   quaedam dicta *PB edd.*   17 divinitus esse *edd.*   19 renovandum] revocandum *edd.*   24 veri dei] vere dei *EB*, vere boni *Eug.*

femina laudaretur: *Dentes tui sicut grex detonsarum ascendens de lavacro, quae omnes geminos creant, et sterilis non est in illis?* **12.** Num aliud homo discit, quam cum illud planissimis verbis sine similitudinis huius adminiculo audiret? Et tamen nescio quo modo suavius intueor sanctos, cum eos quasi dentes ecclesiae video praecidere ab erroribus homines atque in eius corpus, emollita duritia, quasi demorsos mansosque transferre. Oves etiam iucundissime agnosco detonsas, oneribus saecularibus tamquam velleribus positis, et ascendentes de lavacro, id est de baptismate, creare omnes geminos, duo praecepta dilectionis, et nullam esse ab isto sancto fructu sterilem video.

8. **13.** Sed quare suavius videam quam si nulla de divinis libris talis similitudo promeretur, cum res eadem sit eademque cognitio, difficile est dicere et alia quaestio est. Nunc tamen nemo ambigit et per similitudines libentius quaeque cognosci et cum aliqua difficultate quaesita multo gratius inveniri. **14.** Qui enim prorsus non inveniunt quod quaerunt, fame laborant; qui autem non quaerunt, quia in promptu habent, fastidio saepe marcescunt. In utroque autem languor cavendus est. **15.** Magnifice igitur et salubriter spiritus sanctus ita scripturas sanctas modificavit, ut locis apertioribus fami occurreret, obscurioribus autem fastidia detergeret. Nihil enim fere de illis obscuritatibus eruitur, quod non planissime dictum alibi repperiatur.

VII. 9. **16.** Ante omnia igitur opus est dei timore converti ad cognoscendam eius voluntatem, quid nobis adpetendum fugiendumque praecipiat. Timor autem iste cogitationem de nostra mortalitate et de futura morte necesse est incutiat et quasi clavatis carnibus omnes superbiae motus ligno crucis affigat.

1—3 *Cant. 4, 2

1 ascendentes *E Eug.*, quae ascenderunt *Vulg.* 2 non est sterilis *edd.* 3 illis] eis *edd.* 9 positis] depositis *α* 13 videas *T* 20 autem] enim *K*, *om. PB* 25 repperiatur *CDAT*, reperitur *K*, reperiatur *cett.*, *edd.* 30 carnibus] carnalibus *B*

17. Deinde mitescere opus est pietate neque contradicere divinae scripturae sive intellectae, si aliqua vitia nostra percutit, sive non intellectae, quasi nos melius sapere meliusque praecipere possimus, sed cogitare potius et credere id esse melius et verius quod ibi scriptum est, etiam si lateat, quam id quod nos per nos ipsos sapere possumus.

18. Post istos duos gradus timoris atque pietatis ad ter- 10.
tium venitur scientiae gradum, de quo nunc agere institui. Nam in eo se exercet omnis divinarum scripturarum studiosus, nihil in eis aliud inventurus quam diligendum esse deum propter deum et proximum propter deum, et illum quidem ex toto corde, ex tota anima, ex tota mente, proximum vero tamquam se ipsum, id est, ut tota proximi sicut etiam nostri dilectio referatur in deum. **19.** De quibus duobus praeceptis, cum de rebus ageremus, libro superiore tractavimus. Necesse est ergo, ut primo se quisque in scripturis inveniat amore huius saeculi, hoc est temporalium rerum, implicatum, longe seiunctum esse a tanto amore dei et tanto amore proximi quantum scriptura praescribit. Tum vero ille timor quo cogitat de iudicio dei, et illa pietas qua non potest nisi credere et cedere auctoritati sanctorum librorum, cogit eum se ipsum lugere. **20.** Nam ista scientia bonae spei hominem non se iactantem sed lamentantem facit; quo affectu impetrat sedulis precibus consolationem divini adiutorii, ne desperatione frangatur, et esse incipit in quarto gradu, hoc est fortitudinis, quo esuritur et sititur iustitia. Hoc enim affectu ab omni mortifera iucunditate rerum transeuntium sese extrahit et inde se avertens convertit ad dilectionem aeternorum, incommutabilem scilicet unitatem eandemque trinitatem.

12—13 cf. Matth. 22, 37—39 26 cf. Matth. 5, 6

2—3 percutet *DK*, percutiet AD^2K^2 4 percipere T^2B 6 per nosmetipsos *edd.* possemus *K*, possimus *B* 12 corde et *E Eug.* anima et *Eug.* mente diligere *edd.* 13 tota proximi] tota dilectio proximi *PB*, tota proximi dilectio *Q* 14 dilectio *om.* *PQ* 17 amore] cum honore *K* 19 scriptura ipsa *β* vero] vere *QET* 20 de iudicio] iudicium *T* 27 sese] se *ETB*

11. **21.** Quam ubi aspexerit quantum potest in longinqua radiantem suique aspectus infirmitate sustinere se illam lucem non posse persenserit, in quinto gradu, hoc est in consilio misericordiae, purgat animam tumultuantem quodam modo atque obstrepentem sibi de appetitu inferiorum conceptis sordibus. Hic vero se in dilectione proximi naviter exercet in eaque perficitur. **22.** Et spe iam plenus atque integer viribus, cum pervenerit usque ad inimici dilectionem, ascendit in sextum gradum, ubi iam ipsum oculum purgat quo videri deus potest, quantum potest ab eis qui huic saeculo moriuntur quantum possunt. Nam in tantum vident in quantum moriuntur huic saeculo, in quantum autem hic vivunt, non vident. Et ideo quamvis iam certior et non solum tolerabilior sed etiam iucundior species lucis illius incipiat apparere, in aenigmate adhuc tamen et per speculum videri dicitur, quia magis per fidem quam per speciem ambulatur cum in hac vita peregrinamur, quamvis conversationem habeamus in caelis. **23.** In hoc autem gradu ita purgat oculum cordis, ut veritati ne ipsum quidem praeferat aut conferat proximum; ergo nec se ipsum, quia nec illum quem diligit sicut se ipsum. Erit ergo iste sanctus tam simplici corde atque mundato, ut neque hominibus placendi studio detorqueatur a vero nec respectu devitandorum quorumlibet incommodorum suorum quae adversantur huic vitae. Talis filius ascendit ad sapientiam, quae ultima et septima est, qua pacatus tranquillusque perfruitur. Initium enim sapientiae timor domini. Ab illo enim usque ad ipsam per hos gradus tenditur et venitur.

VIII. 12. **24.** Sed nos ad tertium illum gradum considerationem referamus, de quo disserere quod dominus suggesserit atque

15 cf. I Cor. 13, 12 16—18 cf. II Cor. 5, 6—7 17—18 cf. Phil. 3, 20 26—27 cf. Ps. 110, 10

2 se *om.* *ET* 6 naviter] graviter *edd.* 9 ascendit] ascendet *C*, ascendet inde *DKAS* 12 hic] huic *α* *PQ* *edd.* 14—15 incipit *QET* 19 ne] nec *KB* 19—20 aut conferat *om.* *M* 21 tam] tamquam *E*

tractare instituimus. Erit igitur divinarum scripturarum solertissimus indagator qui primo totas legerit notasque habuerit, etsi nondum intellectu, iam tamen lectione, dumtaxat eas quae appellantur canonicae. Nam ceteras securius leget fide veritatis instructus, ne praeoccupent inbecillum animum et periculosis mendaciis atque phantasmatis eludentes praeiudicent aliquid contra sanam intellegentiam. In canonicis autem scripturis ecclesiarum catholicarum quam plurium auctoritatem sequatur, inter quas sane illae sint quae apostolicas sedes habere et epistolas accipere meruerunt. **25.** Tenebit igitur hunc modum in scripturis canonicis, ut eas quae ab omnibus accipiuntur ecclesiis catholicis praeponat eis quas quidam non accipiunt. In eis vero quae non accipiuntur ab omnibus, praeponat eas quas plures gravioresque accipiunt, eis quas pauciores minorisque auctoritatis ecclesiae tenent. Si autem alias invenerit a pluribus, alias a gravioribus haberi, quamquam hoc invenire non possit, aequalis tamen auctoritatis eas habendas puto.

26. Totus autem canon scripturarum, in quo istam con- 13.
siderationem versandam dicimus, his libris continetur: Quinque Moyseos, id est Genesi, Exodo, Levitico, Numeris, Deuteronomio, et uno libro Iesu Nave, uno Iudicum, uno libello qui appellatur Ruth, qui magis ad Regnorum principium videtur pertinere; deinde quattuor Regnorum et duobus Paralipomenon, non consequentibus sed quasi a latere adiunctis simulque pergentibus. **27.** Haec est historia, quae sibimet annexa tempora continet atque ordinem rerum. Sunt aliae tamquam ex diverso ordine, quae neque huic ordini neque inter se conectuntur, sicut est Iob et Tobias et Esther et Iudith et Machabeorum libri duo et Esdrae duo, qui magis subsequi videntur ordinatam illam historiam usque ad Regno-

5 legit α, legat *PQ* imbecillem *D²edd.* 6 phantasmatis *CDKAT*, fantasmatis *β*, fantasmatibus *SM*, phantasmatibus *edd.* 9 quamplurium *CPQB*, quam plurimum *cett.* 9 sunt *B* 13 quaedam *edd.* 16 *alt.* a *om. DKA* 17 hoc facile *edd.* 27 annexa] conexa *SMP* 30 ezrae *C*, hesdrae *DKAE*

rum vel Paralipomenon terminatam. Deinde prophetae, in quibus David unus liber Psalmorum, et Salomonis tres, Proverbiorum, Cantici canticorum et Ecclesiastes. Nam illi duo libri, unus qui Sapientia et alius qui Ecclesiasticus inscribitur, de quadam similitudine Salomonis esse dicuntur. Nam Iesus Sirach eos conscripsisse constantissime perhibetur; qui tamen quoniam in auctoritatem recipi meruerunt, inter propheticos numerandi sunt. **28.** Reliqui sunt eorum libri qui proprie prophetae appellantur, duodecim prophetarum libri singuli, qui conexi sibimet, quoniam numquam seiuncti sunt, pro uno habentur; quorum prophetarum nomina sunt haec: Osee, Ioel, Amos, Abdias, Ionas, Micha, Naum, Abacuc, Sophonias, Aggeus, Zacharias, Malachi. Deinde quattuor prophetae sunt maiorum voluminum: Esaias, Hieremias, Daniel, Hiezechiel. **29.** His quadraginta quattuor libris Testamenti Veteris terminatur auctoritas; Novi autem quattuor librorum evangelio: secundum Matthaeum, secundum Marcum, secundum Lucam, secundum Iohannem; quattuordecim epistolis apostoli Pauli: ad Romanos, ad Corinthios duabus, ad Galatas, ad Ephesios, ad Philippenses, ad Thessalonicenses duabus, ad Colossenses, ad Timotheum duabus, ad Titum, ad Philemonem, ad Hebraeos; Petri duabus; tribus Iohannis; una Iudae et una Iacobi; Actibus Apostolorum libro uno et Apocalypsi Iohannis libro uno.

IX. 14. **30.** In his omnibus libris timentes deum et pietate mansueti quaerunt voluntatem dei. Cuius operis et laboris prima

---

6 cf. Retract. 30, 2 15 cf. Retract. 30, 3

---

deest C 41, 22 tribus *usque ad 53, 19* venimus

---

3 canticis *K*, cantica D^2*SPQB* 4 sapientiae *DKA* ecclesiastici *K* 6 iesus filius sirach *SMQ* 12 oseae *DKAP* ioel *CT* iohel *cett.* micha *CSM*, michea *DKA*, micheas *β* 13 malachi *CDKAQT*, malachias *cett.* 17 librorum] libri *PQ*, libris *edd.* evangelio *CM*, evangelia *DKAS*, evangelii *β edd.* 18 marchum *C* 19 epistolas *DKA* Pauli ap. *edd.* 21 colossenses *C*, colosenses *cett.* 24 et apocalypsi iohannis libro uno *om. ET* apocalypsis *KP* apokalipsis *DAQ*

observatio est, ut diximus, nosse istos libros, etsi nondum ad intellectum, legendo tamen vel mandare memoriae vel omnino incognitos non habere. Deinde illa quae in eis aperte posita sunt, vel praecepta vivendi vel regulae credendi, solertius diligentiusque investiganda sunt. Quae tanto quisque plura invenit quanto est intellegentia capacior. **31.** In his enim quae aperte in scripturis posita sunt, inveniuntur illa omnia quae continent fidem moresque vivendi, spem scilicet atque caritatem, de quibus libro superiore tractavimus. Tum vero facta quadam familiaritate cum ipsa lingua divinarum scripturarum, in ea quae obscura sunt aperienda et discutienda pergendum est, ut ad obscuriores locutiones inlustrandas de manifestioribus sumantur exempla et quaedam certarum sententiarum testimonia dubitationem incertis auferant. In qua re memoria valet plurimum, quae si defuerit, non potest his praeceptis dari.

32. Duabus autem causis non intelleguntur quae scripta X. 15.
sunt, si aut ignotis aut ambiguis signis obteguntur. Sunt autem signa vel propria vel translata. Propria dicuntur, cum his rebus significandis adhibentur propter quas sunt instituta, sicut dicimus bovem, cum intellegimus pecus quod omnes nobiscum latinae linguae homines hoc nomine vocant. **33.** Translata sunt, cum et ipsae res quas propriis verbis significamus, ad aliquid aliud significandum usurpantur, sicut dicimus bovem et per has duas syllabas intellegimus pecus quod isto nomine appellari solet, sed rursus per illud pecus intellegimus evangelistam, quem significavit scriptura interpretante apostolo dicens: *Bovem triturantem non infrenabis.*

17—29 cf. Eug. Exc. 255 p. 826 Knoell 28—29 Deut. 25, 4 *I Cor. 9, 9 I Tim 5, 18

deest C

5 quisque in eis *DKA* 6 quantum *PETB* intellegentiae *Dm* 9 tunc *B* 13—14 sententiarum certarum *ET* 15 plurimum] primum *ET* 17 duobus *DKA* 24 aliud aliquid *edd.* 27 significat *K*

XI. 16. **34.** Contra ignota signa propria magnum remedium est linguarum cognitio. Et latinae quidem linguae homines, quos nunc instruendos suscepimus, duabus aliis ad scripturarum divinarum cognitionem opus habent, hebraea scilicet et graeca, ut ad exemplaria praecedentia recurratur, si quam dubitationem adtulerit latinorum interpretum infinita varietas. Quamquam et hebraea verba non interpretata saepe inveniamus in libris, sicut *amen* et *alleluia* et *racha* et *osanna* et si qua sunt alia. Quorum partim propter sanctiorem auctoritatem, quamvis interpretari potuissent, servata est antiquitas, sicut sunt *amen* et *alleluia*, partim vero in aliam linguam transferri non potuisse dicuntur, sicut alia duo quae posuimus. **35.** Sunt enim quaedam verba certarum linguarum quae in usum alterius linguae per interpretationem transire non possint. Et hoc maxime interiectionibus accidit, quae verba motum animi significant potius quam sententiae conceptae ullam particulam. Nam et haec duo talia esse perhibentur; dicunt enim *racha* indignantis esse vocem, *osanna* laetantis. **36.** Sed non propter haec pauca quae notare atque interrogare facillimum est, sed propter diversitates, ut dictum est, interpretum illarum linguarum est cognitio necessaria. Qui enim scripturas ex hebraea in graecam verterunt numerari possunt, latini autem interpretes nullo modo. Ut enim cuique primis fidei temporibus in manus venit codex graecus et aliquantum facultatis sibi utriusque linguae habere videbatur, ausus est interpretari.

XII. 17. **37.** Quae quidem res plus adiuvit intellegentiam quam impedivit, si modo legentes non sint neglegentes. Nam nonnullas obscuriores sententias plurium codicum saepe manifestavit inspectio, sicut illud Esaiae prophetae unus inter-

---

deest C

---

1 remedium remedium *ET* 3 instruendo *ET* 7 et] ad *ET* 11 sunt *om. PB*, est *m* 12 transferre *ASE* 13 certarum *β*, ceterarum *α* 14 usum] sensum *ETB* 15 accedit *PET* 16—17 conceptae] contextae *m mg. Lond.* 22 hebraea lingua *edd.* 23 interpretes *om. B* 25 aliquantulum *edd.*

pres ait: *Et domesticos seminis tui ne despexeris*, alius autem ait: *Et carnem tuam ne despexeris*. Uterque sibimet invicem attestatus est. **38.** Namque alter ex altero exponitur, quia et caro posset accipi proprie, ut corpus suum quisque ne despiceret se putaret admonitum, et domestici seminis translate Christiani possent intellegi, ex eodem verbi semine nobiscum spiritualiter nati. Nunc autem conlato interpretum sensu probabilior occurrit sententia proprie de consanguineis non despiciendis esse praeceptum, quoniam domesticos seminis cum ad carnem retuleris, consanguinei potissimum occurrunt. Unde esse arbitror illud apostoli quod ait: *Si quo modo ad aemulationem adducere potuero carnem meam, ut salvos faciam aliquos ex illis;* id est, ut aemulando eos qui crediderant, et ipsi crederent. **39.** Carnem enim suam dixit Iudaeos, propter consanguinitatem. Item illud eiusdem Esaiae: *Nisi credideritis, non intellegetis*, alius interpretatus est: *Nisi credideritis, non permanebitis*. Quis horum vera secutus sit, nisi exemplaria linguae praecedentis legantur, incertum est. Sed tamen ex utroque magnum aliquid insinuatur scienter legentibus. Difficile est enim ita diversos a se interpretes fieri ut non se aliqua vicinitate contingant. **40.** Ergo quoniam intellectus in specie sempiterna est, fides vero in rerum temporalium quibusdam cunabulis quasi lacte alit parvulos, nunc autem per fidem ambulamus, non per speciem, nisi autem per fidem ambulaverimus, ad speciem pervenire non possumus quae non transit sed permanet, per intellectum purgatum nobis cohaerentibus veritati, propterea ille ait: *Nisi credideritis, non permanebitis*, ille autem: *Nisi credideritis, non intellegetis*.

1 cf. Esai. 58, 7 LXX 2 Esai. 58, 7 Vulg. 11—13 *Rom. 11, 14 15—16 cf. Esai. 7, 9 LXX 16—17 Esai. 7, 9 Vulg. 24 cf. II Cor. 5, 7

deest C

4 posset *DKS*, possit *cett.* 12 potuero *β*, potero *a* 13 ut *om. DKAS* 15 Esaiae prophetae *edd.* 16 interpres ait *SM* 17 vera *DKAM*^{2}*B*, verba *cett.* 28 autem] vero *edd.* 29 intellegitis *DPQE*

18. **41.** Et ex ambiguo linguae praecedentis plerumque interpres fallitur, cui non bene nota sententia est, et eam significationem transfert quae a sensu scriptoris penitus aliena est. Sicut quidam codices habent: *Acuti pedes eorum ad effundendum sanguinem;* ὀξύς enim et acutum apud Graecos et velocem significat. Ille ergo vidit sententiam qui transtulit: *Veloces pedes eorum ad effundendum sanguinem;* ille autem alius ancipiti signo in aliam partem raptus erravit. **42.** Et alia quidem non obscura, sed falsa sunt. Quorum alia condicio est; non enim intellegendos, sed emendandos tales codices potius praecipiendum est. Hinc est etiam illud: quoniam *moschos* graece vitulus dicitur, *moscheumata* quidam non intellexerunt esse *plantationes* et *vitulamina* interpretati sunt. Qui error tam multos codices praeoccupavit ut vix inveniatur aliter scriptum. Et tamen sententia manifestissima est, quia clarescit consequentibus verbis; namque *adulterinae plantationes non dabunt radices altas* convenientius dicitur quam *vitulamina*, quae pedibus in terra gradiuntur, non haerent radicibus. Hanc translationem in eo loco etiam cetera contexta custodiunt.

XIII. 19. **43.** Sed quoniam et quae sit ipsa sententia, quam plures interpretes pro sua quisque facultate atque iudicio conantur eloqui, non apparet, nisi in ea lingua inspiciatur quam interpretantur, et plerumque a sensu auctoris devius aberrat interpres, si non sit doctissimus, aut linguarum illarum ex quibus in latinam scripturam pervenit, petenda cognitio est aut habendae interpretationes eorum qui se verbis nimis

---

4—5 cf. Ps. 13, 3 LXX   7 Ps. 13, 3 Vulg.   16—17 cf. Sap. 4, 3 LXX

---

deest C

---

1 nam et *B*   8 aliam] illam *SM*   9 alia] talia *KAET*   11 etiam] enim *K̀*   12 moschos *et* moscheumata *litteris romanis codd.*   13 et] sed *ET*   16 quia] quae *PQ*   18 quia quae *M*   terram *DPQ*, terras *A*   gradiuntur] ingrediuntur *DASM*^{2} *ET*, ingreditur *KM*   et non *edd.*   26 scriptura *P*^{2}*m*   petenda] peritissimus. Proinde petenda *verba cum interpunctione habent A*^{2}*B*

obstrinxerunt, non quia sufficiunt, sed ut ex eis libertas vel error dirigatur aliorum, qui non tam verba quam sententias interpretando sequi maluerunt. **44.** Nam non solum verba singula, sed etiam locutiones saepe transferuntur quae omnino in latinae linguae usum, si quis consuetudinem veterum qui latine locuti sunt tenere voluerit, transire non possint. Quae aliquando intellectui nihil adimunt, sed offendunt tamen eos qui plus delectantur rebus, cum etiam in earum signis sua quaedam servatur integritas. Nam soloecismus qui dicitur nihil est aliud quam cum verba non ea lege sibi coaptantur qua coaptaverunt qui priores nobis non sine auctoritate aliqua locuti sunt. Utrum enim inter homines an inter hominibus dicatur, ad rerum non pertinet cognitorem. **45.** Item barbarismus quid aliud est nisi verbum non eis litteris vel sono enuntiatum, quo ab eis qui ante nos latine locuti sunt enuntiari solet? Utrum autem ignoscere producta an correpta tertia syllaba dicatur, non multum curat qui peccatis suis deus ut ignoscat petit, quolibet modo illud verbum sonare potuerit. Quid est ergo integritas locutionis nisi alienae consuetudinis conservatio, loquentium veterum auctoritate firmatae?

46. Sed tamen eo magis inde offenduntur homines quo 20.
infirmiores sunt, et eo sunt infirmiores quo doctiores videri volunt, non rerum scientia qua aedificamur, sed signorum, qua non inflari omnino difficile est, cum et ipsa rerum scientia saepe cervicem erigat, nisi dominico reprimatur iugo. Quid enim obest intellectori quod ita scriptum est: *Quae est terra in qua isti insidunt super eam, si bona est an nequam; et quae sunt civitates in quibus ipsi inhabitant in ipsis?* **47.** Quam

26—28 cf. Num. 13, 19 LXX

deest C

1 non quia non *K* libertas] veritas *B m* 2 dirigatur] detegatur *m* tam] magis *β* 6 possunt *DQ edd.* 10 aliud est *edd.* cum *om. ET* 11 coaptaverunt] optaverunt *KEB* 14 est *om. K* 15 quo] quod *AET* latine ante nos *edd.* 16 autem] enim *edd.* 17 deus] deum *P edd.* 21 quo] qui *T*

locutionem magis alienae linguae esse arbitror quam sensum aliquem altiorem. Illud etiam quod iam auferre non possumus de ore cantantium populorum: *Super ipsum autem floriet sanctificatio mea*, nihil profecto sententiae detrahit. Auditor tamen peritior mallet hoc corrigi, ut non *floriet*, sed *florebit* diceretur, nec quicquam impedit correctionem nisi consuetudo cantantium. Ista ergo facile etiam contemni possunt, si quis ea cavere noluerit, quae sano intellectui nihil detrahunt. **48.** At vero illud quod ait apostolus: *Quod stultum est dei, sapientius est hominibus, et quod infirmum est dei, fortius est hominibus*, si quis in eo graecam locutionem servare voluisset, ut diceret: Quod stultum est dei, sapientius est hominum, et quod infirmum est dei, fortius est hominum, iret quidem vigilantis lectoris intentio in sententiae veritatem, sed tamen aliquis tardior aut non intellegeret aut etiam perverse intellegeret. Non enim tantum vitiosa locutio est in latina lingua talis, verum et in ambiguitatem cadit, ut quasi hominum stultum vel hominum infirmum sapientius vel fortius videatur esse quam dei. Quamquam et illud 'sapientius est hominibus' non caret ambiguo, etiamsi soloecismo caret. **49.** Utrum enim his hominibus ab eo quod est 'huic homini' an his hominibus ab eo quod est 'hoc homine' dictum sit, non apparet nisi inluminatione sententiae. Melius itaque ita dicitur 'sapientius est quam homines' et 'fortius est quam homines'.

XIV. 21. **50.** De ambiguis autem signis post loquemur; nunc de incognitis agimus, quorum duae formae sunt, quantum ad verba pertinet. Namque aut ignotum verbum facit haerere lectorem aut ignota locutio. Quae si ex alienis linguis veniunt, aut quaerenda sunt ab earum linguarum hominibus aut

3—4 *Ps. 131, 18 9—11 I Cor. 1, 25

deest C

2 offerre *ET*^{2} 4 detrahitur *ETB* 5 malet *E* 10 dei *om. ET*
22 ab hoc *PB edd.* 24 ita *om. K edd.* hominis *DKA* 25 hominis *DKA*
26 loquemur] loquimur *PT*, loquamur *E*

eaedem linguae, si et otium et ingenium est, ediscendae aut plurium interpretum consulenda conlatio est. Si autem ipsius linguae nostrae aliqua verba locutionesque ignoramus, legendi consuetudine audiendique innotescunt. **51.** Nulla sane sunt magis mandanda memoriae quam illa verborum locutionumque genera quae ignoramus, ut cum vel peritior occurrerit de quo quaeri possint, vel talis lectio quae vel praecedentibus vel consequentibus vel utrisque ostendat quam vim habeat quidve significet quod ignoramus, facile adiuvante memoria possimus advertere et discere. Quamquam tanta est vis consuetudinis etiam ad discendum ut qui in scripturis sanctis quodammodo nutriti educatique sunt, magis alias locutiones mirentur easque minus latinas putent quam illas quas in scripturis didicerunt neque in latinae linguae auctoribus reperiuntur. **52.** Plurimum hic quoque adiuvat interpretum numerositas conlatis codicibus inspecta atque discussa. Tantum absit falsitas, nam codicibus emendandis primitus debet invigilare sollertia eorum qui scripturas divinas nosse desiderant, ut emendatis non emendati cedant, ex uno dumtaxat interpretationis genere venientes.

53. In ipsis autem interpretationibus Itala ceteris prae- XV. 22.
feratur, nam est verborum tenacior cum perspicuitate sententiae. Et latinis quibuslibet emendandis graeci adhibeantur, in quibus septuaginta interpretum, quod ad Vetus Testamentum attinet, excellit auctoritas. Qui iam per omnes peritiores ecclesias tanta praesentia sancti spiritus interpretati esse dicuntur ut os unum tot hominum fuerit. **54.** Qui si, ut fertur multique non indigni fide praedicant, singuli

---

deest C

---

1 eaedem linguae] linguae eaedem *QB*, linguae eadem *PET*, lingua eadem P^2 est et ingenium *QET edd.* discendae *ETB* 2 plurimum *DKA* conlatio] consolatio *ET* 7 possunt *K*, potest *P* 7—8 ex praecedentibus D^2m 10 possumus *ET* 13 putant *PET* 15 hic] hoc *DQ* 16 adiuvat] adiuvet *PA*, iuvat *edd.* 17 absit falsitas] adsit facultas *B* 22 tenacior cum] tenaciorum *ET* 25 excellit] et excellet *DA*

cellis etiam singulis separati cum interpretati essent, nihil in alicuius eorum codice inventum est quod non isdem verbis eodemque verborum ordine inveniretur in ceteris, quis huic auctoritati conferre aliquid, nedum praeferre audeat? Si autem contulerunt ut una omnium communi tractatu iudicioque vox fieret, ne sic quidem quemquam unum hominem qualibet peritia ad emendandum tot seniorum doctorumque consensum aspirare oportet aut decet. **55.** Quam ob rem, etiamsi aliquid aliter in hebraeis exemplaribus invenitur quam isti posuerunt, cedendum esse arbitror divinae dispensationi quae per eos facta est, ut libri quos gens Iudaea ceteris populis vel religione vel invidia prodere nolebat, credituris per dominum gentibus ministra regis Ptolomei potestate tanto ante proderentur. Itaque fieri potest ut sic illi interpretati sint quem ad modum congruere gentibus ille, qui eos agebat et qui unum os omnibus fecerat, spiritus sanctus iudicavit. **56.** Sed tamen, ut superius dixi, horum quoque interpretum qui verbis tenacius inhaeserunt conlatio non est inutilis ad explanandam saepe sententiam. Latini ergo, ut dicere coeperam, codices Veteris Testamenti, si necesse fuerit, graecorum auctoritate emendandi sunt, et eorum potissimum qui, cum septuaginta essent, ore uno interpretati esse perhibentur. Libros autem Novi Testamenti, si quid in latinis varietatibus titubat, graecis cedere oportere non dubium est, et maxime qui apud ecclesias doctiores et diligentiores repperiuntur.

XVI. 23. **57.** In translatis vero signis si qua forte ignota cogunt haerere lectorem, partim linguarum notitia, partim rerum investiganda sunt. Aliquid enim ad similitudinem valet et procul dubio secretum quiddam insinuat Siloa piscina, ubi

---

deest C

---

1 separatim *B* 4 audet *ET* 5 tractatione *SM* 6 ne] nec *KB* 8 aut] ut SM 13 credulis *DSM* ministra regis] magis ministrarent *SM* ptholomei *DAP*, Ptolemaei *m* 14 proderent *B* 16 sanctus spiritus *β* 25 qui] quia *ET*

faciem lavare iussus est cui oculos dominus luto de sputo facto inunxerat. Quod tamen nomen linguae incognitae nisi evangelista interpretatus esset, tam magnus intellectus lateret. **58.** Sic etiam multa quae ab auctoribus eorundem librorum interpretata non sunt nomina hebraea, non est dubitandum habere non parvam vim atque adiutorium ad solvenda aenigmata scripturarum, si quis ea possit interpretari. Quod nonnulli eiusdem linguae periti viri non sane parvum beneficium posteris contulerunt, qui separata de scripturis eadem omnia verba interpretati sunt, et quid sit Adam, quid Eva, quid Abraham, quid Moyses, sive etiam locorum nomina, quid sit Hierusalem vel Sion vel Hiericho vel Sina vel Libanus vel Iordanis et quaecumque alia in illa lingua nobis sunt incognita nomina. Quibus apertis et interpretatis multae in scripturis figuratae locutiones manifestantur.

59. Rerum autem ignorantia facit obscuras figuratas 24.
locutiones, cum ignoramus vel animantium vel lapidum vel herbarum naturas aliarumve rerum quae plerumque in scripturis similitudinis alicuius gratia ponuntur. Nam et de serpente quod notum est, totum corpus eum pro capite obicere ferientibus, quantum inlustrat sensum illum quod dominus iubet astutos nos esse sicut serpentes, ut scilicet pro capite nostro, quod est Christus, corpus potius persequentibus offeramus, ne fides christiana tamquam necetur in nobis si parcentes corpori negemus deum! **60.** Vel illud, quod per cavernae angustias coartatus deposita vetere tunica vires novas accipere dicitur, quantum concinit ad imitandam ipsam serpentis astutiam exuendumque veterem hominem,

1—2 cf. Ioh. 9, 6 16—54, 27 cf. Eug. Exc. 256 p. 826—828 Knoell 22 cf. Matth. 10, 16 23 cf. Eph. 4, 15 28—51, 1 cf. Eph. 4, 22—24

deest C

2 quod] ut *M* 6 adiutorium] apparatorium *K* 7 aenigmata *T*, enigmata *cett.* 12 vel Sina *om. Q* 13 et] vel *edd.* 19 gratia alicuius *K* 21 inlustrant *ET* quod] quo D^2AB^2 *edd.* 22 dominus *om. K* 24 tamquam caput *Eug.* 25 negamus *KAE* 28 ipsum veterem *PB edd.*

sicut apostolus dicit, ut induamur novo, et exuendum per angustias, dicente domino: *Intrate per angustam portam!* Ut ergo notitia naturae serpentis inlustrat multas similitudines quas de hoc animante scriptura dare consuevit, sic ignorantia nonnullorum animalium, quae non minus per similitudines commemorat, impedit plurimum intellectorem. Sic lapidum, sic herbarum, vel quaeque tenentur radicibus. **61.** Nam et carbunculi notitia, quod lucet in tenebris, multa inluminat etiam obscura librorum, ubicumque propter similitudinem ponitur; et ignorantia berylli vel adamantis claudit plerumque intellegentiae fores. Nec aliam ob causam facile est intellegere pacem perpetuam significari oleae ramusculo quem rediens ad arcam columba pertulit, nisi quia novimus et olei lenem contactum non facile alieno humore corrumpi et arborem ipsam frondere perenniter. Multi autem propter ignorantiam hysopi, dum nesciunt quam vim habeat vel ad purgandum pulmonem vel, ut dicitur, ad saxa radicibus penetranda, cum sit herba brevis atque humilis, omnino invenire non possunt quare sit dictum: *asperges me hysopo, et mundabor.*

25. **62.** Numerorum etiam imperitia multa facit non intelligi translate ac mystice posita in scripturis. Ingenium quippe, ut ita dixerim, ingenuum non potest nisi movere quid sibi velit quod et Moyses et Helias et ipse dominus quadraginta diebus ieiunaverunt. Cuius actionis figuratus quidam nodus nisi huius numeri cognitione et consideratione non solvitur. Habet enim denarium quater tamquam cognitionem omnium rerum intextam temporibus. **63.** Quaternario namque numero et diurna et annua curricula peraguntur: diurna matutinis,

2 Matth. 7, 13 12—13 cf. Gen. 8, 11 19 Ps. 50, 9 20—53, 2 Eugipp. Exc. 257 p. 828 sq. 23—24 cf. Exod. 24, 18; III Reg. 19, 8; Matth. 4, 2

deest C

4 quas] quae *DKAETB* dare scriptura *α m* 7 quaeque *codd., cf. Blaise*, quaecumque *edd.* 12 ramusculo *α*, ramulo *β* 16 hysopi] isopi *DKA*, ysopi *SMTB*, hyssopi *m* 22 ingenuum esse *B* nisi] non *edd.* movere] moverit *B*, moveri *edd.* 23 et *pr. om. DKA* 24 quidam figuratus modus *DKA*

meridianis, vespertinis nocturnisque horarum spatiis; annua vernis, aestivis, autumnalibus hiemalibusque mensibus. A temporum autem delectatione dum in temporibus vivimus, propter aeternitatem in qua vivere volumus, abstinendum et ieiunandum est, quamvis temporum cursibus ipsa nobis insinuetur doctrina contemnendorum temporum et appetendorum aeternorum. **64.** Porro autem denarius numerus creatoris atque creaturae significat scientiam; nam trinitas creatoris est, septenarius autem numerus creaturam indicat propter vitam et corpus. Nam in illa tria sunt, unde etiam toto corde, tota anima, tota mente diligendus est deus; in corpore autem manifestissima quattuor apparent quibus constat elementa. In hoc ergo denario dum temporaliter nobis insinuatur, id est, quater ducitur, caste et continenter a temporum delectatione vivere, hoc est quadraginta diebus ieiunare. **65.** Hoc lex, cuius persona est in Moyse, hoc prophetia, cuius personam gerit Helias, hoc ipse dominus monet, qui tamquam testimonium habens ex lege et prophetis medius inter illos in monte tribus discipulis videntibus atque stupentibus claruit. Deinde ita quaeritur, quomodo quinquagenarius de quadragenario numero existat, qui non mediocriter in nostra religione sacratus est propter Pentecosten, et quo modo ter ductus propter tria tempora, ante legem, sub lege, sub gratia, vel propter nomen patris et filii et spiritus sancti, adiuncta eminentius ipsa trinitate, ad purgatissimae ecclesiae mysterium referatur perveniatque ad centum quinquaginta tres pisces, quos retia post resurrectionem domini in dexteram partem missa ceperunt. Ita multis aliis atque aliis numerorum formis quaedam similitudinum in sanctis libris

---

11 cf. Matth. 22, 37 16—20 cf. Matth. 17,1—4 et Marc. 9,2—6 22 cf. Act. 2,1 sqq. 26—28 cf. Ioh. 21, 6. 11

---

deest C

---

13 constant *KAPQ²ETB* 16 ieiunare monemur *edd.* (vivere *est praedicativum,* ieiunare *subiectum*) 26 misterium *a* 27—28 dextram *DKAQ Eug.* 29 quadam similitudine *B*

secreta ponuntur, quae propter numerorum imperitiam legentibus clausa sunt.

26. **66.** Non pauca etiam claudit atque obtegit nonnullarum rerum musicarum ignorantia. Nam et de psalterii et citharae differentia quidam non inconcinne aliquas rerum figuras aperuit. Et decem cordarum psalterium non importune inter doctos quaeritur utrum habeat aliquam musicae legem quae ad tantum nervorum numerum cogat; an vero, si non habet, eo ipso magis sacrate accipiendus sit ipse numerus vel propter decalogum legis, de quo item numero si quaeratur, nonnisi ad creatorem creaturamque referendus est, vel propter superius expositum ipsum denarium. **67.** Et ille numerus aedificationis templi qui commemoratur in evangelio, quadraginta scilicet et sex annorum, nescio quid musicum sonat et relatus ad fabricam dominici corporis propter quam templi mentio facta est, cogit nonnullos haereticos confiteri filium dei non falso, sed vero et humano corpore indutum. Et numerum quippe et musicam plerisque locis in sanctis scripturis honorabiliter posita invenimus.

XVII. 27. **68.** Non enim audiendi sunt errores gentilium superstitionum, qui novem Musas Iovis et Memoriae filias esse finxerunt. Refellit eos Varro, quo nescio utrum apud eos quisquam talium rerum doctior vel curiosior esse possit. Dicit enim civitatem nescio quam, non enim nomen recolo, locasse apud tres artifices terna simulacra Musarum, quod in templo Apollinis donum poneret, ut quisquis artificum pulchriora formasset, ab illo potissimum electa emerent. **69.** Ita contigisse ut opera sua quoque illi artifices aeque pulchra expli-

3—54, 27 Eug. Exc. 258 p. 829—831 Knoell 4 cf. Aug. in psalm. 42 PL 36, 479 de differentia psalterii et citharae et passim PL 36, 280. 671. 900, nusquam fonte designato 6 cf. Ps. 32, 2 14 cf. Ioh. 2, 20

deest C

8 habeat *P* 12 ipsum] istum *DS* 14 sonet *SM* 21 Memoriae] Minervae *m mg* 26 ponerent *B* 27 emeret *PQ edd.* itaque *edd.* 28 illi quoque *PQ* pulchrae *QT*, pulcra *SB*

carent, et placuisse civitati omnes novem atque omnes esse emptas ut in Apollinis templo dedicarentur. Quibus postea dicit Hesiodum poetam imposuisse vocabula. Non ergo Iupiter novem Musas genuit, sed tres fabri ternas creaverunt. **70.** Tres autem non propterea illa civitas locaverat quia in somnis eas viderat aut tot se cuiusquam illorum oculis demonstraverant, sed quia facile erat animadvertere omnem sonum, quae materies cantilenarum est, triformem esse natura. Aut enim voce editur, sicuti eorum est qui faucibus sine organo canunt, aut flatu, sicut tubarum et tibiarum, aut pulsu, sicut in citharis et tympanis et quibuslibet aliis quae percutiendo canora sunt.

71. Sed sive ita se habeat quod Varro rettulit sive non XVIII.
ita, nos tamen non propter superstitionem profanorum debe- 28.
mus musicam fugere, si quid inde utile ad intellegendas sanctas scripturas rapere potuerimus, nec ad illorum theatricas nugas converti, si aliquid de citharis et de organis quod ad spiritalia capienda valeat disputemus. **72.** Neque enim et litteras discere non debuimus quia earum deum dicunt esse Mercurium, aut quia iustitiae virtutique templa dedicarunt et quae corde gestanda sunt in lapidibus adorare maluerunt, propterea nobis iustitia virtusque fugienda est. Immo vero quisquis bonus verusque Christianus est, domini sui esse intellegat ubicumque invenerit veritatem, quam conferens et agnoscens etiam in litteris sacris superstitiosa figmenta repudiet, doleatque homines atque caveat *qui cognoscentes deum non ut deum glorificaverunt aut gratias egerunt, sed evanuerunt in cogitationibus suis et obscuratum est insipiens cor eorum;*

26—55, 3 *Rom. 1, 21—23

1 esse *om. K* 8 quae] qui *D²M²B* 8—9 natura *CDMQT*, naturam *cett.* 9 aut enim] autem *ET* 10 flatu] flatus *ET*, flatibus *A* 11 pulsus *AET'* in *om. KS* 13 ita *om. P* 14 non *om. ET* 15 utile *om. PE* 17 chitaris *C*, cytharis *SMP* 19 deum] repertorem *edd.* 22 a nobis *a* iustitia virtusque] iustitiae virtus *B* 24 conferens] confitens *PQ edd.* 28 cor insipiens *edd.*

dicentes enim se esse sapientes stulti facti sunt et inmutaverunt gloriam incorruptibilis dei in similitudinem imaginis corruptibilis hominis et quadrupedum et serpentium.

XIX. 29. **73.** Sed ut totum istum locum, nam est maxime necessarius, diligentius explicemus, duo sunt genera doctrinarum quae in gentilibus etiam moribus exercentur, unum earum rerum quas instituerunt homines, alterum earum quas animadverterunt iam peractas aut divinitus institutas. Illud quod est secundum institutiones hominum, partim superstitiosum est, partim non est.

XX. 30. **74.** Superstitiosum est quidquid institutum est ab hominibus ad facienda et colenda idola pertinens vel ad colendam sicut deum creaturam partemve ullam creaturae vel ad consultationes et pacta quaedam significationum cum daemonibus placita atque foederata, qualia sunt molimina magicarum artium, quae quidem commemorare potius quam docere adsolent poetae. Ex quo genere sunt, sed quasi licentiore vanitate, haruspicum et augurum libri. **75.** Ad hoc genus pertinent omnes etiam ligaturae atque remedia quae medicorum quoque disciplina condemnat, sive in praecantationibus sive in quibusdam notis quos caracteres vocant, sive in quibusque rebus suspendendis atque inligandis vel etiam saltandis quodam modo, non ad temperationem corporum, sed ad quasdam significationes aut occultas aut etiam manifestas, quae mitiore nomine physica vocant, ut quasi non superstitione inplicare, sed natura prodesse videantur, sicuti sunt inaures in summo aurium singularum aut de strutionum

---

5—56, 24 cf. Eug. Exc. 259 p. 831—833 Knoell

---

4 ut est *a* 9 non est superstitiosum *P Eug.* 11 superstitiosum est *om. P* 14 consultationes] consulationes *DKAP*, consolationes *ET* cum *om. DKAB*^{2} 18 aruspicum *SMPB Eug. edd.* 20 condemnat] commendat *ET* 21 characteres *QT*^{2} *edd.* 22 inligandis] alligandis *P*, ligandis *Eug.* 23 saltandis] aptandis *m* 26 naturae *KB* sicut *PETB* 27 destructionum *K*^{2}*ME*^{2}, destructionem *KE*

ossibus ansulae in digitis, aut cum tibi dicitur singultienti ut dextra manu sinistrum pollicem teneas.

76. His adiunguntur milia inanissimarum observationum, 31.
si membrum aliquod salierit, si iunctim ambulantibus amicis lapis aut canis aut puer medius intervenerit. Atque illud quod lapidem calcant tamquam diremptorem amicitiae, minus molestum est quam cum innocentem puerum colafo percutiunt, si pariter ambulantibus intercurrit. Sed bellum est quod aliquando pueri vindicantur a canibus. Nam plerumque tam superstitiosi sunt quidam ut etiam canem qui medius intervenerit ferire audeant, non inpune, namque a vano remedio cito ille interdum percussorem suum ad verum medicum mittit. **77.** Hinc sunt etiam illa: limen calcare cum ante domum suam transit, redire ad lectum si quis dum se calciat sternutaverit, redire domum si procedens offenderit, cum vestis a soricibus roditur, plus tremere suspicionem futuri mali quam praesens damnum dolere. Unde illud eleganter dictum est Catonis, qui cum esset consultus a quodam qui sibi a soricibus erosas caligas diceret, respondit non esse illud monstrum, sed vere monstrum habendum fuisse si sorices a caligis roderentur.

78. Neque illi ab hoc genere perniciosae superstitionis XXI.32.
segregandi sunt qui genethliaci propter natalium dierum considerationes, nunc autem vulgo mathematici vocantur. Nam et ipsi, quamvis veram stellarum positionem cum quisque nascitur consectentur et aliquando etiam pervestigent, tamen quod inde conantur vel actiones nostras vel actionum eventa praedicere, nimis errant et vendunt imperitis hominibus miserabilem servitutem. **79.** Nam quisque liber ad huius modi mathematicum cum ingressus fuerit, dat pecuniam ut servus inde exeat aut Martis aut Veneris vel potius omnium

2 manus *KE* 6 diremtorem *CETB, Eug.* 7 cum] quod *m* colapho *β* *edd.* 8 bellum] verum *α* 12 interdum ille *β* 12—13 ad verum] adversum $C^{2}B$ 16 tremere] timere *ET* 16—17 suspicione *PB Eug. m* 19 rosas $D^{2}SM$ 23—24 considerationes dierum *PET*, considerationem siderum *B*

siderum, quibus illi qui primi erraverunt erroremque posteris propinaverunt, vel bestiarum propter similitudinem vel hominum ad ipsos homines honorandos imposuerunt vocabula. Non enim mirandum est cum etiam propioribus recentioribusque temporibus sidus quod appellamus Luciferum, honori et nomini Caesaris Romani dicare conati sunt. **80.** Et fortasse factum esset atque isset in vetustatem, nisi avia eius Venus praeoccupasset hoc nominis praedium neque iure ullo ad heredes traiceret quod numquam viva possederat aut possidendum petiverat. Nam ubi vacabat locus neque alicuius priorum mortuorum honore tenebatur, factum est quod in rebus talibus fieri solet. Pro Quintili enim et Sextili mensibus Iulium atque Augustum vocamus de honoribus hominum Iulii Caesaris et Augusti Caesaris nuncupatos, ut facile qui voluerit intellegat etiam illa sidera prius sine his nominibus caelo vagata esse, mortuis autem illis quorum honorare memoriam vel coacti sunt homines regia potestate vel placuit humana vanitate, nomina eorum imponentes sideribus eos ipsos sibi mortuos in caelum levare videbantur. **81.** Sed quodlibet vocentur ab hominibus, sunt tamen sidera quae deus instituit et ordinavit ut voluit, et est certus motus illorum quo tempora distinguntur atque variantur. Quem motum notare, cum quisque nascitur, quo modo se habeat, facile est per eorum inventas conscriptasque regulas. Quos sancta scriptura condemnat, dicens: *Si enim tantum potuerunt scire ut possent aestimare saeculum, quomodo eius dominum non facilius invenerunt?*

XXII. 33. **82.** Sed ex ea notatione velle nascentium mores, actus, eventa praedicere magnus error et magna dementia est. Et apud eos quidem qui talia dediscenda didicerunt, sine ulla

25—27 Sap. 13, 9

1 qui *om. ET* 3 ad] propter *DSM* 4 proprioribus *APEB* 16 vagata] locata *B* 17 memoriam *om. K* 19 levaret *ET* 22 distinguuntur *D edd.* 26 eius *om. B* 26—27 facilius non *C* 29 praedicare *C*

dubitatione refellitur haec superstitio. Constellationes enim quas vocant notatio est siderum, quomodo se habebant cum ille nasceretur de quo isti miseri a miserioribus consuluntur. Fieri autem potest ut aliqui gemini tam sequaciter fundantur ex utero ut intervallum temporis inter eos nullum possit apprehendi et constellationum numeris annotari. **83.** Unde necesse est nonnullos geminos easdem habere constellationes, cum paria rerum, vel quas agunt vel quas patiuntur, eventa non habeant, sed plerumque ita disparia ut alius felicissimus, alius infelicissimus vivat, sicut Esau et Iacob geminos accepimus natos, ita ut Iacob, qui posterius nascebatur, manu plantam praecedentis fratris tenens inveniretur. **84.** Horum certe dies atque hora nascentium notari aliter non posset, nisi ut amborum constellatio esset una. Quantum autem intersit inter amborum mores, facta, labores atque successus, scriptura testis est, iam ore omnium gentium pervagata.

85. Neque enim ad rem pertinet, quod dicunt ipsum 34.
momentum minimum atque angustissimum temporis quod geminorum partum disterminat, multum valere in rerum natura atque caelestium corporum rapidissima velocitate. Etsi enim concedam ut plurimum valeat, tamen in constellationibus a mathematico inveniri non potest, quibus inspectis se fata dicere profitetur. **86.** Quod ergo in constellationibus non invenit, quas necesse est unas inspiciat, sive de Iacob sive de eius fratre consulatur, quid ei prodest si distat in caelo quod temere securus infamat, et non distat in tabula quam frustra sollicitus intuetur? Quare istae quoque opiniones quibusdam rerum signis humana praesumptione institutis ad

10—11 cf. Gen. 25, 25 27—61, 21 cf. Eug. Exc. 259 p. 833—836 Knoell

2 habeant *DKSM* 3 miserioribus] miseris *C* 4 gemini tam] geminatam *ET* 6 numeri *ET* 8 *pr.* quas] quos *DKA* 10—11 accepimus] accipimus $D^2\beta$ 13 aliter notari *edd.* posset] possit *E*, possint *T* 15 labores *om. B* 17 ipsum] ad ipsum *C* 23 fata] facta *AET*, fa*ta *M* 25 discat *Atreb. m mg* 28 rerum] rebus *C*

eadem illa quasi quaedam cum daemonibus pacta et conventa referendae sunt.

XXIII. **87.** Hinc enim fiet ut occulto quodam iudicio divino
35. cupidi malarum rerum homines tradantur inludendi et decipiendi pro meritis voluntatum suarum, inludentibus eos atque decipientibus praevaricatoribus angelis, quibus ista mundi pars infima secundum pulcherrimum ordinem rerum divinae providentiae lege subiecta est. Quibus inlusionibus et deceptionibus evenit, ut istis superstitiosis et perniciosis divinationum generibus multa praeterita et futura dicantur nec aliter accidant quam dicuntur, multaque observantibus secundum observationes suas eveniant, quibus inplicati curiosiores fiant et sese magis magisque inserant multiplicibus laqueis perniciosissimi erroris. **88.** Hoc genus fornicationis animae salubriter divina scriptura non tacuit neque ab ea sic deterruit animam, ut propterea talia negaret esse sectanda quia falsa dicuntur a professoribus eorum, sed etiam *Si dixerint vobis*, inquit, *et ita evenerit, ne credatis eis*. Non enim quia imago Samuelis mortui Saul regi vera praenuntiavit, propterea talia sacrilegia, quibus imago illa praesentata est, minus exsecranda sunt, aut quia in Actibus apostolorum ventriloqua femina verum testimonium perhibuit apostolis domini, ideo Paulus apostolus pepercit illi spiritui ac non potius feminam illius daemonii correptione atque exclusione mundavit.

36. **89.** Omnes igitur artifices huius modi vel nugatoriae vel noxiae superstitionis, ex quadam pestifera societate hominum et daemonum quasi pacta infidelis et dolosae amicitiae constituta, penitus sunt repudianda et fugienda Christiano: *Non quod*

17—18 cf. Deut. 13, 2—3 19 cf. I Reg. 28, 11—19 21—24 cf. Act. 16, 16—18 29—60, 3 * I Cor. 10, 19—20

1—2 conventa] commenta *PQ* 3 fiet] fit M^2*PQ edd.* 7 infirma *MP* 10 in divinationum *SM* 11 accidunt *C* dicuntur] dicantur *PQET* 11 observatoribus *B* 15 neque] nec *DSM* 16 terruit *SM* 19 Saul *CDKB Eug.*, Sauli *cett.* 23 ideo] idcirco *a* 25 artifices] artes *PQ Eug. edd.* 27 pacta quaedam *m*

idolum sit aliquid, ait apostolus, *sed quia quae immolant, daemoniis immolant et non deo, nolo vos socios daemoniorum fieri.* **90.** Quod autem de idolis et de immolationibus quae honori eorum exhibentur, dixit apostolus, hoc de omnibus imaginariis signis sentiendum est quae vel ad cultum idolorum vel ad creaturam eiusque partes tamquam deum colendas trahunt vel ad remediorum aliarumque observationum curam pertinent. Quae non sunt divinitus ad dilectionem dei et proximi tamquam publice constituta, sed per privatas appetitiones rerum temporalium corda dissipant miserorum. In omnibus ergo istis doctrinis societas daemonum formidanda atque vitanda est, qui nihil cum principe suo diabolo nisi reditum nostrum claudere atque obserare conantur. **91.** Sicut autem de stellis, quas condidit et ordinavit deus, humanae et deceptoriae coniecturae ab hominibus institutae sunt, sic etiam de quibusque nascentibus vel quoquo modo divinae providentiae amministratione exsistentibus rebus multi multa humanis suspicionibus quasi regulariter coniectata litteris mandaverunt, si forte insolite acciderint, tamquam si mula pariat aut fulmine aliquid percutiatur.

92. Quae omnia tantum valent quantum praesumptione XXIV. 37.
animorum quasi communi quadam lingua cum daemonibus foederata sunt. Quae tamen plena sunt omnia pestiferae curiositatis, cruciantis sollicitudinis, mortiferae servitutis. Non enim quia valebant animadversa sunt, sed animadvertendo atque signando factum est ut valerent. Et ideo diversis diverse proveniunt secundum cogitationes et praesumptiones suas. Illi enim spiritus qui decipere volunt talia procurant

1 ut ait *M* immolant gentes *E Eug. Vulg.* 2 daemonis *KM* nolo autem *Q Vulg. edd.* 2—3 fieri daemoniorum *β Vulg.* 3 *alt.* de *om.* C^2*Eug.* 4 dicit *K* 14 ornavit *K* 16 quibuscumque *E* quoquo] quo *PB Ambros. M. 77* 17 administratione *DKA* exsistentibus *CDQ*, exiscett., *edd.* 18 multi *om.* D^2*Q* 18—19 coniecta *B* 19 literis *C* si] sed si *B*, nisi *Ambros. M. 77* 19—20 tamquam] velut *Q* 20 flumine *TB* 22 quadam communi *Ambros. M. 77* 27 diverse] diversa *SMEB* 28 procurrant *KA*

cuique, qualibus eum inretitum per suspiciones et consensiones eius vident. **93.** Sicut enim verbi gratia una figura litterae quae decusatim notatur aliud apud Graecos, aliud apud Latinos valet, non natura, sed placito et consensione significandi, et ideo qui utramque linguam novit, si homini Graeco velit aliquid significare scribendo, non in ea significatione ponit hanc litteram in qua eam ponit cum homini scribit Latino, et 'beta' uno eodemque sono apud Graecos litterae, apud Latinos holeris nomen est, et cum dico 'lege', in his duabus syllabis aliud Graecus, aliud Latinus intellegit, **94.** sicut ergo hae omnes significationes pro suae cuiusque societatis consensione animos movent, et quia diversa consensio est, diverse movent nec ideo consenserunt in eas homines quia iam valebant ad significationem, sed ideo valent quia consenserunt in eas, sic etiam illa signa quibus perniciosa daemonum societas comparatur, pro cuiusque observationibus valent. **95.** Quod manifestissime ostendit ritus augurum, qui et antequam observent et posteaquam observata signa tenuerint, id agunt ne videant volatus aut audiant voces avium, quia nulla ista signa sunt, nisi consensus observantis accedat.

XXV. **96.** Quibus amputatis atque eradicatis ab animo chri-
38. stiano deinceps videndae sunt institutiones hominum non superstitiosae, id est, non cum daemonibus sed cum ipsis hominibus institutae. Namque omnia quae ideo valent inter homines quia placuit inter eos ut valeant, instituta hominum sunt. Quorum partim superflua luxuriosaque instituta sunt, partim commoda et necessaria. **97.** Illa enim signa quae saltando faciunt histriones, si natura, non instituto et consensione hominum valerent, non primis temporibus saltante pantomimo praeco praenuntiaret populo Carthaginis quid

---

1—3 et . . . litterae] et conterae *Lugdunensis 609 quippe qui versum integrum exemplaris sui K praetermisit* 2—3 litterae] litterae X *m* 9 oleris *K*[2] *edd.* 18 *pr.* et *om. DKA* 19 tenuerunt *T* 30 primis] primitus *P*, in primis *M* 31 praenuntiaret *CDA*, pron- *cett.* populo *CaB*, populis *cett.*, *edd.*

saltator vellet intellegi. Quod adhuc multi meminerunt senes, quorum relatu haec solemus audire. Quod ideo credendum est, quia nunc quoque si quis theatrum talium nugarum imperitus intraverit, nisi ei dicatur ab altero quid illi motus significent, frustra totus intentus est. **98.** Appetunt tamen omnes quandam similitudinem in significando, ut ipsa signa, quantum possunt, rebus quae significantur similia sint. Sed quia multis modis simile aliquid alicui potest esse, non constant talia signa inter homines nisi consensus accedat.

99. In picturis vero et statuis ceterisque huius modi 39.
simulatis operibus, maxime peritorum artificum, nemo errat cum similia viderit, ut agnoscat quibus sint rebus similia. Et hoc totum genus inter superflua hominum instituta numerandum est, nisi cum interest quid eorum qua de causa et ubi et quando et cuius auctoritate fiat. Milia denique fictarum fabularum et falsitatum, quarum mendaciis homines delectantur, humana instituta sunt. Et nulla magis hominum propria, quae a se ipsis habent, existimanda sunt quam quaeque falsa atque mendacia. **100.** Commoda vero et necessaria hominum cum hominibus instituta sunt, quaecumque in habitu et cultu corporis ad sexus vel honores discernendos differentia placuit, et innumerabilia genera significationum sine quibus humana societas aut non omnino aut minus commode geritur, quaeque in ponderibus atque mensuris et nummorum impressionibus vel aestimationibus sua cuique civitati et populo sunt propria, et cetera huius modi, quae nisi hominum instituta essent, non per diversos populos varia essent, nec in ipsis singulis populis pro arbitrio suorum principum mutarentur.

101. Sed haec tota pars humanorum institutorum, quae 40.
ad usum vitae necessarium proficiunt, nequaquam est fu-

5 est *om. C* 6 in *om. MB* 7 in quantum D^2M *edd.* significantur quae *ET* 9 talia] alia *ET* 12 sint rebus similia] in rebus similibus *KA* 18—19 quaeque] quae *B* 25 nummorum] numerorum *C* 28 populis singulis *β* 31—63, 1 fugienda] solummodo facienda *B*

gienda Christiano, immo etiam quantum satis est intuenda memoriaque retinenda.

XXVI. **102.** Adumbrata enim quaedam et naturalibus utcumque similia hominum instituta sunt. Quorum ea quae ad societatem, ut dictum est, daemonum pertinent, penitus repudianda sunt et detestanda; ea vero quae homines cum hominibus habent, assumenda, in quantum non sunt luxuriosa atque superflua, et maxime litterarum figurae sine quibus legere non possumus, linguarumque varietas quantum satis est, de qua superius disputavimus. **103.** Ex eo genere sunt etiam notae, quas qui didicerunt proprie iam notarii appellantur. Utilia sunt ista nec discuntur inlicite nec superstitione implicant nec luxu enervant, si tantum occupent, ut maioribus rebus, ad quas adipiscendas servire debent, non sint impedimento.

104. Iam vero illa quae non instituendo, sed aut transacta
XXVII. temporibus aut divinitus instituta investigando homines pro-
41. diderunt, ubicumque discantur, non sunt hominum instituta existimanda. Quorum alia sunt ad sensus corporis, alia vero ad rationem animi pertinentia. Sed illa quae sensu corporis attinguntur, vel narrata credimus vel demonstrata sentimus vel experta conicimus.

105. Quidquid igitur de ordine temporum transactorum
XXVIII. indicat ea quae appellatur historia, plurimum nos adiuvat
42. ad libros sanctos intellegendos, etiam si praeter ecclesiam puerili eruditione discatur. Nam et per Olympiadas et per consulum nomina multa saepe quaeruntur a nobis. Et ignorantia consulatus quo natus est dominus et quo passus est, nonnullos coegit errare, ut putarent quadraginta sex annorum aetate passum esse dominum, quia per tot annos aedificatum templum esse dictum est a Iudaeis, quod imaginem dominici corporis habebat. **106.** Et annorum quidem fere

29—30 cf. Ioh. 2, 20 31—64, 1 cf. Luc. 3, 23

1 in quantum *PETB* 12 superstitiose *ET* 18 sensus] sensum *DBm* 24 sanctos libros *edd.* 25 puerili] pueri *DKA* 31 domini *DM* habeat *DKA*

triginta baptizatum esse retinemus auctoritate evangelica, sed postea quot annos in hac vita egerit, quamquam textu ipso actionum eius animadverti possit, tamen ne alicunde caligo dubitationis oriatur, de historia gentium conlata cum evangelio liquidius certiusque colligitur. Tunc enim videbitur non frustra esse dictum quod quadraginta sex annis templum aedificatum sit, ut cum referri iste numerus ad aetatem domini non potuerit, ad secretiorem instructionem humani corporis referatur, quo indui propter nos non dedignatus est unicus dei filius, per quem facta sunt omnia.

107. De utilitate autem historiae, ut omittam Graecos, 43.
quantam noster Ambrosius quaestionem solvit, calumniantibus Platonis lectoribus et dilectoribus, qui dicere ausi sunt omnes domini nostri Iesu Christi sententias, quas mirari et praedicare coguntur, de Platonis libris eum didicisse, quoniam longe ante humanum adventum domini Platonem fuisse negari non potest. **108.** Nonne memoratus episcopus, considerata historia gentium, cum reperisset Platonem Hieremiae temporibus profectum fuisse in Aegyptum, ubi propheta ille tunc erat, probabilius esse ostendit quod Plato potius nostris litteris per Hieremiam fuerit imbutus, ut illa posset docere vel scribere quae iure laudantur? Ante litteras enim gentis Hebraeorum, in qua unius dei cultus eminuit, ex qua secundum carnem venit dominus noster, ne ipse quidem Pythagoras fuit, a cuius posteris Platonem theologiam didicisse isti asserunt. Ita consideratis temporibus fit multo credibilius istos potius de litteris nostris habuisse quaecumque bona et vera dixerunt, quam de Platonis dominum Iesum Christum, quod dementissimum est credere.

---

10 cf. Ioh. 1, 3 12 cf. Retract. 30, 4 18—21 cf. Aug. Civ. 8, 11 24 cf. Rom. 9, 5

---

3 alicunde] aliquunde *C*, aliunde *SMPE* 7 aetatem] aeternitatem *ET* 9 quo] quod *KA*P^2*QEB* 16 adventum humanum *B* 17 nonne] nam *B* 21 Hieremian *C* 23 eminuit] emicuit *a* 24 ne] nec *DSMEB edd.* 25 pythagoras] pytagoras *CK*, *alii aliter* 28 dominum nostrum *KP*

44. **109.** Narratione autem historica cum praeterita etiam hominum instituta narrantur, non inter humana instituta ipsa historia numeranda est, quia iam quae transierunt nec infecta fieri possunt, in ordine temporum habenda sunt, quorum est conditor et administrator deus. Aliud est enim facta narrare, aliud docere facienda. Historia facta narrat fideliter atque utiliter, libri autem haruspicum et quaeque similes litterae facienda vel observanda intendunt docere, monitoris audacia, non indicis fide.

XXIX. 45. **110.** Est etiam narratio demonstrationi similis, qua non praeterita, sed praesentia indicantur ignaris. In quo genere sunt quaecumque de locorum situ naturisque animalium, lignorum, herbarum, lapidum aliorumve corporum scripta sunt. De quo genere superius egimus eamque cognitionem valere ad aenigmata scripturarum solvenda docuimus, non ut pro quibusdam signis adhibeantur tamquam ad remedia vel machinamenta superstitionis alicuius, nam et illud genus iam distinctum ab hoc licito et libero separavimus. Aliud est enim dicere 'Tritam istam herbam si biberis, venter non dolebit', et aliud est dicere 'Istam herbam collo si suspenderis, venter non dolebit'. Ibi enim probatur contemperatio salubris, hic significatio superstitiosa damnatur. **111.** Quamquam ubi praecantationes et invocationes et characteres non sunt, plerumque dubium est utrum res quae alligatur aut quoquo modo adiungitur sanando corpori, vi naturae valeat, quod libere adhibendum est, an significativa quadam obligatione proveniat. Quod tanto prudentius oportet cavere Christianum, quanto efficacius prodesse videbitur. Sed ubi latet qua causa quid valeat, quo animo quisque utatur interest, dumtaxat in sanandis vel temperandis corporibus sive in medicina sive in agricultura.

46. **112.** Siderum autem cognoscendorum non narratio, sed demonstratio est, quorum perpauca scriptura commemorat.

---

1 historiae *ET*, historia *A* 6 facta] factura *C* facienda] facere *K* 7 aruspicum M^2*PEB edd.* 24 quoquo] quo *DKA*

Sicut autem plurimis notus est lunae cursus, qui etiam ad passionem domini anniversarie celebrandam sollemniter adhibetur, sic paucissimis ceterorum quoque siderum vel ortus vel occasus vel alia quaelibet momenta sine ullo sunt errore notissima. **113.** Quae per se ipsa cognitio, quamquam superstitione non alliget, non multum tamen ac prope nihil adiuvat tractationem divinarum scripturarum et infructuosa intentione plus impedit; et quia familiaris est perniciosissimo errori fatua fata cantantium, commodius honestiusque contemnitur. Habet autem praeter demonstrationem praesentium etiam praeteritorum narrationi simile aliquid, quod a praesenti positione motuque siderum et in praeterita eorum vestigia regulariter licet recurrere. Habet etiam futurorum regulares coniecturas, non suspiciosas et ominosas, sed ratas et certas, non ut ex eis aliquid trahere in nostra facta et eventa temptemus, qualia genethliacorum deliramenta sunt, sed quantum ad ipsa pertinet sidera. **114.** Nam sicut is qui computat lunam, cum hodie inspexerit quota sit, et ante quotlibet annos quota fuerit et post quotlibet annos quota futura sit potest dicere, sic de unoquoque siderum qui ea perite computant respondere consuerunt. De qua tota cognitione, quantum ad usum eius attinet, quid mihi videretur aperui.

115. Artium etiam ceterarum quibus aliquid fabricatur, XXX.
vel quod remaneat post operationem artificis ab illo effectum, 47.
sicut domus et scamnum et vas aliquod atque alia huiuscemodi, vel quae ministerium quoddam exhibent operanti deo, sicut medicina et agricultura et gubernatio, vel quarum omnis effectus est actio, sicut saltationum et cursionum et

4 aliquaelibet *CD* 5 seipsam *edd.* 5—6 superstitioni *P*, superstitio *Q* 9 fata] facta *DKA*, *om. E* 11—12 ad praesentem positionem motusque *ET* 12 in *om. DPQ*, ad D^2 14 regulares] saeculares *K* ominosas] abominosas *SM* 15 facta] fata *SMPQB* 18—19 ante quodlibet *CKAE* 19 post quotlibet] quot postlibet *DKA*, post quodlibet *CPE* 20 dicere] dinoscere *B* 20 qui ea] quia *K* 21 consueverunt *edd.* 27 quae *om. K* operante *MP*

luctaminum, harum ergo cunctarum artium de praeteritis experimenta faciunt etiam futura conici. Nam nullus earum artifex membra movet in operando, nisi praeteritorum memoriam cum futurorum expectatione contexat. **116.** Harum autem cognitio tenuiter in ipsa humana vita cursimque usurpanda est, non ad operandum, nisi forte officium aliquod cogat, de quo nunc non agimus, sed ad iudicandum, ne omnino nesciamus quid scriptura velit insinuare cum de his artibus aliquas figuratas locutiones inserit.

XXXI. 48. **117.** Restant ea quae non ad corporis sensus, sed ad rationem animi pertinent, ubi disciplina regnat disputationis et numeri. Sed disputationis disciplina ad omnia genera quaestionum quae in litteris sanctis sunt, penetranda et dissolvenda plurimum valet. Tantum ibi cavenda est libido rixandi et puerilis quaedam ostentatio decipiendi adversarium. Sunt enim multa quae appellantur sophismata, falsae conclusiones rationum et plerumque ita veras imitantes, ut non solum tardos, sed ingeniosos etiam minus diligenter attentos decipiant. **118.** Proposuit enim quidam, dicens ei cum quo loquebatur: Quod ego sum, tu non es. At ille consensit. Verum enim erat ex parte, vel eo ipso quod iste insidiosus, ille simplex erat. Tum iste addidit: Ego autem homo sum. Hoc quoque cum ab illo accepisset, conclusit dicens: Tu igitur non es homo. Quod genus captiosarum conclusionum scriptura, quantum existimo, detestatur illo loco ubi dictum est: *Qui sophistice loquitur odibilis est.* Quamquam etiam sermo non captiosus, sed tamen abundantius quam gravitatem decet, verborum ornamenta consectans, sophisticus dicitur.

49. **119.** Sunt etiam verae conexiones ratiocinationis falsas habentes sententias, quae consequuntur errorem illius cum quo agitur. Quae tamen ad hoc inferuntur a bono et docto

---

10—74, 14 cf. Eug. Exc. 260—262 p. 836—844   26 Eccli. 37, 23

---

7 cogat] cogitat *ET*   indicandum *ET*   22 tum] tunc *edd.*   addit *PET*

homine, ut in his erubescens ille cuius errorem consequuntur eundem relinquat errorem, quia si in eodem manere voluerit, necesse est etiam illa quae damnat tenere cogatur. Non enim vera inferebat apostolus cum diceret: *Neque Christus resurrexit,* et illa alia: *Inanis est praedicatio nostra, inanis est et fides vestra,* et deinceps alia quae omnino falsa sunt, quia et Christus resurrexit, et non erat inanis praedicatio eorum qui hoc adnuntiabant, nec fides eorum qui hoc crediderant. Sed ista falsa verissime conectebantur illi sententiae qua dicebatur non esse resurrectionem mortuorum. **120.** Istis autem falsis repudiatis, quoniam vera erant si mortui non resurgunt, consequens erit resurrectio mortuorum. Cum ergo sint verae conexiones non solum verarum, sed etiam falsarum sententiarum, facile est veritatem conexionum etiam in scholis illis discere quae praeter ecclesiam sunt. Sententiarum autem veritas in sanctis libris ecclesiasticis vestiganda est.

121. Ipsa tamen veritas conexionum non instituta, sed XXXII. 50.
animadversa est ab hominibus et notata, ut eam possint vel discere vel docere. Nam est in rerum ratione perpetua et divinitus instituta. Sicut enim qui narrat ordinem temporum, non eum ipse componit, et locorum situs aut naturas animalium vel stirpium vel lapidum qui ostendit non res ostendit ab hominibus institutas, et ille qui demonstrat sidera eorumque motus, non a se vel ab homine aliquo rem institutam demonstrat, sic etiam qui dicit: 'Cum falsum est quod consequitur, necesse est ut falsum sit quod praecedit', verissime dicit neque ipse facit ut ita sit, sed tantum ita esse demonstrat. **122.** Ex hac regula illud est quod de apostolo commemoravimus; praecedit enim non esse resurrectionem mortuorum, quod dicebant illi quorum errorem destruere volebat apostolus. Porro illam sententiam praecedentem, qua dice-

4—6 cf. I Cor. 15, 13—14

3 est ut *Q* 11 erant] erunt *CTB* 16 vestiganda] investiganda *ET edd.* 24 aliquo rem] aliquorum *E,* aliquam rem *DKA* instituta *KA* 25—26 sequitur *B* 28 apostolo Paulo α 29 enim *om. DP*

bant non esse resurrectionem mortuorum, necessario sequitur: Neque Christus resurrexit. Hoc autem quod sequitur falsum est, Christus enim resurrexit; falsum est ergo et quod praecedit. Praecedit autem non esse resurrectionem mortuorum; est igitur resurrectio mortuorum. **123.** Quod totum breviter ita dicitur: Si non est resurrectio mortuorum, neque Christus resurrexit; Christus antem resurrexit, est igitur resurrectio mortuorum. Hoc ergo, ut consequenti ablato auferatur etiam necessario quod praecedit, non instituerunt homines, sed ostenderunt. Et haec regula pertinet ad veritatem conexionum, non ad veritatem sententiarum.

XXXIII. 51. **124.** Sed in hoc loco de resurrectione cum ageretur, et regula conexionis vera est et ipsa in conclusione sententia. In falsis autem sententiis conexionis veritas est isto modo: faciamus aliquem concessisse: 'Si animal est cochlea, vocem habet.' Hoc concesso, cum probatum fuerit vocem cochleam non habere, quoniam consequenti ablato illud quod praecedit aufertur, concluditur non esse animal cochleam. Quae sententia falsa est, sed ex concesso falso vera conclusionis conexio. **125.** Veritas itaque sententiae per se ipsam valet, veritas autem conexionis ex eius cum quo agitur opinione vel concessione consistit. Ideo autem, ut supra diximus, infertur vera conexione quod falsum est, ut eum cuius errorem corrigere volumus, paeniteat sensisse praecedentia quorum consequentia videt esse respuenda. Iam hinc intellegere facile est, sicut in falsis sententiis veras, sic in veris sententiis falsas conclusiones esse posse. Fac enim aliquem proposuisse: 'Si iustus est ille, bonus est', et esse concessum; deinde assumpsisse: 'Non est autem iustus'; quo item concesso, intulisse conclusionem: 'Non est igitur bonus'. **126.** Quae tametsi vera

4 praecedit autem] praemonentem *KA* 8 ut *om. SM* 8—9 aufertur *SM* 15 cochlea *CDAT*, coclea *cett.* 18 est animal coclea *SM* 19 concesso] consensu *M* vera est S^2 *edd.* 23—24 colligere *ET* 24 sensisse] concessisse *edd.* 25 videt] videtur *S*, vident *PQ*, videntur *M* 28 concessum] consensum *E* 29 est *om. ET* 30 tametsi] tamen etsi *α*

sint omnia, non est tamen vera regula conclusionis. Non enim sicut ablato consequenti aufertur necessario quod praecedit, ita etiam ablato praecedenti aufertur necessario quod consequitur. Quia verum est cum dicimus: 'Si orator est, homo est', ex qua propositione si assumamus: 'Non est autem orator', non erit consequens cum intuleris: 'Non est igitur homo'.

127. Quapropter aliud est nosse regulas conexionum, XXXIV.
aliud sententiarum veritatem. In illis discitur quid sit con- 52.
sequens, quid non consequens, quid repugnans. Consequens est: 'Si orator est, homo est', inconsequens: 'Si homo est, orator est', repugnans: 'Si homo est, quadrupes est'. Hic ergo de ipsa conexione iudicatur. In veritate autem sententiarum ipsae per se sententiae, non earum conexio consideranda est. Sed veris certisque sententiis cum incertae vera conexione iuguntur, etiam ipsae certae fiant necesse est. **128.** Quidam autem sic se iactant, cum veritatem conexionum didicerint, quasi sententiarum ipsa sit veritas. Et rursus quidam plerumque retinentes veram sententiam male se contemnunt quia leges conclusionis ignorant, cum melior sit qui novit esse resurrectionem mortuorum quam ille qui novit consequens esse ut, si resurrectio mortuorum non est, neque Christus resurrexit.

129. Item scientia definiendi, dividendi atque partiendi, XXXV.
quamquam etiam rebus falsis plerumque adhibeatur, ipsa 53.
tamen falsa non est neque ab hominibus instituta, sed in rerum ratione comperta. Non enim quia et fabulis suis eam poetae et opinionibus erroris sui vel falsi philosophi vel etiam heretici, hoc est, falsi Christiani adhibere consuerunt, propter-

1 in vera *D²PQ* 4 consequitur] sequitur *Lond. Eug.* cum] quum *C*, quod *E* 6 intulerim *E*, intulerimus *PTB* 9 discitur] dicitur *SMQTB* 15 incertae *CDETB*, incerta *cett.* 19 sententiam] scientiam *SM* se *om. C* 19—20 contemnunt] contempnunt *CSMT*, condemnant *M²* 20 conclusiones *PQ* 22 resurrectio] resurrectione *C*, resurrectionem *K* 23 resurrexit] resurrexerit *C edd.* 26 in *om. K²ET* 27 eam] ea *PQT*, etiam *K* 29 consueverunt *Eug. edd.*

ea falsum est neque in definiendo neque in dividendo aut partiendo aliquid complectendum esse quod ad rem ipsam non pertinet, aut aliquid quod pertinet praetereundum. Hoc verum est, etiamsi ea quae definiuntur aut distribuuntur vera non sint. **130.** Nam et ipsum falsum definitur, cum dicimus falsum esse significationem rei non ita se habentis ut significatur, sive alio aliquo modo; quae definitio vera est, quamvis falsum verum esse non possit. Possumus etiam dividere, dicentes duo esse genera falsi: unum eorum quae omnino esse non possunt, alterum eorum quae non sunt, quamvis esse possint. **131.** Nam qui dicit septem et tria undecim esse, id dicit quod omnino esse non potest; qui autem dicit Kalendis, verbi gratia, Ianuariis pluisse, tametsi factum non sit, id tamen dicit quod fieri potuerit. Definitio ergo et divisio falsorum potest esse verissima, quamvis falsa ipsa utique vera non sint.

XXXVI. 54. **132.** Sunt etiam quaedam praecepta uberioris disputationis quae iam eloquentia nominatur, quae nihilominus vera sunt, quamvis eis possint etiam falsa persuaderi; sed quia et vera possunt, non est facultas ipsa culpabilis, sed ea male utentium perversitas. Nam neque hoc ab hominibus institutum est, ut caritatis expressio conciliet auditorem aut ut facile quod intendit insinuet brevis et aperta narratio et varietas eius sine fastidio teneat intentos, et ceterae huius modi observationes, quae sive in falsis sive in veris causis verae sunt tamen, in quantum vel sciri vel credi aliquid faciunt aut ad expetendum fugiendumve animos movent, et inventae potius quod ita se habeant, quam ut ita se haberent institutae.

16—72, 26 cf. Eug. Exc. 261 p. 840—842 Knoell

---

1 neque in dividendo *om.* *B* 2 esse] est M^2B 6 falsum] falsam B^2*Eug.* 7 aliquo] quoquo *DKA* 8 possumus] possunt *KAM* 9 esse *om.* *ET* 13 tamen etsi *KQB m*, tamen si *D* 14 potuerat *SM*, potuisset *E* ergo] igitur *edd.* 19 vera esse D^2SM 20 ea *om.* E^2 *Eug.* 21 caritatis] veritatis *Eug. m mg* 22 ut *om.* *ET* insinuat *Q* 26 ad *om.* *CDB* expetendum] petendum *PQ*

XXXVI 55. **133.** Sed haec pars cum discitur, magis ut proferamus ea quae intellecta sunt quam ut intellegamus adhibenda est. Illa vero conclusionum et definitionum et distributionum plurimum intellectorem adiuvat: tantum absit error, quo videntur sibi homines ipsam beatae vitae veritatem didicisse cum ista didicerint. **134.** Quamquam plerumque accidat ut facilius homines res eas assequantur propter quas assequendas ista discuntur, quam talium praeceptorum nodosissimas et spinosissimas disciplinas, tamquam si quispiam dare volens praecepta ambulandi moneat non esse levandum posteriorem pedem, nisi cum posueris priorem, deinde minutatim quem ad modum articulorum et poplitum cardines oporteat movere describat. Vera enim dicit, nec aliter ambulari potest; sed facilius homines haec faciendo ambulant quam animadvertunt cum faciunt, aut intellegunt cum audiunt. **135.** Qui autem ambulare non possunt, multo minus ea curant quae nec experiendo possunt attendere. Ita plerumque citius ingeniosus videt non esse ratam conclusionem quam praecepta eius capit, tardus autem non eam videt, sed multo minus quod de illa praecipitur. Magisque in his omnibus ipsa spectacula veritatis saepe delectant, quam ex eis in disputando aut iudicando adiuvamur, nisi forte quod exercitatiora reddunt ingenia, si etiam maligniora aut inflatiora non reddant, hoc est, ut aut decipere verisimili sermone atque interrogationibus ament, aut aliquid magnum, quo se bonis atque innocentibus anteponant, se assecutos putent qui ista didicerint.

XXXVII 56. **136.** Iam vero numeri disciplina cuilibet tardissimo clarum est quod non sit ab hominibus instituta, sed potius indagata et inventa. Non enim sicut primam syllabam Italiae, quam brevem pronuntiaverunt veteres, voluit Vergilius et

---

27—74, 14 cf. Eug. Exc. 262 p. 842—844 Knoell   30 Verg. Aen. 1, 2

---

1 pars] ars *m mg*   dicitur *PB m mg*   5 homines sibi *edd.*   6 accedat *C*   19 tardius *KT*   22 diiudicando *C*   23 flatiora *E*   26 putant *KP*   didicerunt *edd.*   29 et] atque *edd.*   30 vergilius *CAQT*, virg- *cett.*

longa facta est, ita quisquam potest efficere cum voluerit ut ter terna aut non sint novem aut non possint efficere quadratam figuram, aut non ad ternarium numerum tripla sint, ad senarium sescupla, ad nullum dupla, quia intellegibiles numeri semissem non habent. **137.** Sive ergo in se ipsis considerentur sive ad figurarum aut ad sonorum aliarumve motionum leges numeri adhibeantur, incommutabiles regulas habent neque ullo modo ab hominibus institutas, sed ingeniosorum sagacitate compertas.

57. **138.** Quae tamen omnia quisquis ita dilexerit ut iactare se inter imperitos velit et non potius quaerere unde sint vera quae tantummodo vera esse persenserit, et unde quaedam non solum vera, sed etiam incommutabilia, quae incommutabilia esse comprehenderit, ac sic ab specie corporum usque ad humanam mentem perveniens — cum et ipsam mutabilem invenerit, quod nunc docta, nunc indocta sit, constituta tamen inter incommutabilem supra se veritatem et mutabilia infra se cetera — ad unius dei laudem atque dilectionem cuncta convertere a quo cuncta esse cognoscit, doctus videri potest, esse autem sapiens nullo modo.

XXXIX. **139.** Quam ob rem videtur mihi studiosis et ingeniosis
58. adulescentibus et timentibus deum beatamque vitam quaerentibus salubriter praecipi ut nullas doctrinas quae praeter ecclesiam Christi exercentur tamquam ad beatam vitam capessendam secure sequi audeant, sed eas sobrie diligenterque diiudicent, et si quas invenerint ab hominibus institutas, varias propter diversam voluntatem instituentium et ignotas propter suspiciones errantium, maxime si habent etiam cum

---

5 cf. Aug. Epist. 3, 2; Lib. arb. 2, 8, 22, 88

---

1 cum voluerit *om. B* 4 sescupla *DSB*, sexculpa $M^{2}PQ$, sesq- *CKE*, sesque *A*, sexque *M* intellegibiles] intellegibilis $D^{2}S^{2}ME^{2}$*Eug.* 5 semisse *C* 8—9 ingeniorum *DKA* 10 ita *om. ET* 11 non *pertinet etiam ad* convertere *l. 19* 13 quae incommutabilia *om.* K^{2} 15 et *om. ET* 17 incommutabilem] commutabilem *CP* mutabilia] immutabilia $D^{2}PQ$ 19 cuncta] coniuncta *C* 26 invenerunt *T*

daemonibus initam societatem per quarundam significationum quasi quaedam pacta atque conventa, repudient penitus et detestentur, alienent etiam studium a superfluis et luxuriosis hominum institutis, illa vero instituta hominum quae ad societatem conviventium valent, pro ipsa vitae huius necessitate non negligant. **140.** In ceteris autem doctrinis quae apud gentes inveniuntur, praeter historiam rerum vel praeteriti temporis vel praesentis ad sensus corporis pertinentium, quibus etiam utilium artium corporalium experimenta et coniecturae annumerantur, et praeter rationem disputationis et numeri nihil utile esse arbitror. In quibus omnibus tenendum est *Ne quid nimis*, et maxime in his quae ad corporis sensus pertinentia volvuntur temporibus et continentur locis.

141. Sicut autem quidam de verbis omnibus et nominibus 59.
hebraeis et syris et aegyptiis, vel si qua alia lingua in scripturis sanctis inveniri potest, quae in eis sine interpretatione sunt posita, fecerunt ut ea separatim interpretarentur, et quod Eusebius fecit de temporum historia propter divinorum librorum quaestiones quae usum eius flagitant, quod ergo hi fecerunt de his rebus, ut non sit necesse Christiano in multis propter pauca laborare, sic video posse fieri, si quem eorum qui possunt, benignam sane operam fraternae utilitati delectet impendere, ut quoscumque terrarum locos quaeve animalia vel herbas atque arbores sive lapides vel metalla incognita speciesque quaslibet scriptura commemorat, ea generatim digerens sola exposita litteris mandet. **142.** Potest etiam de numeris fieri ut eorum tantummodo numerorum exposita ratio conscribatur quos divina scriptura meminit. Quorum aliquid aut omnia iam forte facta sunt, sicut multa quae a bonis doctisque Christianis elaborata et conscripta

---

12 Ter. Andr. 61

---

2 conventa] commenta *PQ* 5 conviventium] convenientium *ET* huius vitae *edd.* 16 syris] siris *DKA* 22 quem] quidem *DM* 30 aliquid] aliqua *edd.* forte iam *edd.* 31 elaborata] et laborata *DKA* et] atque *edd.*

non arbitrabamur, invenimus; sed sive propter turbas neglegentium sive propter invidorum occultationes latent. **143.** Quod utrum de ratione disputandi fieri possit ignoro. Et videtur mihi non posse, quia per totum textum scripturarum colligata est nervorum vice, et ideo magis ad ambigua solvenda et explicanda, de quibus post loquemur, legentes adiuvat, quam ad incognita signa cognoscenda, de quibus nunc agimus.

XL. 60. **144.** Philosophi autem qui vocantur, si qua forte vera et fidei nostrae accomodata dixerunt, maxime Platonici, non solum formidanda non sunt, sed ab eis etiam tamquam ab iniustis possessoribus in usum nostrum vindicanda. Sicut enim Aegyptii non tantum idola habebant et onera gravia quae populus Israel detestaretur et fugeret, sed etiam vasa atque ornamenta de auro et de argento et vestem, quae ille populus exiens de Aegypto sibi potius tamquam ad usum meliorem clanculo vindicavit, non auctoritate propria, sed praecepto dei, ipsis Aegyptiis nescienter commodantibus ea quibus non bene utebantur: **145.** sic doctrinae omnes gentilium non solum simulata et superstitiosa figmenta gravesque sarcinas supervacanei laboris habent quae unusquisque nostrum duce Christo de societate gentilium exiens debet abominari atque devitare, sed etiam liberales disciplinas usui veritatis aptiores et quaedam morum praecepta utilissima continent, deque ipso uno deo colendo nonnulla vera inveniuntur apud eos. Quod eorum tamquam aurum et argentum quod non ipsi instituerunt sed de quibusdam

---

9—78, 24 cf. Eug. Exc. 263 p. 844—847 Knoell 14—19 cf. Exod. 3, 21—22; 12, 35—36

---

1 arbitramur *DKA* 5 ad *om. C* 6 de quibus nunc agimus cognoscenda *edd.* 11 ab *om. Q edd.* 12 iniustis] invitis *ET* 13 tantum] solum *edd.* 14 israhel *CQTB Eug.* 15 de argento *CB*, de *om. cett.* veste *DSMPQ* 16 potius] populus *Q* 18 commodantibus] accomodantibus PE^2B *Eug.* 21 laboris] labores *AP*, labori *Q* 23 devitare] vitare *ET Eug.* 25 deque] de quo D^2KQE

quasi metallis divinae providentiae, quae ubique infusa est, eruerunt et quo perverse atque iniuriose ad obsequia daemonum abutuntur, cum ab eorum misera societate sese animo separat, debet ab eis auferre Christianus ad usum iustum praedicandi evangelii. Vestem quoque illorum, id est, hominum quidem instituta, sed tamen accomodata humanae societati qua in hac vita carere non possumus, accipere atque habere licuerit in usum convertenda christianum.

146. Nam quid aliud fecerunt multi boni fideles nostri? 61.
Nonne aspicimus quanto auro et argento et veste suffarcinatus exierit de Aegypto Cyprianus et doctor suavissimus et martyr beatissimus? quanto Lactantius? quanto Victorinus, Optatus, Hilarius, ut de vivis taceam? quanto innumerabiles Graeci? Quod prior ipse fidelissimus dei famulus Moyses fecerat, de quo scriptum est quod eruditus fuerit omni sapientia Aegyptiorum. **147.** Quibus omnibus viris superstitiosa gentium consuetudo, et maxime illis temporibus cum Christi recutiens iugum Christianos persequebatur, disciplinas quas utiles habebat numquam commodaret si eas in usum colendi unius dei, quo vanus idolorum cultus excinderetur, conversum iri suspicarentur. Sed dederunt aurum et argentum et vestem suam exeunti de Aegypto populo dei, nescientes quem ad modum illa quae dabant in Christi obsequium redderentur. Illud enim in Exodo factum sine dubio figuratum est ut hoc praesignaret. Quod sine praeiudicio alterius aut paris aut melioris intellegentiae dixerim.

148. Sed hoc modo instructus divinarum scripturarum XLI. 62.
studiosus cum ad eas perscrutandas accedere coeperit, illud apostolicum cogitare non cesset: *Scientia inflat, caritas aedi-*

---

15 cf. Act. 7, 22 29 sq. I Cor. 8, 1

---

4 separant *DKA* 11 *pr.* et *om.* D^2 *edd.* 13 quanto] quantum *ET* 14 prior] prius *M*, prior prius *S* 16 in quibus *ETB* 19 habebant *β* 20 exscinderetur *SM m*, scinderetur *B Eug.* 20—21 conversum iri] conversi *DKA*, converti $D^2K^2M^2$, conversuri *ET*, conversi viri PE^2 21 suspicaretur *QB Eug. edd.* 23 redderentur] cederent *m*

ficat. Ita enim sentit, quamvis de Aegypto dives exeat, tamen nisi Pascha egerit salvum se esse non posse. *Pascha* autem *nostrum immolatus est Christus*, nihilque magis immolatio Christi nos docet quam illud quod ipse clamat, tamquam ad eos quos in Aegypto sub Pharaone videt laborare: *Venite ad me qui laboratis et onerati estis et ego vos reficiam. Tollite iugum meum super vos et discite a me, quoniam mitis sum et humilis corde, et invenietis requiem animis vestris. Iugum enim meum lene est et sarcina mea levis est.* Quibus, nisi mitibus et humilibus corde, quos non inflat scientia, sed caritas aedificat? **149.** Meminerint ergo eorum qui Pascha illo tempore per umbrarum imaginaria celebrabant, cum signari postes sanguine agni iuberentur, hysopo fuisse signatos. Herba haec humilis et mitis est, et nihil fortius et penetrabilius eius radicibus, ut *in caritate radicati et fundati* possimus *comprehendere cum omnibus sanctis quae sit latitudo et longitudo et altitudo et profundum*, id est, crucem domini. Cuius latitudo dicitur in transverso ligno quo extenduntur manus, longitudo a terra usque ad ipsam latitudinem, quo a manibus et infra totum corpus affigitur, altitudo a latitudine sursum usque ad summum, quo adhaeret caput, profundum vero, quod terrae infixum absconditur. **150.** Quo signo crucis omnis actio christiana describitur: bene operari in Christo et ei perseveranter inhaerere, sperare caelestia, sacramenta non profanare. Per hanc actionem purgati valebimus *cognoscere etiam supereminentem scientiae caritatem Christi*, qua aequalis est patri, per quem facta sunt omnia, ut impleamur in omnem

---

2—3 I Cor. 5, 7   5—9 *Matth. 11, 28—30   12—13 cf. Exod. 12, 22   15—17 *Eph. 3, 18   25—26 *Eph. 3, 19   27 cf. Ioh. 1, 3

---

1 sentiet *M*^{2}*B edd.*   2 egerit . . . Pascha *om. C*   4 Christi nos] christianos *D*^{2}*KAPQ Eug.*   5 faraone *CDAPT*   6 reficiam vos *PB Vulg. edd.*   7 quoniam] quia *KP Vulg. Eug. edd.*   8 animis *CDASM*, animabus *cett.*   9 lene] leve *KME*, suave *P Vulg.*   13 postes] potes *CDKAB* iubentur *PQ*   14 mitis et humilis *edd.*   17 et altitudo *om. TB*   21 quo] quod *DKA*, cui *edd.*, *om. PQ*   26 scientiam caritatis *SM*, scientiam caritatem *PS*^{2}

plenitudinem dei. Est etiam in hysopo vis purgatoria, ne inflante scientia de divitiis ab Aegypto ablatis superbe aliquid pulmo tumidus anhelet: *Asparges me*, inquit, *hysopo et mundabor, lavabis me et super nivem dealbabor. Auditui meo dabis exsultationem et laetitiam.* Deinde consequenter annectit ut ostendat purgationem a superbia significari hysopo: *Exultabunt ossa humiliata.*

151. Quantum autem minor est auri argenti vestisque XLII. 63
copia, quam de Aegypto secum ille populus abstulit, in comparatione divitiarum quas postea Hierosolymae consecutus est, quae maxime in Salomone rege ostenduntur, tanta fit cuncta scientia quae quidem est utilis collecta de libris gentium, si divinarum scripturarum scientiae comparetur. Nam quidquid homo extra didicerit, si noxium est ibi damnatur, si utile est ibi invenitur. Et cum ibi quisque invenerit omnia quae utiliter alibi didicit, multo abundantius ibi inveniet ea quae nusquam omnino alibi, sed in illarum tantummodo scripturarum mirabili altitudine et mirabili humilitate discuntur.

152. Hac igitur instructione praeditum cum signa incognita lectorem non impedierint, mitem et humilem corde, subiugatum leniter Christo et oneratum sarcina levi, fundatum et radicatum et aedificatum in caritate quem scientia inflare non possit, accedat ad ambigua signa in scripturis consideranda et discutienda, de quibus iam tertio volumine dicere aggrediar, quod dominus donare dignabitur.

3—7 Ps. 50, 9—10 11 cf. III Reg. 10, 14—27

5 exsultationem] gaudium *K Vulg.* 6—7 et exultabant *Vulg. edd.* 8 quanto E^2 *Eug.* 14 homo *om. K* 14—15 si utile] sicut ille *PQ* 15 omnia *om. B* 19 cum] quum *C*, cuius *B* 22 quem] quam *PQE edd.*

LIBER TERTIUS

I. 1. **1.** Homo timens deum voluntatem eius in scripturis sanctis diligenter inquirit. Et ne amet certamina, pietate mansuetus, praemunitus etiam scientia linguarum, ne in verbis locutionibusque ignotis haereat, praemunitus etiam cognitione quarundam rerum necessariarum, ne vim naturamve earum quae propter similitudinem adhibentur ignoret, adiuvante etiam codicum veritate, quam sollers emendationis diligentia procuravit, veniat ita instructus ad ambigua scripturarum discutienda atque solvenda. **2.** Ut autem signis ambiguis non decipiatur, quantum per nos instrui potest — fieri autem potest ut istas vias, quas ostendere volumus, tamquam puериles vel magnitudine ingenii vel maioris inluminationis claritate derideat — sed tamen, ut coeperam dicere, quantum per nos instrui valet, qui eo loco animi est ut per nos instrui valeat, sciat ambiguitatem scripturae aut in verbis propriis esse aut in translatis, quae genera in secundo libro demonstravimus.

II. 2. **3.** Sed cum verba propria faciunt ambiguam scripturam, primo videndum est ne male distinxerimus aut pronuntiaverimus. Cum ergo adhibita intentio incertum esse perviderit quo modo distinguendum aut quo modo pronuntiandum sit, consulat regulam fidei, quam de scripturarum planioribus locis et ecclesiae auctoritate percepit, de qua satis egimus cum de rebus in libro primo loqueremur. **4.** Quod si ambae vel etiam omnes, si plures fuerint partes ambiguitatis, secundum fidem sonuerint, textus ipse sermonis a praecedentibus et con-

16—85, 19 cf. Eug. Exc. 264—266 p. 847—854 Knoell

deest C

5 praemonitus *PB* 6 praemonitus *PB*, praenuntiatus *E* 10 ita *om.* α 12 potest] potest iuvante domino haec demonstrare totus noster conatus est *B m mg, ubi tres codices haec verba habere dicuntur* 15 aliquis derideat *B* 16 valet] potest *edd.* 18 demonstrabimus *ET* 20 primo videndum] providendum *P* 21 perviderit *DKAM*, providerit *PT* 25 primo libro *edd.* 26 ambiguitatem *edd.*

sequentibus partibus, quae ambiguitatem illam in medio posuerunt, restat consulendus, ut videamus cuinam sententiae de pluribus quae se ostendunt, ferat suffragium eamque sibi contexi patiatur.

5. Iam nunc exempla considera. Illa haeretica distinctio: 3.
In principio erat verbum, et verbum erat apud deum, et deus erat, ut alius sit sensus: *Verbum hoc erat in principio apud deum*, non vult deum verbum confiteri. Sed hoc regula fidei refellendum est qua nobis de trinitatis aequalitate praescribitur ut dicamus: *Et deus erat verbum*, deinde subiungamus: *Hoc erat in principio apud deum.*

6. Illa vero distinctionis ambiguitas neutra parte resistit 4.
fidei et ideo textu ipso sermonis diiudicanda est, ubi ait apostolus: *Et quid eligam ignoro. Conpellor autem ex duobus, concupiscentiam habens dissolvi et esse cum Christo, multo enim magis optimum manere in carne necessarium propter vos.* Incertum est enim utrum: *Ex duobus concupiscentiam habens*, an: *Conpellor autem ex duobus*, ut illud adiungatur, *Concupiscentiam habens dissolvi et esse cum Christo.* **7.** Sed quoniam ita sequitur: *Multo enim magis optimum*, apparet eum eius optimi dicere se habere concupiscentiam, ut cum ex duobus conpellatur, alterius tamen habeat concupiscentiam, alterius necessitatem: concupiscentiam scilicet esse cum Christo, necessitatem manere in carne. Quae ambiguitas uno consequenti verbo diiudicatur, quod positum est, *Enim.* Quam particulam qui abstulerunt interpretes illa potius sententia ducti sunt, ut non solum conpelli ex duobus, sed etiam duorum habere concupiscentiam videretur. **8.** Sic ergo distinguendum est: *Et quid eligam ignoro. Conpellor autem ex duobus*, quam distinctionem sequitur: *Concupiscentiam habens dissolvi et esse*

6—7 cf. Ioh, 1. 1—2 14—16 *Phil. 1, 22—24

deest C

3 ferat *om. B* 6 deus erat verbum *KSMPE* 7 sensus sit *edd.* 8 verbum deum *Q edd.* 15 multo] multum *ET* 17 enim est *m* 19—20 sed quoniam ita sequitur *om. B* 21 cum *om. B* ex *om. T*

cum Christo. Et tamquam quaereretur quare huius rei potius habeat concupiscentiam: *Multo enim magis optimum,* inquit. Cur ergo e duobus conpellitur? Quia est manendi necessitas, quam ita subiecit: *Manere in carne necessarium propter vos.*

5. **9.** Ubi autem neque praescripto fidei neque ipsius sermonis textu ambiguitas explicari potest, nihil obest secundum quamlibet earum quae ostenduntur, sententiam distinguere. Veluti est illa ad Corinthios: *Has ergo promissiones habentes karissimi mundemus nos ab omni coinquinatione carnis et spiritus perficientes sanctificationem in timore dei capite nos nemini nocuimus.* Dubium quippe est utrum: *Mundemus nos ab omni coinquinatione carnis et spiritus,* secundum illam sententiam: *Ut sit sancta et corpore et spiritu,* an: *Mundemus nos ab omni coinquinatione carnis,* ut alius sit sensus: *Et spiritus perficientes sanctificationem in timore dei capite nos.* Tales igitur distinctionum ambiguitates in potestate legentis sunt.

III. 6. **10.** Quaecumque autem de ambiguis distinctionibus diximus, eadem observanda sunt et in ambiguis pronuntiationibus. Nam et ipsae nisi lectoris nimia vitientur incuria, aut regulis fidei corriguntur aut praecedentis vel consequentis contextione sermonis. Aut si neutrum horum adhibetur ad correctionem, nihilominus dubiae remanebunt, ut quolibet modo lector pronuntiaverit, non sit in culpa.

11. Nisi enim fides revocet, qua credimus deum non accusaturum adversus electos suos et Christum non condemnaturum electos suos, potest illud sic pronuntiari: *Quis accusabit adversus electos dei?* ut hanc interrogationem quasi responsio consequatur: *Deus qui iustificat,* et item interrogetur:

8—11* II Cor. 7, 1—2 13 I Cor. 7, 34 26—82, 2 cf. Rom. 8, 33—34

---

deest C

---

5 praescripto *QT*, per scriptum *E*, praescriptio *cett.* 9 karissimi *αPEB*, carissimi *QT Eug.*, charissimi *edd.* coinquinatione] inquinatione *ETB Eug.* 11 quippe est *α Eug.*, est quippe *β* 19 vitientur] vitentur *QE* 22 quolibet] quodlibet *TB* 28 consequatur] subsequatur *PQ Eug. edd.* item] iterum *PB edd.*

Quis qui condemnat? et respondeatur: *Christus Iesus qui mortuus est.* Quod credere quia dementissimum est, ita pronuntiabitur ut praecedat percontatio, sequatur interrogatio. **12.** Inter percontationem autem et interrogationem hoc veteres interesse dixerunt, quod ad percontationem multa responderi possunt, ad interrogationem vero aut 'Non', aut 'Etiam'. Pronuntiabitur ergo ita, ut post percontationem qua dicimus: *Quis accusabit adversus electos dei?* illud quod sequitur sono interrogantis enuntietur: *Deus qui iustificat?* ut tacite respondeatur: 'Non'; et item percontemur: *Quis qui condemnat?* rursusque interrogemus: *Christus Iesus qui mortuus est, magis autem qui resurrexit, qui est in dextera dei, qui et interpellat pro nobis?* ut ubique respondeatur: 'Non'. **13.** At vero illo in loco ubi ait: *Quid ergo dicemus? Quia gentes quae non sectabantur iustitiam, adprehenderunt iustitiam,* nisi post percontationem qua dictum est: *Quid ergo dicemus?* responsio subiciatur: *Quia gentes quae non sectabantur iustitiam adprehenderunt iustitiam,* textus consequens non cohaerebit. Qualibet autem voce pronuntietur illud quod Nathanahel dixit: *A Nazareth potest aliquid boni esse,* sive adfirmantis, ut illud solum ad interrogationem pertineat quod ait: *A Nazareth?* sive totum cum dubitatione interrogantis, non video quo modo discernatur. Uterque autem sensus fidem non impedit.

14. Est etiam ambiguitas in sono dubio syllabarum, et 7.
haec utique ad pronuntiationem pertinens. Nam quod scriptum est: *Non est absconditum a te os meum, quod fecisti in abscondito,* non elucet legenti utrum correpta littera 'Os' pronuntiet an producta. Si enim corripiat, ab eo quod sunt ossa,

11—13 *Rom. 8, 34 14—15 Rom. 9, 30 19 Ioh. 1, 46 26—27 *Ps. 138, 15

deest C

1 quis est *PEB Vulg. edd.* condemnet *Eug. Vulg.* 3 interrogatio quid intersit inter percontari et interrogare *DKM* 10 quis est *MPE edd.* 13 in *om. A m* 14 dicemus responsio subiciatur *Q* 15 post *om. α B* percontationi K^2S^2 19 a] e *M* 26 a te] ante *PQ*

si autem producat, ab eo quod sunt ora intellegitur numerus singularis. **15.** Sed talia linguae praecedentis inspectione diiudicantur. Nam in graeco non 'stoma' sed 'oston' positum est. Unde plerumque loquendi consuetudo vulgaris utilior est significandis rebus quam integritas litterata. Mallem quippe cum barbarismo dici: 'Non est absconditum a te ossum meum', quam ut ideo esset minus apertum quia magis latinum est. Sed aliquando dubius syllabae sonus etiam vicino verbo ad eandem sententiam pertinente diiudicatur, sicut est illud apostoli: *Quae praedico vobis sicut praedixi, quoniam qui talia agunt, regnum dei non possidebunt.* **16.** Si tantummodo dixisset: *Quae praedico vobis* neque subiunxisset: *sicut praedixi,* nonnisi ad codicem praecedentis linguae recurrendum esset, ut cognosceremus utrum in eo quod dixit *praedico,* producenda an corripienda esset syllaba media. Nunc autem manifestum est producendam esse. Non enim ait: 'Sicut praedicavi', sed: *Sicut praedixi.*

IV. 8. **17.** Non solum autem istae, sed etiam illae ambiguitates quae non ad distinctionem vel ad pronuntiationem pertinent, similiter considerandae sunt, qualis illa est ad Thessalonicenses: *Propterea consolati sumus fratres in vobis.* Dubium enim utrum 'o fratres' an 'hos fratres': neutrum autem horum est contra fidem. Sed graeca lingua hos casus pares non habet et ideo illa inspecta renuntiatur vocativus, id est 'o fratres'. **18.** Quod si voluisset interpres dicere: 'Propterea consolationem habuimus, fratres, in vobis', minus servitum esset verbis, sed minus de sententia dubitaretur aut certe adderetur 'nostri'. Nemo enim fere ambigeret vocativum casum esse cum audiret:

10—11 *Gal. 5, 21 21 *I Thes. 3, 7

deest C

3 stoma *et* oston *litteris Romanis scriptum habent codices* 4 est *om. K* 6 ossum] os *DAPB* 9 sicuti α 11 possidebunt] consequentur *K Vulg.* 13 codicem id est graece *K* 15 sillaba media *DAM*, media syllaba *ETB* 21 dubium est *ETB edd.* 22 utrum] utrumque *SM* 27 si adderetur E^2 *edd.* 28 enim *om. edd.* esse casum *edd.*

'Propterea consolati sumus, fratres nostri, in vobis.' Sed iam hoc periculosius permittitur. Ita factum est in illa ad Corinthios, cum ait apostolus: *Cotidie morior, per vestram gloriam, fratres, quam habeo in Christo Iesu.* **19.** Ait enim quidam interpres: 'Cotidie morior, per vestram iuro gloriam', quia in graeco vox iurantis manifesta est sine ambiguo sono. Rarissime igitur et difficillime inveniri potest ambiguitas in propriis verbis, quantum ad libros divinarum scripturarum spectat, quam non aut circumstantia ipsa sermonis, qua cognoscitur scriptorum intentio, aut interpretum conlatio aut praecedentis linguae solvat inspectio.

20. Sed verborum translatorum ambiguitates, de quibus V. 9.
deinceps loquendum est, non mediocrem curam industriamque desiderant. Nam in principio cavendum est ne figuratam locutionem ad litteram accipias. Et ad hoc enim pertinet quod ait apostolus: *Littera occidit, spiritus autem vivificat.* Cum enim figurate dictum sic accipitur tamquam proprie dictum sit, carnaliter sapitur. Neque ulla mors animae congruentius appellatur quam cum id etiam quod in ea bestiis antecellit, hoc est intellegentia, carni subicitur sequendo litteram. **21.** Qui enim sequitur litteram, translata verba sicut propria tenet, neque illud quod proprio verbo significatur refert ad aliam significationem. Sed si 'sabbatum' audierit, verbi gratia, non intellegit nisi unum diem de septem qui continuo volumine repetuntur; et cum audierit 'sacrificium', non excedit cogitatione illud quod fieri de victimis pecorum terrenisque fructibus solet. Ea demum est miserabilis animae servitus, signa pro rebus accipere, et supra creaturam corpoream oculum mentis ad hauriendum aeternum lumen levare non posse.

3—4 *I Cor. 15, 31 16 II Cor. 3, 6

---

deest C

---

8 spectat] expectat *ET* 12 ambiguitas *SE* 15 et *om.* *α* 17 accipiatur *ET* tamquam] quasi *Q* 20 carnis *ET* 25 excedet *DKA* 27 animae] animi *PET*

VI. 10. **22.** Quae tamen servitus in Iudaeo populo longe a ceterarum gentium more distabat, quandoquidem rebus temporalibus ita subiugati erant ut unus eis in omnibus commendaretur deus. Et quamquam signa rerum spiritalium pro ipsis rebus observarent, nescientes quo referrentur, id tamen insitum habebant, quod tali servitute uni omnium, quem non videbant, placerent deo. Quam custodiam tamquam sub paedagogo parvulorum fuisse scribit apostolus. **23.** Et ideo qui talibus signis pertinaciter inhaeserunt, contemnentem ista dominum, cum iam tempus revelationis eorum venisset, ferre non potuerunt; atque inde calumnias, quod sabbato curaret, moliti sunt principes eorum populusque signis illis tamquam rebus astrictus non credebat deum esse vel a deo venisse, qui ea sicut a Iudaeis observabantur nollet adtendere. Sed qui crediderunt, ex quibus facta est prima ecclesia Hierosolimitana, satis ostenderunt quanta utilitas fuerit eo modo sub paedagogo custodiri, ut signa quae temporaliter inposita erant servientibus, ad unius dei cultum qui fecit caelum et terram, opinionem observantium religarent. **24.** Namque illi quia proximi spiritalibus fuerunt — in ipsis enim temporalibus et carnalibus votis atque signis, quamvis quo modo spiritaliter essent intellegenda nescirent, unum tamen didicerant venerari aeternum deum —, tam capaces extiterunt spiritus sancti ut omnia sua venderent eorumque pretium indigentibus distribuendum ante apostolorum pedes ponerent seque totos dedicarent deo tamquam templum novum, cuius terrenae imagini, hoc est templo veteri, serviebant.

11. **25.** Non enim hoc ullas ecclesias gentium fecisse scriptum

---

8 cf. Gal. 3, 24 11—12 cf. Matth. 12, 1—14 etc. 24—25 cf. Act. 4, 32—35

---

deest C

---

1 Iudaeo] Iudaeorum *EB* 2 more] morte *DKA m mg* 9 signis *om. K* 11 curaret] curasset *SM* 12 populusque] populus autem *B* illis *om. DSM* 13 astrictis *SPE* deum Christum *B* 17 inposita] posita *ET* 20 fuerunt] erant B 22 unum] quia unum *PQ*

est, quia non tam prope inventi erant qui simulacra manufacta deos habebant.

26. Et si quando aliqui eorum illa tamquam signa inter- VII.
pretari conabantur, ad creaturam colendam venerandamque referebant. Quid enim mihi prodest simulacrum, verbi gratia, Neptuni non ipsum habendum deum, sed eo significari universum mare vel etiam omnes aquas ceteras quae fontibus proruunt? Sicut a quodam poeta illorum describitur, si bene recolo, ita dicente:

Tu, Neptune pater, cui tempora cana crepanti
cincta salo resonant, magnus cui perpete mento
profluit oceanus et flumina crinibus errant.

27. Haec siliqua intra dulce tectorium sonantes lapillos quatit; non est autem hominum, sed porcorum cibus. Novit quid dicam qui evangelium novit. Quid ergo mihi prodest quod Neptuni simulacrum ad illam significationem refertur, nisi forte ut neutrum colam? Tam enim mihi statua quaelibet quam mare universum non est deus. Fateor tamen altius demersos esse qui opera hominum deos putant, quam qui opera dei. Sed nobis unus diligendus et colendus deus praecipitur, qui fecit haec omnia quorum illi simulacra venerantur vel tamquam deos vel tamquam signa et imagines deorum. **28.** Si ergo signum utiliter institutum pro ipsa re sequi, cui significandae institutum est, carnalis est servitus, quanto magis inutilium rerum signa instituta pro rebus accipere! Quae si retuleris ad ea ipsa quae his significantur, eisque colendis animum obligaveris, nihilominus servili carnalique onere atque velamine non carebis.

10—12 frg. poet. Rom. Baehrens 1886, p. 388; cf. Isid. Orig. 1, 37, 4 13—15 cf. Luc. 15, 16 (tectorium i. q. cortex, lapilli i. q. grana)

---

deest C

---

5 mihi *om. ET* 7 fontibus] fortibus *PQ* 8 illorum poeta *SM* discribitur *ET* 9 dicente] dictum *TB* 11 cincta] cui cuncta *α* perpeti *PE* mento] vento *α* 14 dicam] dicit *E*, dicat *T* 20 diligendus unus *SM* deus *om. AB* 22 deorum] eorum *B*

VIII. 12. **29.** Quam ob rem Christiana libertas eos quos invenit sub signis utilibus, tamquam prope inventos, interpretatis signis quibus subditi erant, elevatos ad eas res quarum illa signa sunt, liberavit. Ex his factae sunt ecclesiae sanctorum Israhelitarum. Quos autem invenit sub signis inutilibus, non solum servilem operationem sub talibus signis, sed etiam ipsa signa frustravit removitque omnia, ut a corruptione multitudinis simulatorum deorum, quam saepe ac proprie scriptura fornicationem vocat, ad unius dei cultum gentes converterentur, nec sub ipsis iam signis utilibus serviturae, sed exercitaturae potius animum in eorum intellegentia spiritali.

IX. 13. **30.** Sub signo enim servit qui operatur aut veneratur aliquam rem significantem, nesciens quid significet. Qui vero aut operatur aut veneratur utile signum divinitus institutum cuius vim significationemque intellegit, non hoc veneratur quod videtur et transit, sed illud potius quo talia cuncta referenda sunt. Talis autem homo spiritalis et liber est, etiam tempore servitutis, quo carnalibus animis nondum oportet signa illa revelari quorum iugo edomandi sunt. **31.** Tales autem spiritales erant patriarchae ac prophetae omnesque in populo Israhel per quos nobis spiritus sanctus ipsa scripturarum et auxilia et solacia ministravit. Hoc vero tempore posteaquam resurrectione domini nostri manifestissimum indicium nostrae libertatis inluxit, nec eorum quidem signorum quae iam intellegimus operatione gravi onerati sumus, sed quaedam pauca pro multis eademque factu facillima et intellectu augustissima et observatione castissima ipse dominus et apostolica tradidit disciplina, sicuti est baptismi sacramentum et celebratio corporis et sanguinis domini. **32.** Quae unus quis-

---

deest C

---

2 utilibus] talibus *B* 4—5 israelitarum *edd.* 6 signa *om. B* 16 talia cuncta] alia cuncta *E*, alia omnia *B* 19 illa signa *S* 22 solatia *KASEB* 23 resurrectione] resurrectionem *SPB*, in resurrectione *K* domini nostri Iesu Christi *Q* 26 factu] facta *P*, *om. B* 27 augustissima] auctissima *DAK*, acutissima *SM* castissima] cautissima *ETB*

que cum percipit, quo referantur imbutus agnoscit, ut ea non carnali servitute, sed spiritali potius libertate veneretur. Ut autem litteram sequi et signa pro rebus quae his significantur accipere servilis infirmitatis est, ita inutiliter signa interpretari male vagantis erroris est. Qui autem non intellegit quid significet signum, et tamen signum esse intellegit, nec ipse premitur servitute. Melius est autem vel premi incognitis, sed utilibus signis quam inutiliter ea interpretando a iugo servitutis eductam cervicem laqueis erroris inserere.

33. Huic autem observationi, qua cavemus figuratam X. 14.
locutionem, id est translatam quasi propriam sequi, adiungenda etiam illa est, ne propriam quasi figuratam velimus accipere. Demonstrandus est igitur prius modus inveniendae locutionis, propriane an figurata sit. Et iste omnino modus est, ut quidquid in sermone divino neque ad morum honestatem neque ad fidei veritatem proprie referri potest, figuratum esse cognoscas. **34.** Morum honestas ad diligendum deum et proximum, fidei veritas ad cognoscendum deum et proximum pertinet. Spes autem sua cuique est in conscientia propria, quem ad modum se sentit ad dilectionem dei et proximi cognitionemque proficere. De quibus omnibus primo libro dictum est.

35. Sed quoniam proclive est humanum genus non ex 15.
momentis ipsius libidinis, sed potius suae consuetudinis aestimare peccata, fit plerumque ut quisque hominum ea tantum culpanda arbitretur, quae suae regionis et temporis homines vituperare atque damnare consuerunt, et ea tantum probanda atque laudanda quae consuetudo eorum cum quibus vivit admittit. Eoque contingit ut si quid scriptura vel praeceperit quod abhorret a consuetudine audientium, vel quod

14—91, 14 cf. Eug. Exc. 267 p. 854—857 Knoell

deest C

1 percepit *DP* 4 ita ut *ET* signa *om. B* 13 prius] primus *α* 16 figuratam *DKA* 18 et proximum *om. Eug.* 23 ipsius *om. K* 25 regionis] religionis *DSM* 26 consueverunt *B edd.*, consueverant *E* 27 atque laudanda *om. ET* 28 ut *om. DK*

non abhorret culpaverit, si animum eorum iam verbi vinxit auctoritas, figuratam locutionem putent. **36.** Non autem praecipit scriptura nisi caritatem, nec culpat nisi cupiditatem, et eo modo informat mores hominum. Item si animum praeoccupavit alicuius erroris opinio, quidquid aliter asseruerit scriptura, figuratum homines arbitrantur. Non autem asserit nisi catholicam fidem rebus praeteritis et futuris et praesentibus. Praeteritorum narratio est, futurorum praenuntiatio, praesentium demonstratio; sed omnia haec ad eandem caritatem nutriendam atque roborandam et cupiditatem vincendam atque extinguendam valent.

16. **37.** Caritatem voco motum animi ad fruendum deo propter ipsum et se atque proximo propter deum; cupiditatem autem motum animi ad fruendum se et proximo et quolibet corpore non propter deum. Quod autem agit indomita cupiditas ad corrumpendum animum et corpus suum, flagitium vocatur; quod autem agit ut alteri noceat, facinus dicitur. **38.** Et haec sunt duo genera omnium peccatorum, sed flagitia priora sunt. Quae cum exinaniverint animum et ad quandam egestatem perduxerint, in facinora prosilitur, quibus removeantur impedimenta flagitiorum aut adiumenta quaerantur. Item quod agit caritas quo sibi prosit, utilitas est; quod autem agit ut prosit proximo, beneficientia nominatur. Et hic praecedit utilitas, quia nemo potest ex eo quod non habet prodesse alteri. Quanto autem magis regnum cupiditatis destruitur, tanto caritatis augetur.

39. Quidquid ergo asperum et quasi saevum factu dictuque
XI. 17. in sanctis scripturis legitur ex persona dei vel sanctorum eius, ad cupiditatis regnum destruendum valet. Quod si perspicue sonat, non est ad aliud referendum quasi figurate dictum sit.

---

deest C

---

2 putant *DSMP* 9 haec omnia *B* 10 roborandam] corroborandam *m* 12 caritatem] cupiditatem *ET* deo] deum *P Eug.* 12—13 deo propter ipsum et *om. ET* 14 proximo] proximum *P Eug.* 20 quibus] quo α 23 beneficientia] benefitientia *A*, beneficia *K*, beneficentia *edd.* 24 autem] enim *PETB* 29 ad *om.* α figurate] figuratum *DSME*

Sicuti est apostoli: *Thesaurizas tibi iram in die irae et revelationis iusti iudicii dei, qui reddet unicuique secundum opera sua: his quidem qui secundum sustinentiam boni operis gloriam et honorem et incorruptionem quaerentibus, vitam aeternam; his autem qui ex contentione sunt et diffidunt veritati, credunt autem iniquitati, ira et indignatio. Tribulatio et angustia in omnem animam hominis operantis malum, Iudaei primum et Graeci.* **40.** Sed hoc ad eos cum quibus evertitur ipsa cupiditas, qui eam vincere noluerunt. Cum autem in homine cui dominabantur regna cupiditatis subvertuntur, illa est aperta locutio: *Qui autem Iesu Christi sunt, carnem suam crucifixerunt cum passionibus et concupiscentiis.* Nisi quia et hic quaedam verba translata tractantur, sicuti est 'ira dei' et 'crucifixerunt'. **41.** Sed non tam multa sunt vel ita posita, ut obtegant sensum et allegoriam vel aenigma faciant, quam proprie figuratam locutionem voco. Quod autem Hieremiae dicitur: *Ecce constitui te hodie super gentes et regna, ut evellas et destruas et disperdas et dissipes,* non dubium quin figurata locutio tota sit, ad eum finem referenda quem diximus.

42. Quae autem quasi flagitiosa imperitis videntur, sive
tantum dicta sive etiam facta sunt vel ex dei persona vel ex XII. 18.
hominum quorum nobis sanctitas commendatur, tota figurata sunt. Quorum ad caritatis pastum enucleanda secreta sunt. Quisquis autem rebus praetereuntibus restrictius utitur quam sese habent mores eorum cum quibus vivit, aut intemperans aut superstitiosus est. Quisquis vero sic eis utitur ut metas consuetudinis bonorum inter quos versatur excedat, aut ali-

1—7 *Rom. 2, 5—9 11—12 *Gal. 5, 24 16—18 *Ier. 1, 10 25—91, 26 cf. Eug. Exc. 268 p. 588 sq. Knoell

deest C

1 est illud *EB edd.* thesaurizas tibi] thesaurizasti tibi *D*, thesaurizans tibi *K*, thesaurizat sibi *PETB* 5 autem *om. B* 9—10 dominabatur *α* 11 suam *om. α cum Vulgata* 12 passionibus] vitiis *B Vulg.* 15 aenigma] aenigmata *β* 17 super regna *PB Vulg.* 25 sese] se *SMETB* intemperans] temperans *QETB edd.*

quid significat aut flagitiosus est. **43.** In omnibus enim talibus non usus rerum, sed libido utentis in culpa est. Neque ullo modo quisquam sobrius crediderit domini pedes ita unguento pretioso a muliere perfusos ut luxuriosorum et nequam hominum solent, quorum talia convivia detestamur. Odor enim bonus fama bona est, quam quisquis bonae vitae operibus habuerit, dum vestigia Christi sequitur, quasi pedes eius pretiosissimo odore perfundit. **44.** Ita quod in aliis personis plerumque flagitium est, in divina vel prophetica persona magnae cuiusdam rei signum est. Alia est quippe in perditis moribus, alia in Oseae prophetae vaticinatione coniunctio meretricis. Nec, si flagitiose in conviviis temulentorum et lascivorum nudantur corpora, propterea in balneis nudum esse flagitium est.

19. **45.** Quid igitur locis et temporibus et personis conveniat diligenter adtendendum est, ne temere flagitia reprehendamus. Fieri enim potest ut sine aliquo vitio cuppediae vel voracitatis pretiosissimo cibo sapiens utatur, insipiens autem foedissima gulae flamma in vilissimum ardescat. Et sanius quisque maluerit more domini pisce vesci quam lenticula more Esau nepotis Abraham aut hordeo more iumentorum. **46.** Non enim propterea continentiores nobis sunt pleraeque bestiae, quia vilioribus aluntur escis. Nam in omnibus huiuscemodi rebus non ex earum rerum natura quibus utimur, sed ex causa utendi et modo appetendi vel probandum est vel improbandum quod facimus.

20. **47.** Regno terreno veteres iusti caeleste regnum imaginabantur et praenuntiabant. Sufficiendae prolis causa erat

---

3—4 cf. Matth. 26, 7—13; Ioh. 12, 1—8 11 cf. Os. 1, 2—3 20 cf. Luc. 24, 42—43 20—21 cf. Gen. 25, 34

---

deest C

---

3 credidit *K* 5 detestamur] utuntur *ET* 9 in prophetica *PQ* 12 si] sic *PE* 13 lasciviorum *PET* 15 temporibus] tempori *KET* et personis] personisque *edd.* 17 cuppediae (copp- *ET*) *β*, *alii aliter* 19 sanius] sanus *B edd.* 28 sufficiendae] suscipiendae E^2 *m mg*

uxorum plurium simul uni viro habendarum inculpabilis consuetudo. Et ideo unam feminam maritos habere plurimos honestum non erat; non enim mulier eo est fecundior, sed meretricia potius turpitudo est, vel quaestum vel liberos vulgo quaerere. **48.** In huiuscemodi moribus quidquid illorum temporum sancti non libidinose faciebant, quamvis ea facerent quae hoc tempore nisi per libidinem fieri non possunt, non culpat scriptura. Et quidquid ibi tale narratur, non solum historice ac proprie, sed etiam figurate ac prohetice acceptum interpretandum est usque in finem illum caritatis sive dei sive proximi sive utriusque. **49.** Sicut enim talares et manicatas tunicas habere apud Romanos veteres flagitium erat, nunc autem honesto loco natis, cum tunicati sunt, non eas habere flagitium est, sic animadvertendum est in cetero quoque usu rerum abesse oportere libidinem, quae non solum ipsa eorum inter quos vivit consuetudine nequiter abutitur, sed etiam saepe fines eius egressa foeditatem suam, quae intra claustra morum solemnium latitabat, flagitiosissima eruptione manifestat.

50. Quidquid autem congruit consuetudini eorum cum XIII. 21.
quibus vita ista degenda vel necessitate imponitur vel officio suscipitur, a bonis et magnis hominibus ad utilitatem et beneficientiam referendum est, vel proprie sicut et nos debemus, vel etiam figurate sicut prophetis licet.

51. In quae facta legenda cum incurrunt indocti alterius XIV. 22.
consuetudinis, nisi auctoritate reprimantur, flagitia putant; nec possunt animadvertere totam conversationem suam vel in coniugiis vel in conviviis vel in vestitu ceteroque humano victu atque cultu aliis gentibus et aliis temporibus flagitiosum videri. **52.** Qua varietate innumerabilium consuetudinum commoti quidam dormitantes, ut ita dicam, qui neque alto

---

deest C

---

1 plurium] plurimum *DM* 3 eo mulier *α* 4 est *om. DKAETB* 8 ibi] aluid *B* 15 solum] sola *SM* 17 intra] inter *M edd.* 18 latitabant *DKA* 22—23 beneficentiam *ET edd.*, beneficia *K* 29 flagitiosam *edd.*

somno stultitiae sopiebantur nec in sapientiae lucem poterant evigilare, putaverunt nullam esse iustitiam per se ipsam, sed unicuique genti consuetudinem suam iustam videri; quae cum sit diversa omnibus gentibus, debeat autem incommutabilis manere iustitia, fieri manifestum nullam usquam esse iustitiam. Non intellexerunt, ne multa commemorem, *Quod tibi fieri non vis, alii ne feceris*, nullo modo posse ulla eorum gentili diversitate variari. **53.** Quae sententia cum refertur ad dilectionem dei, omnia flagitia moriuntur, cum ad proximi, omnia facinora. Nemo enim vult corrumpi habitaculum suum, non ergo debet corrumpere habitaculum dei, se ipsum scilicet. Et nemo vult sibi a quoquam noceri; nec ipse igitur cuiquam nocuerit.

XV. 23. **54.** Sic eversa tyrannide cupiditatis caritas regnat iustissimis legibus dilectionis dei propter deum, sui et proximi propter deum. Servabitur ergo in locutionibus figuratis regula huius modi, ut tam diu versetur diligenti consideratione quod legitur, donec ad regnum caritatis interpretatio perducatur. Si autem hoc iam proprie sonat, nulla putetur figurata locutio.

XVI. 24. **55.** Si praeceptiva locutio est aut flagitium aut facinus vetans aut utilitatem aut beneficientiam iubens, non est figurata. Si autem flagitium aut facinus videtur iubere aut utilitatem et beneficientiam vetare, figurata est. *Nisi manducaveritis*, inquit, *carnem filii hominis et sanguinem biberitis, non habebitis vitam in vobis.* Facinus vel flagitium videtur iubere. Figura ergo est, praecipiens passioni dominicae esse communicandum et suaviter atque utiliter recondendum in

92,30—95,10 cf. Eug. Exc. 268—270 p. 857—860 Knoell 6—7 *Tob. 4,16 16—94,20 cf. Eug. Exc. 269 p. 858 sq. Knoell 23—25 *Ioh. 6,53

deest C

1 luce *PETB Eug.* 4 debet *D*^{2}*SM* 7 fieri *om. PT* alii] alio *DSMPEB* 17 diu versetur] diversetur *MT* 21 beneficentiam *QET edd.*, beneficiam *DK* 23 et] aut *M edd.* 24 et biberitis eius sanguinem *SM Vulg.* 26 figura] figurata *SMPB*^{2} ergo est] est ergo *P edd.*, est (ergo *om.*) α dominicae] domini β esse *om. m* 27 utiliter esse *SM*

memoria, quod pro nobis caro eius crucifixa et vulnerata sit. **56.** Ait scriptura: *Si esurierit inimicus tuus, ciba illum; si sitit, potum da illi.* Hic nullo dubitante beneficientiam praecipit. Sed quod sequitur, *Hoc enim faciens carbones ignis congeres super caput eius*, malevolentiae facinus putes iuberi. Ne igitur dubitaveris figurate dictum. Et cum possit dupliciter interpretari, uno modo ad nocendum, altero ad praestandum, ad beneficientiam te potius caritas revocet, ut intellegas carbones ignis esse urentes paenitentiae gemitus, quibus superbia sanatur eius qui dolet se inimicum fuisse hominis a quo eius miseriae subvenitur. **57.** Item cum ait dominus: *Qui amat animam suam, perdet eam*, non utilitatem vetare putandus est, qua debet quisque conservare animam suam, sed figurate dictum 'perdat animam', id est, perimat atque amittat usum eius quem nunc habet, perversum scilicet atque praeposterum, quo inclinatur temporalibus, ut aeterna non quaerat. Scriptum est: *Da misericordi et ne suscipias peccatorem.* Posterior pars huius sententiae videtur vetare beneficientiam; ait enim: 'Ne suscipias peccatorem'; intellegas ergo 'peccatorem' figurate positum pro peccato, ut peccatum eius non suscipias.

58. Saepe autem accidit, ut quisquis in meliore gradu XVII. 25. spiritalis vitae vel est vel esse se putat, figurate dicta esse arbitretur quae inferioribus gradibus praecipiuntur; ut verbi gratia si caelibem amplexus est vitam et se castravit propter regnum caelorum, quidquid de uxore diligenda et regenda sancti libri praecipiunt, non proprie sed translate accipi opor-

2—5 Rom. 12, 20 11—12 Ioh. 12, 25 17 Eccli. 12, 4 24—25 cf. Matth. 19, 12 21—95, 10 cf. Eug. Exc. 270 p. 860 Knoell

deest C

2 illum] eum *DS* 3 praecepit *KSMET* 4—5 congerens *K*, congeris *DAMQT* 14 perdat] perdet *KMT*² animam] eam *P* 17 misericordiam *DAQEB* 19—20 figurate positum pro peccato peccatorem *Q edd.* 21 accidit] accedit *α* meliori *PET edd.* 22 se *om. TB Eug.* dicta] dictum *SM* 23 in inferioribus *SMQ* 25 regenda et diligenda *SM*, habenda et diligenda *B*

tere contendat; et quisquis statuit servare innuptam virginem suam, tamquam figuratam locutionem conetur interpretari qua dictum est: *Trade filiam, et grande opus perfeceris.* **59.** Erit igitur etiam hoc in observationibus intellegendarum scripturarum, ut sciamus alia omnibus communiter praecipi, alia singulis quibusque generibus personarum, ut non solum ad universum statum valetudinis, sed etiam ad suam cuiusque membri propriam infirmitatem medicina perveniat. In suo quippe genere curandum est quod ad melius genus non potest erigi.

XVIII. **60.** Item cavendum est ne forte quod in scripturis veteri-
26. bus pro illorum temporum condicione, etiamsi non figurate, sed proprie intellegatur, non est flagitium neque facinus, ad ista etiam tempora quis putet in usum vitae posse transferri. Quod nisi dominante cupiditate et ipsarum quoque scripturarum quibus evertenda est satellitium quaerente non faciet. Nec intellegit miser ad hanc utilitatem illa esse sic posita ut spei bonae homines salubriter videant et consuetudinem quam aspernantur, posse habere usum bonum, et eam quam amplexantur esse posse damnabilem, si et ibi caritas utentium et hic cupiditas adtendatur.

27. **61.** Nam si multis uxoribus caste uti quisquam pro tempore potuit, potest alius una libidinose. Magis enim probo multarum fecunditate utentem propter aliud quam unius carne fruentem propter ipsam. Ibi enim quaeritur utilitas temporum opportunitatibus congrua, hic satiatur cupiditas temporalibus voluptatibus implicata. Inferiorisque gradus ad deum sunt, quibus secundum veniam concedit apostolus carnalem cum singulis coniugibus consuetudinem propter intemperantiam eorum, quam illi qui plures singuli cum haberent, sicut sapiens

---

1 cf. I Cor. 7, 37 3 *Eccli. 7, 27 27—30 cf. I Cor. 7, 2

---

deest C

---

1 quisquis] si quis T^2 *m* 3 grande] magnum *PET* 8 perveniat] pertineat *Q edd.* 17 sic esse *edd.* 27 inferioresque *DM* 30 eorum] illorum *B*

in cibo et potu nonnisi salutem corporis, sic in concubitu nonnisi procreationem filiorum intuebantur. **62.** Itaque si eos in hac vita invenisset domini adventus, cum iam non mittendi sed colligendi lapides tempus esset, statim se ipsos castrarent propter regnum caelorum. Non enim est in carendo difficultas, nisi cum est in habendo cupiditas. Noverant quippe illi homines etiam in ipsis coniugibus luxuriam esse abutendi intemperantiam. Quod Tobiae testatur oratio, quando est copulatus uxori. Ait enim: *Benedictus es, domine patrum nostrorum, et benedictum nomen tuum in omnia saecula saeculorum. Benedicant te caeli et omnis creatura. Tu fecisti Adam et dedisti illi adiutorium Evam. Et nunc, domine, tu scis quoniam non luxuriae causa accipio sororem meam, sed ipsa veritate, ut miserearis nostri, domine.*

63. Sed qui effrenata libidine vel per multa stupra diffluen- XIX. 28.
tes evagantur vel in ipsa una coniuge, non solum excedunt ad liberorum procreationem pertinentem modum, sed etiam humaniores intemperantiae sordes inverecunda omnino licentia servilis cuiusdam libertatis accumulant; non credunt fieri potuisse ut temperanter multis feminis antiqui uterentur viri, nihil servantes in usu illo nisi congruum tempori propagandae prolis officium. Et quod ipsi laqueis libidinis obstricti vel in una non faciunt, nullo modo in multis fieri posse arbitrantur.

64. Sed isti possunt dicere nec honorari quidem atque 29.
laudari oportere viros bonos et sanctos, quia ipsi cum honorantur atque laudantur, intumescunt superbia, tanto avidiores inanissimae gloriae quanto eos frequentius atque latius lingua blandior ventilaverit. Qua ita leves fiunt ut eos rumoris aura, sive quae prospera sive quae adversa existimatur, in quaslibet

---

4 cf. Eccles. 3, 5 8—14 cf. Tob. 8, 7—10

---

deest C

---

1 in potu *Q* 2 intuentur *PQ* 9 domine deus *Vulg. edd.* 11 creatura tua *edd.* 12 adiutorium] apparitorium *K* 16 una ipsa *S* 18 humaniores] inhumaniores *P*, inhumanioris *Q edd.*, immanioris *B* 23 multis feminis *DSM* 24 nec] ne *MPQ*

invehat voragines flagitiorum aut in facinorum etiam saxa conlidat. Videant ergo quam sibi arduum sit atque difficile nec laudis esca inlici nec contumeliarum aculeis penetrari, et non ex se alios metiantur.

XX. **65.** Credant potius apostolos nostros nec cum susciperentur ab hominibus inflatos fuisse, nec cum despicerentur, elisos. Neutra quippe temptatio defuit illis viris; nam et credentium celebrabantur praeconio et persequentium maledictis infamabantur. **66.** Sicut ergo isti pro tempore utebantur his omnibus et non corrumpebantur, sic illi veteres, usum feminarum ad sui temporis convenientiam referentes, non patiebantur eam dominationem libidinis, cui serviunt qui ista non credunt.

30. **67.** Et ideo isti nullo modo sese cohiberent ab inexpiabili odio filiorum a quibus vel uxores vel concubinas suas adtemptatas aut adtrectatas esse cognoscerent, si eis forte tale aliquid accidisset.

XXI. **68.** Rex autem David cum hoc ab impio atque immani filio passus esset, non solum ferocientem toleravit, sed etiam planxit extinctum. Non enim carnali zelo inretitus tenebatur, quem nullo modo iniuriae suae, sed peccata filii commovebant. Nam ideo si vinceretur, eum occidi prohibuerat, ut edomito servaretur paenitendi locus. Et quia non potuit, non orbitatem doluit in eius interitu, sed noverat in quas poenas tam impie adultera et parricidalis anima raperetur. Namque alio prius filio qui innocens erat, pro quo aegrotante affligebatur, moriente laetatus est.

18—20 cf. II Reg. 18, 33 25—27 cf. II Reg. 12, 15—23

---

deest C

---

4 mentiantur D^{2}*KMP* 5—6 susciperentur] suspicerentur *DPQT edd.* 6 fuisse] esse *K*, *om. B* 8 celebrantur *DKSMPQ* 9 isti] ipsi *α* 10 corrumpebantur] carpebantur *B* 14—15 inexpiabili] expiabili *K*, inexpugnabili *E* 20 enim] etiam *SM*, ergo *P* 21 peccata] peccati *K*P^{2} 22 edomito] eo domito *DSM* 23 et] sed *ET* quia] qui *K*, *om. P* 24 sed quia *Q* impie] impia et T^{2}*B*

69. Et hoc maxime apparet qua moderatione ac temperantia illi viri feminis utebantur, quod cum in unam inlicite inruisset rex idem, aestu quodam aetatis et temporalium rerum prosperitatibus abreptus, cuius etiam maritum occidendum praeceperat, accusatus est per prophetam. Qui cum ad eum venisset convincendum de peccato, proposuit ei similitudinem de paupere qui habebat ovem unam, cuius vicinus multas cum haberet, ad adventum hospitis sui unicam potius vicini sui pauperis oviculam exhibuit epulandam. **70.** In quem commotus David occidi eum iussit et quadruplicari ovem pauperi, ut se nesciens condemnaret qui peccaverat sciens. Quod cum ei manifestatum esset et divinitus denuntiata vindicta, diluit paenitendo peccatum. Sed tamen in hac similitudine stuprum tantummodo designatum est de ove vicini pauperis. De marito autem mulieris interempto, hoc est de ipso paupere, qui unam ovem habebat, occiso, non est per similitudinem interrogatus David, ut in solum adulterium diceret sententiam damnationis suae. **71.** Ex quo intellegitur quanta temperantia multas mulieres habuerit, quando de una in qua excessit modum, a se ipso puniri coactus est. Sed in isto viro immoderatae huius libidinis non permansio, sed transitus fuit; propterea etiam ab arguente propheta ille inlicitus appetitus 'hospes' vocatus est. Non enim dixit eum regi suo, sed hospiti suo vicini pauperis ovem ad epulandum exhibuisse. **72.** At vero in eius filio Salomone non quasi hospes transitum habuit, sed regnum ista libido possedit. De quo scriptura non tacuit, culpans eum fuisse amatorem mulierum. Cuius tamen

(Right margin beside the first line: 31.)

1—13 cf. II Reg. 12, 1—14 26—18, 2 cf. III Reg. 11, 1

deest C

1 et] ex *edd.* 2 unam] una *ET* 4 prosperitatibus] prosperitatis *DAEB*, prosperitate *KT* abreptus] adreptus *PE*, arreptus *T* 7 vicinum *DKA* 8 cum haberet multas *edd.* 9 sui *om.* *PQ* 12 manifestum *DKSMEB* 13 diluit] deluit K^2T, abluit *P* 15 est *om.* *DKM* 16 habebat ovem *edd.* 19 habuerit] habuerat *DM* 21 punire *DKM* 26 regnum] regnantem *T* quo] qua *KA*

initia desiderio sapientiae flagraverant; quam cum amore spiritali adeptus esset, amisit amore carnali.

XXII. **73.** Ergo, quamquam omnia vel paene omnia quae in
32. veteris testamenti libris gesta continentur, non solum proprie, sed etiam figurate accipienda sint, tamen etiam illa quae proprie lector acceperit, si laudati sunt illi qui ea fecerunt, sed ea tamen abhorrent a consuetudine bonorum qui post adventum domini divina praecepta custodiunt, figuram ad intellegentiam referat, factum vero ipsum ad mores non transferat. Multa enim sunt quae illo tempore officiose facta sunt quae modo nisi libidinose fieri non possunt.

XXIII. **74.** Si qua vero peccata magnorum virorum legerit,
33. tametsi aliquam in eis figuram rerum futurarum animadvertere atque indagare potuerit, rei tamen gestae proprietatem ad hunc usum assumat, ut se nequaquam recte factis suis iactare audeat et prae sua iustitia ceteros tamquam peccatores contemnat, cum videat tantorum virorum et cavendas tempestates et flenda naufragia. **75.** Ad hoc enim etiam peccata illorum hominum scripta sunt ut apostolica illa sententia ubique tremenda sit, cum ait: *Quapropter qui videtur stare, videat ne cadat.* Nulla enim fere pagina est sanctorum librorum in qua non sonet quod *deus superbis resistit, humilibus autem dat gratiam.*

XXIV. **76.** Maxime itaque investigandum est utrum propria sit
34. an figurata locutio quam intellegere conamur. Nam comperto quod figurata sit, adhibitis regulis rerum quas in primo libro digessimus, facile est eam versare omnibus modis donec perveniamus ad sententiam veritatis, praesertim cum usus accesserit pietatis exercitatione roboratus. Invenimus autem utrum

---

1—2 cf. II Par. 1, 7—12 20—21 *I Cor. 10, 12 22—23 Iac. 4, 6

---

deest C

---

1 flagraverunt *DKAETB* 2 amore carnali amisit *edd.* 13 aliquam in eis] aliqua in eis *KA*, in eis aliquam *PTB*, in his aliquam *E* 16 hinc iactare *PB* et] ut *A* prae] pro *DKPB* 19 illa *om. B* 20 cum] qua *Q edd.* 25 loquutio *QET* 26 libro primo *P* 27 eam] enim *SM*

propria sit an figurata locutio, illa intuentes quae supra dicta sunt.

77. Quod cum apparuerit, verba quibus continetur aut XXV.
a similibus rebus ducta invenientur aut ab aliqua vicinitate adtingentibus.

78. Sed quoniam multis modis res similes rebus apparent, 35.
non putemus esse praescriptum ut quod in aliquo loco res aliqua per similitudinem significaverit, hoc eam semper significare credamus. Nam et in vituperatione posuit fermentum dominus cum diceret: *Cavete a fermento Pharisaeorum*, et in laude cum diceret. *Simile est regnum caelorum mulieri quae abscondit fermentum in tribus mensuris farinae donec totum fermentaretur.*

79. Huius igitur varietatis observatio duas habet formas. 36.
Sic enim aliud atque aliud res quaeque significant, ut aut contraria aut tantummodo diversa significent. Contraria scilicet, cum alias in bono alias in malo res eadem per similitudinem ponitur, sicut hoc est quod de fermento supra diximus. Tale est etiam quod leo significat Christum, ubi dicitur: *Vicit leo de tribu Iuda*, significat et diabolum, ubi scriptum est: *Adversarius vester diabolus tamquam leo rugiens circuit, quaerens quem devoret.* **80.** Ita serpens in bono est: *Astuti ut serpentes*, in malo autem: *Serpens Evam seduxit in astutia sua.* In bono panis: *Ego sum panis vivus qui de caelo descendi*, in malo panis: *Panes occultos libenter edite.* Sic et alia plurima. Et haec quidem quae commemoravi minime dubiam significationem gerunt,

100, 6—104, 13 cf. Eug. Exc. 271—273 p. 860—865 Knoell 10 Matth. 16, 11 11—13 cf. Luc. 13, 21 et Aug. Retract. 2, 4, 1 19—20 Apoc. 5, 5 20—22 I Petr. 5, 8 22 *Matth. 10, 16 23 *II Cor. 11, 3 24 Ioh. 6, 51 25 cf. Prov. 9, 17 LXX

deest C

3 continentur *SMQ* 4 ducta] recte *ET*, dicta *P* invenirentur *PET* 6 rebus *om. Q Eug.* 9 vituperationem *PET* fermentum posuit *edd.* 11 est] esse *DKAPB* 12—13 fermentaretur totum *Vulg. edd.* 15 quaeque] quaequae *A*, quae *Q* 19 dicitur] dicit *T* 22 ita] item *S*, *om. QET* est] estote *KA Vulg.* ut] sicut KE^2 23 in *om. Q Vulg. Eug.* 24 *tert.* panis *om. DKSM edd.*

quia exempli gratia commemorari nonnisi manifesta debuerunt. Sunt autem quae incertum sit in quam partem accipi debeant, sicut: *Calix in manu domini vini meri plenus est mixto.* **81.** Incertum est enim utrum iram dei significet non usque ad novissimam poenam, id est usque ad faecem, an potius gratiam scripturarum a Iudaeis ad gentes transeuntem, quia *inclinavit ex hoc in hoc*, remanentibus apud Iudaeos observationibus quas carnaliter sapiunt, *quia faex eius non est exinanita.* Cum vero res eadem non in contraria, sed tantum in diversa significatione ponitur, illud est in exemplo, quod aqua et populum significat, sicut in Apocalypsi legimus, et spiritum sanctum, unde est illud: *Flumina aquae vivae fluent de ventre eius*, et si quid aliud atque aliud, pro locis in quibus ponitur, aqua significare intellegitur.

37. **82.** Sic et aliae res non singulae, sed unaquaeque earum non solum duo aliqua diversa, sed etiam nonnumquam multa significat pro loco sententiae, sicut posita reperitur.

XXVI. **83.** Ubi autem apertius ponuntur, ibi discendum est quo modo in locis intellegantur obscuris. Neque enim melius potest intellegi quod dictum est deo: *Adprehende arma et scutum et exsurge in adiutorium mihi*, quam ex loco illo ubi legitur: *Domine ut scuto bonae voluntatis tuae coronasti nos.* Nec tamen ita ut iam, ubicumque scutum pro aliquo munimento positum legerimus, non accipiamus nisi bonam voluntatem dei. Dictum est enim et *scutum fidei, in quo possitis*, inquit, *omnes sagittas maligni ignitas extinguere.* Nec rursus ideo debemus in armis huiuscemodi spiritalibus scuto tantummodo fidem tribuere,

---

3—9 cf. Ps. 74, 9 11 cf. Apoc. 17, 15 12—13 *Ioh. 7, 38 20—21 Ps. 34, 2 22 Ps. 5, 13 25—26 *Eph. 6, 16

---

deest C

---

1 commemoravi *ME* 2 sit] sint *P*, est *Q* 3 est *om. E Vulg.* 4 non *om. K* 7 in hoc] in hunc *AET* 10 in exemplum *PE edd.* quod] quo *B* 11 sicut] sicut et *K* 14 aquam *B* 19 intellegatur *β* 20 deo] ad deum *D* 21 ex *om. E* illo *om. MQ* 23—24 legerimus positum *edd.* 26 rursum *edd.*

cum alio loco etiam lorica dicta sit fidei: *Induti,* inquit, *loricam fidei et caritatis.*

84. Quando autem ex eisdem scripturae verbis non unum XXVII.
aliquid, sed duo vel plura sentiuntur, etiam si latet quid 38.
senserit ille qui scripsit, nihil periculi est, si quodlibet eorum congruere veritati ex aliis locis sanctarum scripturarum doceri potest, id tamen eo conante qui divina scrutatur eloquia, ut ad voluntatem perveniatur auctoris per quem scripturam illam sanctus operatus est spiritus, sive hoc assequatur, sive aliam sententiam de illis verbis quae fidei rectae non refragatur exsculpat, testimonium habens a quocumque alio loco divinorum eloquiorum. **85.** Ille quippe auctor in eisdem verbis quae intellegere volumus, et ipsam sententiam forsitan vidit et certe dei spiritus, qui per eum haec operatus est, etiam ipsam occursuram lectori vel auditori sine dubitatione praevidit, immo ut occurreret, quia et ipsa est veritate subnixa, providit. Nam quid in divinis eloquiis largius et uberius potuit divinitus provideri quam ut eadem verba pluribus intellegantur modis, quos alia non minus divina contestantia faciant approbari?

86. Ubi autem talis sensus eruitur, cuius incertum certis XXVIII.
sanctarum scripturarum testimoniis non possit aperiri, restat 39.
ut ratione reddita manifestus appareat, etiam si ille cuius verba intellegere quaerimus eum forte non sensit. Sed haec consuetudo periculosa est; per scripturas enim divinas multo tutius ambulatur. Quas verbis translatis opacatas cum scrutari volumus, aut hoc inde exeat quod non habeat controversiam, aut, si habet, ex eadem scriptura ubicumque eius inventis atque adhibitis testibus terminetur.

1—2 I Thess. 5, 8

deest C

2 lorica *S* 7 eo *om. ET* ut aut ad *PET* 8 quem] quam *SME* 11 exsculpat *Eug. m,* exculpat *cett.* 14 spiritus dei *B* eum *om. Q* 16 et] ex *SMQ* 18 divinitus] divinitas *B, om. ET* 21 tali *ET* sensui *E* 23 etiam] ut iam *Q, om. P* 24 forte] fortasse *DSM* 28 eius *om. edd.* 29 atque *om. ET*

XXIX. 40. **87.** Sciant autem litterati modis omnibus locutionis quos grammatici graeco nomine tropos vocant, auctores nostros usos fuisse, et multiplicius atque copiosius quam possunt existimare vel credere qui nesciunt eos et in aliis ista didicerunt. Quos tamen tropos qui noverunt agnoscunt in litteris sanctis eorumque scientia ad eas intellegendas aliquantum adiuvantur. Sed hic eos ignaris tradere non decet, ne artem grammaticam docere videamur. Extra sane ut discantur ammoneo, quamvis iam superius id ammonuerim, id est in secundo libro, ubi de linguarum necessaria cognitione disserui. **88.** Nam litterae, a quibus ipsa grammatica nomen accepit — grammata enim Graeci litteras vocant —, signa utique sunt sonorum ad articulatam vocem qua loquimur pertinentium. Istorum autem troporum non solum exempla, sicut omnium, sed quorundam etiam nomina in divinis libris leguntur, sicut allegoria, aenigma, parabola. Quamvis paene omnes hi tropi qui liberali dicuntur arte cognosci, etiam in eorum reperiantur loquellis qui nullos grammaticos audierunt et eo quo vulgus utitur sermone contenti sunt. **89.** Quis enim non dicit: 'Sic floreas'? qui tropus metafora vocatur. Quis non dicit 'piscinam', etiam quae non habet pisces nec facta est propter pisces et tamen a piscibus nomen accepit? Qui tropus catachresis dicitur.

41. **90.** Longum est isto modo ceteros persequi. Nam usque ad illos pervenit vulgi locutio qui propterea mirabiliores sunt, quia contra quam dicitur significant, sicuti est quae appellatur hironia vel antifrasis. Sed hironia pronuntiatione indicat quid velit intellegi, ut cum dicimus homini mala facienti: 'res bonas facis'; antifrasis vero ut contraria significet, non voce pro-

---

deest C

---

3 et *om.* *PB Eug.* 4 existimare] aestimare *α* 7 sed] si *K* 8—9 admoneo $D^2Q^2T^2B^2$ *Eug.* 11 gramata *QEB* 13 qua] quam *DSMB* pertinentiam *D*, pertinentia *SM* 16 hi] hii *APQ*, ii *edd.* 19 metafora] metaphora *B edd.* 22 catacresis *PET*, *alii aliter* 26 hironia] hyronia *KPEB*, hieronia *T*, ironia *edd.* antifrasis] antiphrasis *edd.* indicat] significat *DSM* 27 ut] uti *edd.*

nuntiantis efficitur, sed aut verba habet sua, quorum origo e contrario est, sicut appellatur lucus quod minime luceat; aut consuevit aliquid ita dici, quamvis dicatur etiam non e contrario, velut cum quaerimus accipere quod ibi non est, et respondetur nobis: 'Abundat'; aut adiunctis verbis facimus ut a contrario intellegatur quod loquimur, velut si dicamus: 'Cave illum', quia bonus homo est. **91.** Et quis talia non dicit indoctus nec omnino sciens qui sint vel quid vocentur hi tropi? Quorum cognitio propterea scripturarum ambiguitatibus dissolvendis est necessaria quia, cum sensus, ad proprietatem verborum si accipiatur, absurdus est, quaerendum est utique, ne forte illo vel illo tropo dictum sit quod non intellegimus, et sic pleraque inventa sunt quae latebant.

92. Ticonius quidam qui contra Donatistas invictissime XXX. 42. scripsit, cum fuerit Donatista, et illic invenitur absurdissimi cordis ubi eos non omni ex parte relinquere voluit, fecit librum quem 'Regularum' vocavit, quia in eo quasdam septem regulas exsecutus est, quibus quasi clavibus divinarum scripturarum aperirentur occulta. **93.** Quarum primam ponit De domino et eius corpore; secundam De domini corpore bipartito; tertiam De promissis et lege; quartam De specie et genere; quintam De temporibus; sextam De recapitulatione; septimam De diabolo et eius corpore. Quae quidem considerata, sicut ab illo aperiuntur, non parvum adiuvant, ad penetranda quae tecta sunt divinorum eloquiorum. Nec tamen omnia quae ita scripta sunt ut non facile intellegantur, possunt his regulis inveniri, sed aliis modis pluribus, quos hoc numero septenario usque adeo non est iste complexus, ut idem ipse multa exponat

---

deest C

---

1 e *om. ASMT* 2 est *om. P* 3 non e *om. DKA* 4 velut] veluti *PEB edd.* 8 qui] quid *B* 14 Ticonius *α Q*, tyconius K^2 *Tycon. praef. p. 1 ed. Burkitt*, tichonius *E m*, tychonius *PTB* 15 et *om. MT* 16 ex omni parte *SMP* 17 regularem *D* 18 exsecutus] exsequutus (exe- *K*) *α* 19 aperirentur] aperientur *AE*, reserrentur *P* 23 consideratae *m*

obscura in quibus harum regularum adhibet nullam, quoniam nec opus est. **94.** Neque enim aliquid illic tale versatur aut quaeritur, sicut in Apocalypsi Iohannis quaerit, quem ad modum intellegendi sint angeli ecclesiarum septem, quibus scribere iubetur. Et ratiocinatur multipliciter et ad hoc pervenit ut ipsos angelos intellegamus ecclesias. In qua copiosissima disputatione nihil istarum est regularum, et utique res illic obscurissima quaeritur. Quod exempli gratia satis dictum sit, nam colligere omnia nimis longum et nimis operosum est, quae ita obscura sunt in Scripturis canonicis ut nihil istorum septem ibi requirendum sit.

43. **95.** Iste autem cum has velut regulas commendaret, tantum eis tribuit, quasi omnia quae in lege, id est in divinis libris, obscure posita invenerimus, his bene cognitis atque adhibitis intellegere valeamus. Ita quippe exorsus est eundem librum ut diceret: *Necessarium duxi ante omnia quae mihi videntur, libellum regularem scribere et secretorum legis veluti claves et luminaria fabricare. Sunt enim quaedam regulae mysticae quae universae legis recessus obtinent et veritatis thesauros aliquibus invisibiles faciunt. Quarum si ratio regularum sine invidia, ut communicamus, accepta fuerit, clausa quaeque patefient et obscura dilucidabuntur, ut quis prophetiae immensam silvam perambulans his regulis quodam modo lucis tramitibus deductus ab errore defendatur.* **96.** Hic si dixisset: ‘Sunt enim quaedam regulae mysticae quae nonnullos legis recessus obtinent’, aut certe: ‘quae legis magnos recessus obtinent‘, non autem quod ait: ‘universae legis recessus’, neque dixisset: ‘Clausa quaeque patefient‘, sed: ‘Clausa multa patefient’, verum dixisset, nec

3—6 cf. Apoc. 1, 20 16—24 Tycon. Praef. p. 1 ed. Burkitt

deest C

1 regularum] regulam *DSM* 3 Iohannis] iohannes *A^2EB*, ioannis *edd.* 6—7 copiosa *P* 7 utique et *PQET* 8 illic] illi *DK*, illa *ASM* 10 in scripturis canonicis *om. P* istorum] istarum D^2 *edd.* 14 obscura *Q* inveniremus *α* 17 regularem] regularum *SBT^2 edd.* 20 invisibiles] visibiles *K^2Lugd.*, invisibiles visibiles *m* 26 magnos legis *DKSM*, *om. AE*

tam elaborato atque utili operi suo plus quam res ipsa postulat dando in spem falsam lectorem eius cognitoremque misisset. **97.** Quod ideo dicendum putavi, ut liber ipse et legatur ab studiosis, quia plurimum adiuvat ad scripturas intellegendas, et non de illo speretur tantum quantum non habet. Caute sane legendus est, non solum propter quaedam in quibus ut homo erravit, sed maxime propter illa quae sicut Donatista hereticus loquitur. Quid autem doceant vel ammoneant istae septem regulae, breviter ostendam.

98. Prima De domino et eius corpore est. In qua scientes XXXI.
aliquando capitis et corporis, id est Christi et ecclesiae unam 44.
personam nobis intimari — neque enim frustra dictum est fidelibus: *Ergo Abrahae semen estis*, cum sit unum semen Abrahae quod est Christus —, non haesitemus quando a capite ad corpus vel a corpore transitur ad caput et tamen non receditur ab una eademque persona. **99.** Una enim persona loquitur dicens: *Sicut sponso imposuit mihi mitram et sicut sponsam ornavit me ornamento*. Et tamen quid horum duorum capiti, quid corpori — id est, quid Christo, quid ecclesiae — conveniat, utique intellegendum est.

100. Secunda est De domini corpore bipertito, quod quidem XXXII.
non ita debuit appellare. Non enim re vera domini corpus est 45.
quod cum illo non erit in aeternum. Sed dicendum fuit: 'De domini corpore vero atque permixto' aut 'vero atque simulato' vel quid aliud, quia non solum in aeternum, verum etiam nunc hypocritae non cum illo esse dicendi sunt, quamvis in eius esse videantur ecclesia. Unde poterat ista regula et sic appellari, ut diceretur De permixta ecclesia. **101.** Quae regula intellectorem

---

106, 10—117, 24 cf. Eug. Exc. 274 p. 865—877 13 Gal. 3, 29 17—18 cf. Esai. 61, 10 LXX

---

deest C

---

1 tam] tamen α *QT* 3 ab] a *edd.* 8 vel] et *E*, te et *T* admoneant $D^2Q^2B^2$ *edd.* 26 hypocritae] hipocritae *DKA*, *alii aliter* 27 et ista regula *Q* 28 intellectorem] lectorem *Q edd.*

vigilantem requirit, quando scriptura cum ad alios iam loquatur, tamquam ad eos ipsos ad quos loquebatur videtur loqui, vel de ipsis cum de aliis iam loquatur, tamquam unum sit utrorumque corpus, propter temporariam commixtionem et communionem sacramentorum. Ad hoc pertinet in Cantico canticorum: *Fusca sum et speciosa ut tabernacula Cedar, ut pelles Salomonis.* Non enim ait: 'Fusca fui ut tabernacula Cedar et speciosa sum ut pelles Salomonis', sed utrumque esse se dixit propter temporalem unitatem intra una retia piscium bonorum et malorum. Tabernacula enim Cedar ad Ismahelem pertinent, qui non erit heres cum filio liberae. **102.** Itaque cum de bona parte dicat deus: *Ducam caecos in viam quam non noverunt, et semitas quas non noverunt calcabunt, et faciam illis tenebras in lucem et prava in directum. Haec verba faciam et non derelinquam eos.* Mox de alia parte, quae mala permixta est, dicit: *Ipsi autem conversi sunt retro,* quamvis alii iam significentur his verbis. Sed quoniam nunc in uno sunt, tamquam de ipsis loquitur de quibus loquebatur: non tamen semper in uno erunt. Ipse est quippe ille servus commemoratus in evangelio, cuius dominus cum venerit dividet eum et partem eius cum hypocritis ponet.

XXXIII. 46. **103.** Tertia regula est De promissis et lege, quae alio modo dici potest de spiritu et littera, sicut eam nos appellavimus, cum de hac re scriberemus; potest etiam sic dici: de gratia et mandato. Haec autem magis mihi videtur magna quaestio quam regula quae solvendis quaestionibus adhibenda est. Haec est quam non intellegentes Pelagiani vel condiderunt

6—7 cf. Cant. 1, 4   12—15 cf. Esai. 42, 16—17   19—21 cf. Matth. 24, 51—52

deest C

1 requirit sicut sponso imposuit mihi mitram et α   4 temporariam] temporalem *edd.*   6 speciosa sum *PQ*   8—9 se esse E^2 *edd.* esse *om. PTB*   9 unitatem] commixtionem *Q*   10 ismaelem *T edd.*   12 deus dicat β *edd.*   14 directum] directa *P*, recta *Vulg.*   15 eos *om. ET* mala] male T^2 *edd.*, malo S^2B 20 dividet] dividit *PET*   23 nos eam *edd.*

suam heresim vel auxerunt. Laboravit in ea disserenda Tichonius bene, sed non plene. **104.** Disputans enim de fide et operibus, opera nobis dixit a deo dari merito fidei, ipsam vero fidem sic esse a nobis ut nobis non sit a deo. Nec adtendit apostolum dicentem: *Pax fratribus et caritas cum fide a deo patre et domino Iesu Christo.* Sed non erat expertus hanc heresim quae nostro tempore exorta multum nos, ut gratiam dei quae per dominum nostrum Iesum Christum est adversus eam defenderemus, exercuit et secundum id quod ait apostolus: *Oportet hereses esse ut probati manifesti fiant in vobis,* multo vigilantiores diligentioresque reddidit, ut adverteremus in scripturis sanctis quod istum Tichonium minus attentum minusque sine hoste sollicitum fugit, etiam ipsam scilicet fidem donum esse illius qui eius mensuram unicuique partitur. **105.** Ex qua scientia quibusdam dictum est: *Vobis donatum est pro Christo, non solum ut credatis in eum, verum etiam ut patiamini pro eo.* Unde quis dubitet utrumque esse dei donum, qui fideliter atque intellegenter audit utrumque donatum? Plura sunt et alia testimonia quibus id ostenditur, sed hoc nunc non agimus. Alibi autem atque alibi saepissime ista egimus.

106. Quarta Tichonii regula est De specie et genere. Sic XXXIV.
enim eam vocat, volens intellegi speciem partem, genus autem 47.
totum cuius ea pars est quam nuncupat speciem. Sicut unaquaeque civitas pars est utique universitatis gentium, hanc ille vocat speciem, genus autem omnes gentes. Neque hic ea discernendi subtilitas adhibenda est quae a dialecticis traditur, qui inter partem et speciem quid intersit acutissime disputant.

5—6 Eph. 6, 23 9—10 *I Cor. 11, 19 15—16 Phil. 1, 29

deest C

1 disserenda] dissolvenda *Q edd.* 1—2 Tichonius *α*, tych- *K² PET*, tyco- *QB* 4 sit] esset *B* apostolum adtendit *B* 5 domino nostro *B* 8 nostrum *om. PET* Christum *om. B* 10 in vobis *om. B* 13 scilicet *om. B* illius esse *PET* 14 scientia] sententia *KME² edd.* 16 in eum credatis *Eug. edd.* ut *om. PET* pro eo patiamini *edd.* 20 ista] ita *AET*, *om. K* 26 discernendi] disserendi *PQ*

107. Eadem ratio est, si non de unaquaque civitate, sed de unaquaque provincia vel gente vel regno tale aliquid in divinis repperiatur eloquiis. Non solum enim verbi gratia de Hierusalem vel de aliqua gentium civitate, sive Tyro sive Babylonia sive alia qualibet dicitur aliquid in scripturis sanctis quod modum eius excedat et conveniat potius omnibus gentibus, verum etiam de Iudaea, de Aegypto, de Assyria et quacumque alia gente in qua sunt plurimae civitates, non tamen totus orbis sed pars eius est, dicitur quod transeat eius modum et congruat potius universo, cuius haec pars est vel, sicut iste appellat, generi cuius haec species est. **108.** Unde et in notitiam vulgi verba ista venerunt, ut etiam idiotae intellegant quid specialiter, quid generaliter in quocumque praecepto imperiali sit constitutum. Fit hoc etiam de hominibus; sicut ea quae de Salomone dicuntur excedunt eius modum et potius ad Christum vel ecclesiam, cuius ille pars est, relata clarescunt.

48. **109.** Nec species semper exceditur; saepe enim talia dicuntur quae vel ei quoque vel ei fortasse tantummodo apertissime congruant. Sed cum ab specie transitur ad genus quasi adhuc de specie loquente scriptura, ibi vigilare debet lectoris intentio, ne quaerat in specie quod in genere potest melius et certius invenire. **110.** Facile est quippe illud quod ait propheta Hiezechiel: *Domus Israel habitavit in terra et polluerunt illam in via sua et in idolis suis et peccatis suis; secundum immunditiam menstruatae facta est via eorum ante faciem meam. Et effudi iram meam super eos et dispersi illos inter nationes et ventilavi eos in regiones; secundum vias eorum et secundum peccata eorum iudicavi eos.* Facile est, inquam, hoc intellegere

23—28 *Ezech. 36, 17—19

deest C

2 regno] regione E^2 *Eug.* 3 reperiatur *SMT*^{2}, reperitur *Eug.* 5 alia qualibet] aliqualibet *KA*, aliqua qualibet *Q* 6 excedat] excidat *ET* gentibus *om. T* 7 de quacumque *P* 11 est *om. KAET Eug.* 16 relata] delata *ET* 18—19 congruant apertissime α ab] a *edd.* 22 quippe est *edd.* 26 effudi] effundi *Q*, effundam *K*

de illa domo Israel, de qua dicit apostolus: *Videte Israel secundum carnem,* quia haec omnia carnalis populus Israel et fecit et passus est. **111.** Alia etiam quae sequuntur eidem intelleguntur populo convenire. Sed cum coeperit dicere: *Et sanctificabo nomen meum sanctum illud magnum, quod pollutum est inter nationes, quod polluistis in medio earum; et scient gentes quoniam ego sum dominus,* iam intentus debet esse qui legit, quem ad modum species excedatur et adiungatur genus. Sequitur enim et dicit: *Dum sanctificabor in vobis ante oculos eorum et accipiam vos de gentibus et congregabo vos ex omnibus terris et inducam vos in terram vestram et aspergam vos aqua munda et mundabimini ab omnibus simulacris vestris et mundabo vos et dabo vobis cor novum et spiritum novum dabo in vos et auferam cor lapideum de carne vestra et dabo vobis cor carneum et spiritum meum dabo in vos et faciam ut in iustitiis meis ambuletis et iudicia mea custodiatis et faciatis, et habitabitis in terra quam dedi patribus vestris et eritis mihi in populum et ego ero vobis in deum et mundabo vos ex omnibus immunditiis vestris.* **112.** Hoc de novo testamento esse prophetatum, ad quod pertinet non solum una gens illa in reliquiis suis, de quibus alibi scriptum est: *Si fuerit numerus filiorum Israel sicut harena maris, reliquiae salvae fient,* verum etiam ceterae gentes, quae promissae sunt patribus eorum, qui etiam nostri sunt, non ambigit quisquis intuetur et lavacrum regenerationis hic esse promissum, quod nunc videmus omnibus gentibus redditum. Et illud quod ait apostolus, cum testamenti novi gratiam commendaret, ut in comparatione veteris emineret: *Epistola*

1—2 I Cor. 10, 18 4—18 *Ezech. 36, 23—29 21—22 *Esai. 10, 22 27—111, 2 II Cor. 3, 2—3

deest C

6 scient] sciant *DKSMQ* 7 quoniam] quia *Vulg. edd.* esse debet α 9 et dum *edd.* dum] cum *TB* 10 ex] de *P* 11—12 aqua munda] ab aqua munda *MQ,* aquam mundam *KT Vulg.* 12 mundamini *SMP* 14 vobis] vos MP 15 meum] novum *E* 16 et mandata et iudicia *B* 21 sicut] quasi *ETB* arena *SPTB edd.* 26 novi testamenti *edd.*

nostra vos estis, scripta non atramento, sed spiritu dei vivi, non in tabulis lapideis, sed in tabulis cordis carnalibus, hinc esse respicit et perspicit dictum ubi iste propheta dicit: *Et dabo vobis cor novum et spiritum novum dabo in vos et auferam cor lapideum de carne vestra et dabo vobis cor carneum.* **113.** Cor quippe carneum, unde ait apostolus: *tabulis cordis carnalibus*, a corde lapideo voluit vita sentiente discerni et per vitam sentientem significavit intellegentem. Sic fit Israel spiritalis non unius gentis, sed omnium quae promissae sunt patribus in eorum semine, quod est Christus.

49. **114.** Hic ergo Israel spiritalis ab illo Israhele carnali, qui est unius gentis, novitate gratiae non nobilitate patriae, et mente non gente distinguitur. Sed altitudo prophetica dum de illo vel ad illum loquitur, latenter transit ad hunc; et cum iam de isto vel ad istum loquatur, adhuc de illo vel ad illum videtur loqui, non intellectum scripturarum nobis quasi hostiliter invidens, sed exercens medicinaliter nostrum. **115.** Unde et illud quod ait: *Et inducam vos in terram vestram*, et paulo post tamquam id ipsum repetens: *Et habitabitis*, inquit, *in terra quam dedi patribus vestris*, non carnaliter sicut carnalis Israel, sed spiritaliter sicut spiritales debemus accipere. Ecclesia quippe *sine macula et ruga* ex omnibus gentibus congregata atque in aeternum regnatura cum Christo ipsa est terra beatorum, terra viventium. Ipsa intellegenda est patribus data, quando eis certa et immutabili dei voluntate promissa est, quoniam ipsa promissionis vel praedestinationis firmitate iam data est quae danda suo tempore a patribus credita est, sicut de ipsa gratia quae sanctis datur scribens ad Timotheum apostolus ait: *Non secundum opera nostra, sed secundum suum*

deest C

3 dictum] ductum *α* 7 vitam sentientem *M* 11 israel] israhel *AMQ* israhele] israele *SMP edd.* 14 ad hunc] adhuc *DMQ* 15—16 loqui videtur *edd.* 17 nostrum] nostram *E*, nos *K* 19 et *om. ET* in terram *DST Eug.* 21 spiritales] spiritalis *DQ*, spiritalis israel $PE^{2}T^{2}B$ 25 immutabili] incommutabili *α*

propositum et gratiam, quae data est nobis in Christo Iesu ante saecula aeterna, manifestata autem nunc per adventum salvatoris nostri. **116.** Datam dixit gratiam quando nec erant adhuc quibus daretur, quoniam in dispositione ac praedestinatione dei iam factum erat quod suo tempore futurum fuerat, quod esse dicit manifestatum. Quamvis haec possint intellegi et de terra futuri saeculi, quando erit *caelum novum et terra nova,* in qua iniusti habitare non poterunt. Et ideo recte dicitur piis quod ipsa sit terra eorum quae ulla ex parte non erit impiorum, quia et ipsa similiter data est, quando danda firmata est.

117. Quintam Tichonius regulam ponit quam De tempo- XXXV
ribus appellat, qua regula plerumque inveniri vel conici possit 50.
latens in scripturis sanctis quantitas temporum. Duobus autem modis vigere dicit hanc regulam, aut tropo sinecdoche aut legitimis numeris. Tropus sinecdoche aut a parte totum aut a toto partem facit intellegi, sicut unus evangelista post dies octo factum dicit quod alius post dies sex, quando in monte discipulis tantum tribus praesentibus facies domini fulsit ut sol et vestimenta eius ut nix. **118.** Utrumque enim verum esse non posset quod de numero dierum dictum est, nisi ille qui dixit post dies octo intellegatur partem novissimam diei ex quo id Christus praedixit futurum, et partem primam diei quo id ostendit impletum, pro totis diebus duobus atque integris posuisse, eum vero qui dixit post dies sex, integros omnes et totos, sed solos medios computasse. Hoc modo locutionis, quo significatur a parte totum, etiam illa de resurrectione Christi solvitur quaestio. **119.** Pars enim novissima diei quo passus est, nisi pro toto die accipiatur, id est adiuncta etiam nocte

16—19 cf. Luc. 9, 28 et Matth. 17, 1—2 28—113, 4 cf. Matth. 12, 40

deest C

4 dispositione] dispensatione *P* 5 futurum erat *Lond. edd.* 6 esse] ipse *DSM edd.* manifestatam *KETB* 8 poterunt] potuerint *P*, potuerunt *B* 14 sinecdoche *α Q*, synecdoche *ETB edd.*, CYNEΔOKE *graecis litteris P* 15 tropus] tropo *DE Eug.* 18 praesentibus tribus *α* 19 ut] sicut *Vulg. edd.* 22 quo] quod *DKTB* 24 eum] eum eum *P*, is *edd.* 28 toto] tota *K*

praeterita, et nox in cuius parte ultima resurrexit nisi totus dies accipiatur, adiuncto scilicet die inlucescente dominico, non possunt esse tres dies et tres noctes quibus se in corde terrae praedixit futurum.

51. **120.** Legitimos autem numeros dicit quos eminentius divina scriptura commendat, sicut septenarium vel denarium vel duodenarium et quicumque alii sunt quos legendo studiosi libenter agnoscunt. Plerumque enim numeri huius modi pro universo tempore ponuntur, sicut: *Septies in die laudabo te* nihil est aliud quam: *Semper laus eius in ore meo.* **121.** Tantundem valent et cum multiplicantur, sive per denarium, sicut septuaginta et septingenti — unde possunt et septuaginta anni Hieremiae pro universo tempore spiritaliter accipi, quo est apud alienos ecclesia —, sive per se ipsos, sicut decem per decem centum sunt et duodecim per duodecim centum quadraginta quattuor, quo numero significatur universitas sanctorum in Apocalypsi. Unde apparet non solas temporum quaestiones istis numeris esse solvendas, sed latius patere significationes eorum et in multa proserpere. Neque enim numerus iste in Apocalypsi ad tempora pertinet, sed ad homines.

XXXVI. **122.** Sextam regulam Tichonius Recapitulationem vocat,
52. in obscuritate scripturarum satis vigilanter inventam. Sic enim dicuntur quaedam, quasi sequantur in ordine temporis vel rerum continuatione narrentur, cum ad priora quae praetermissa fuerant latenter narratio revocetur. Quod nisi ex hac regula intellegatur, erratur. **123.** Sicut in Genesi: *Et plantavit,* inquit, *dominus deus paradisum in Eden ad orientem et posuit*

9 *Ps. 118, 164 10 Ps. 33, 2 12—13 cf. Ier. 25, 11 et 29, 10 16 cf. Apoc. 7, 4 27—114, 2 cf. Gen. 2, 8—9 LXX

deest C

2 die *om. ET* 3 tres noctes et tres dies *P* 7 quos] quod *DS* 8 huius modi numeri *edd.* 9 in die septies *DSM* laudabo te] laudem dixi tibi *P Vulg.* 10 tantundem] tantum *DKAM* 11 valet *Q* 16 quo] quorum *S* 17 solas] solum E^2 *Eug.* 27 et *om.* α

ibi hominem quem formavit, et produxit deus adhuc de terra omne lignum speciosum et bonum in escam, ita videtur dictum tamquam id factum sit posteaquam factum posuit hominem in paradiso cum breviter utroque commemorato — id est, quod plantavit deus paradisum et posuit ibi hominem quem formavit —, recapitulando redeat et dicat quod praetermiserat, quomodo scilicet paradisus fuerit plantatus, quia produxit deus adhuc de terra omne lignum speciosum et bonum in escam. **124.** Denique secutus adiunxit: *Et lignum vitae in medio paradiso et lignum sciendi boni et mali.* Deinde flumen quo paradisus inrigaretur, divisum in quattuor principia fluviorum quattuor explicatur; quod totum pertinet ad institutionem paradisi. Quod ubi terminavit, repetivit illud quod iam dixerat, et re vera hoc sequebatur, atque ait: *Et sumpsit dominus deus hominem quem finxit, et posuit eum in paradiso,* et cetera. **125.** Post ista enim facta ibi est positus homo, sicut nunc ordo ipse demonstrat. Non post hominem ibi positum facta sunt ista, sicut prius dictum putari potest, nisi recapitulatio illic vigilanter intellegatur, qua reditur ad ea quae fuerant praetermissa.

126. Itemque in eo libro, cum commemorarentur generatio- 53.
nes filiorum Noe, dictum est: *Hi filii Cham in tribubus suis secundum linguas suas in regionibus suis et in gentibus suis.* Enumeratis quoque filiis Sem dicitur: *Hi filii Sem in tribubus suis secundum linguas suas in regionibus suis et in gentibus suis.* Et annectitur de omnibus: *Hae tribus filiorum Noe, secundum generationes eorum secundum gentes eorum. Ab his dispersae sunt*

9—10 cf. Gen. 2, 9 LXX 14—15 cf. Gen. 2, 15 LXX 22—23 cf. Gen. 10, 10 LXX 24—25 cf. Gen. 10, 31 LXX 26—2 cf. Gen. 10, 32 et

deest C

3 posuit deus *edd.* 3—4 in paradysum *SM* 10 paradiso] paradisi $A^2M^2PT^2$ *Vulg. edd.* sciendi] scientiae *SMB Vulg. Eug. edd.* 11 quattuor *om.* K^2TB 19 qua] quia *M* reditur] reditum est *QB*, redictum est *PET* 23 regionibus] generationibus *ET Vulg.* et in gentibus suis *om. ET* 26 et secundum *B edd.* 27 secundum gentes eorum *om. T*

insulae gentium super terram post diluvium. Et erat omnis terra labium unum et vox una omnibus. **127.** Hoc itaque quod adiunctum est: *Et erat omnis terra labium unum et vox una omnibus*, id est, una lingua omnium, ita dictum videtur tamquam eo iam tempore, quo dispersi fuerant super terram etiam secundum insulas gentium, una fuerit omnibus lingua communis. Quod procul dubio repugnat superioribus verbis, ubi dictum est: *In tribubus suis secundum linguas suas.* Neque enim dicerentur habuisse iam linguas suas singulae tribus, quae gentes singulas fecerant, quando erat omnibus una communis. **128.** Ac per hoc recapitulando adiunctum est: *Et erat omnis terra labium unum et vox una omnibus*, latenter narratione redeunte, ut diceretur quo modo factum sit ut ex una omnium lingua fuerint divisi per multas. Et continuo de illa turris aedificatione narratur, ubi haec eis iudicio divino ingesta est poena superbiae, post quod factum dispersi sunt per terram secundum linguas suas.

54. **129.** Fit ista recapitulatio etiam obscurius, sicut in evangelio dominus dicit: *Die quo exiit Loth a Sodomis pluit ignem de caelo et perdidit omnes: secundum haec erunt dies filii hominis quo revelabitur. Illa hora, qui erit in tecto et vasa eius in domo, non descendat tollere illa; et qui in agro, similiter non revertatur retro. Meminerit uxoris Loth.* Numquid cum dominus fuerit revelatus, tunc sunt ista servanda, ne quisque retro respiciat, id est vitam praeteritam cui renuntiavit inquirat? et non potius isto tempore ut, cum dominus fuerit revelatus, retributionem pro eis quae quisque servavit vel contempsit, inveniat? **130.** Et tamen quia dictum est: 'In illa hora', tunc putantur

---

11, 1 LXX 14—16 cf. Gen. 11, 4—9 18—22 *Luc. 17, 29—32

---

deest C

---

2 itaque] quoque *M* 6 omnibus] hominibus *B* 16 per] super *KB edd.*, **per *A* 18 dominus dicit] dicit *E*, dominus B, dicit dominus *PQT* a] de *SMP*, *om. D* 19 erunt] erit *A Vulg. edd.* fili *DKA Ambros. G. 58* 20 quo] qui *Ambros. G. 58* in illa S^2E^2 *Eug.* 22 cum *om. Ambros. G. 58* 25 dominus *om. B*

ista servanda cum dominus fuerit revelatus, nisi ad intellegendam recapitulationem sensus legentis invigilet, adiuvante alia scriptura quae ipsorum apostolorum adhuc tempore clamavit: *Filii, novissima hora est.* Tempus ergo ipsum quo evangelium praedicatur, quousque dominus reveletur, hora est in qua oportet ista servari, quia et ipsa revelatio domini ad eandem horam pertinet, quae die iudicii terminabitur.

131. Septima Tichonii regula est eademque postrema De XXXV
diabolo et eius corpore. Est enim et ipse caput impiorum, qui 55.
sunt eius quodam modo corpus, ituri cum illo in supplicium ignis aeterni, sicut Christus caput est ecclesiae, quod est corpus eius, futurum cum illo in regno et gloria sempiterna. Sicut ergo in prima regula, quam vocat De domino et eius corpore, vigilandum est ut intellegatur, cum de una eademque persona scriptura loquitur, quid conveniat capiti, quid corpori, ita et in ista novissima aliquando in diabolum dicitur quod non in ipso, sed potius in eius corpore possit agnosci, quod habet non solum in eis qui manifestissime foris sunt, sed in eis etiam qui, cum ad ipsum pertineant, tamen ad tempus miscentur ecclesiae, donec unusquisque de hac vita exeat vel a frumento palea ventilabro ultimo separetur. **132.** Quod enim scriptum est apud Esaiam: *Quomodo cecidit de caelo Lucifer mane oriens* et cetera, quae sub figura regis Babyloniae de eadem persona vel ad eandem personam dicta sunt in ipsa contextione sermonis, de diabolo utique intelleguntur. Et tamen quod ibi dictum est: *Contritus est in terra qui mittit ad omnes gentes*, non totum ipsi capiti congruit. Nam etsi mittit ad omnes gentes diabolus angelos suos, tamen in terra corpus eius, non ipse, conteritur —

4 * I Ioh. 2, 18 10—11 cf. Matth. 25, 41 11—12 cf. Eph. 1, 22—23 20—21 cf. Matth. 3, 1 22—26 cf. Esai. 14, 12 LXX

deest C

4 filii] filioli *ET Vulg.* evangelium] de evangelio *Ambros. G. 58* 10 in] et *Ambros. G. 58* 12 regnum et gloriam sempiternam *S Eug.* 15 corpori quid capiti *DSM Eug.* ita] sic *edd.* 18 in eis non solum *SM* 23—24 vel ad eandem personam *om. ET* 26 in terra *om. Ambros. G. 58*

nisi quia ipse est in corpore suo, quod contritum fit pulvis, quem proiciet ventus a facie terrae.

56. **133.** Hae autem omnes regulae, excepta una quae vocatur De promissis et lege, aliud ex alio faciunt intellegi, quod est proprium tropicae locutionis, quae latius patet quam ut possit, ut mihi videtur, ab aliquo universa comprehendi. Nam ubicumque velut aliud dicitur ut aliud intellegatur, etsi nomen ipsius tropi in loquendi arte non invenitur, tropica locutio est. Quae cum fit ubi fieri solet, sine labore sequitur intellectus; cum vero ubi non solet, laboratur ut intellegatur, ab aliis magis ab aliis minus, sicut magis minusve dona dei sunt in ingeniis hominum vel adiutoria tribuuntur. **134.** Proinde sicut in verbis propriis, de quibus superius disputavimus, ubi res ut dicuntur intellegendae sunt, sic in translatis quae faciunt tropicas locutiones, ubi aliud ex alio intellegendum est, de quibus huc usque quantum visum est satis egimus, non solum admonendi sunt studiosi venerabilium litterarum ut in scripturis sanctis genera locutionum sciant, et quo modo apud eas dici aliquid soleat, vigilanter advertant memoriterque retineant, verum etiam, quod est praecipuum et maxime necessarium, orent ut intellegant. In eis quippe litteris quarum studiosi sunt legunt quoniam *Dominus dat sapientiam, et a facie eius scientia et intellectus*, a quo et ipsum studium, si pietate praeditum est, acceperunt.

135. Sed haec satis etiam de signis, quantum ad verba pertinet, dicta sint. Restat ut de proferendis eis quae sentimus sequenti volumine quae dominus donaverit dicamus.

1—2 cf. Ps. 1, 4   22—23 *Prov. 2, 6

---

deest C

---

1 ut pulvis *edd.* 2 proiciet *DSM Ambros. G. 58*, proiciat *KAQETB Eug.*, proiecit *P*, proicit *E^2B^2 edd.* 6 universa *om. Ambros. G. 58* 10 ut intellegatur *om. DKA Ambros. G. 58* 11 dei dona *M* 14 sic] si *DKA Ambros. G. 58* 18—19 aliquid dici *edd.* 22 dominus *om. DKA Ambros. G. 58* 26 sint] sunt *DSM* 27 dicamus] dicam *TB*, disseramus *PQ edd.*

LIBER QUARTUS

1. Hoc opus nostrum quod inscribitur De doctrina Christi- I. 1.
ana, in duo quaedam fueram prima distributione partitus. Nam post proemium, quo respondi eis qui hoc fuerant reprehensuri, *Duae sunt res*, inquam, *quibus nititur omnis tractatio scripturarum: modus inveniendi quae intellegenda sunt, et modus proferendi quae intellecta sunt. De inveniendo prius, de proferendo postea disseremus.* **2.** Quia ergo de inveniendo multa iam diximus et tria de hac una parte volumina absolvimus, adiuvante domino de proferendo pauca dicemus, ut si fieri potuerit, uno libro cuncta claudamus totumque hoc opus quattuor voluminibus terminetur.

3. Primo itaque expectationem legentium, qui forte me 2.
putant rhetorica daturum esse praecepta quae in scolis saecularibus et didici et docui, ista praelocutione cohibeo atque ut a me non expectentur admoneo; non quod nihil habeant utilitatis, sed quod, si quid habent, seorsum discendum est, si cui fortassis bono viro etiam haec vacat discere, non autem a me vel in hoc opere vel in aliquo alio requirendum.

4. Nam cum per artem rhetoricam et vera suadeantur et II. 3.
falsa, quis audeat dicere adversus mendacium in defensoribus suis inermem debere consistere veritatem, ut videlicet illi qui res falsas persuadere conantur, noverint auditorem vel bene-

5—8 p. 8, 8—11 supra

deest C

1 explicit liber tertius de doctrina christiana incipit liber quartus I· liber de rebus continentibus fidem II· de rebus et signis III· de signis et verbis IIII· de omnibus quae intelleguntur proferendis *α* 2 scribitur *ETB* 3 quaedam] quidem *P* fueram] fuerat *P*, fuerant E^2 prima *om. PT*, primum P^2 4 proemium] prohemium PET^2, proymium *AQ*, praemium *MB*, prooemium *edd.* 8 ergo *om. ET* 9—10 domino adiuvante *edd.* 14 rhetorica] rethorica *β S*, *alii aliter* 15 cohibeo *α*, prohibeo *β* 16 quod *om. DT* 17 quod *om. EB* si *om. ET* habeant PET^2B est discendum *K*, dicendum est *ETB*

volum vel intentum vel docilem proemio facere, isti autem non noverint? Illi falsa breviter, aperte, verisimiliter et isti vera sic narrent ut audire taedeat, intellegere non pateat, credere postremo non libeat? Illi fallacibus argumentis veritatem oppugnent, asserant falsitatem, isti nec vera defendere nec falsa valeant refutare? Illi animos audientium in errorem moventes impellentesque dicendo terreant, contristent, exhilarent, exhortentur ardenter, isti pro veritate lenti frigidique dormitent? Quis ita desipiat ut hoc sapiat? **5.** Cum ergo sit in medio posita facultas eloquii, quae ad persuadenda seu prava seu recta valet plurimum, cur non bonorum studio comparatur, ut militet veritati, si eam mali ad obtinendas perversas vanasque causas in usus iniquitatis et erroris usurpant?

III. 4. **6.** Sed quaecumque sunt de hac re observationes atque praecepta, quibus, cum accedit in verbis plurimis ornamentisque verborum linguae solertissima consuetudo, fit illa quae facundia vel eloquentia nominatur, extra istas litteras nostras, seposito ad hoc congruo temporis spatio, apta et convenienti aetate discenda sunt eis qui hoc celeriter possunt. **7.** Nam et ipsos Romanae principes eloquentiae non piguit dicere quod hanc artem nisi quis cito possit numquam omnino possit perdiscere. Quod utrum verum sit, quid opus est quaerere? Non enim, etiam si possint haec a tardioribus tandem aliquando perdisci, nos ea tanti pendimus ut eis discendis iam maturas vel etiam graves hominum aetates velimus impendi. **8.** Satis est ut adulescentulorum ista sit cura, nec ipsorum omnium quos utilitati ecclesiasticae cupimus erudiri, sed eorum quos nondum magis urgens et huic rei sine dubio praeponenda necessitas occupavit. Quoniam si acutum et fervens adsit in-

19—22 cf. Cic. De orat. 3, 146

deest C

1 docilem] docibilem α proemio] prooemio *edd., alii aliter* 6 errore *P*, errores *DSMT* 7 implentesque α 15 accidit *ASPETB* 16 exercitationis linguae *Q*, exercitatioris linguae *edd.* 18 convenientia *QET*[2] 20 dicere] discere *DKAM* 22 est opus β

genium, facilius adhaeret eloquentia legentibus et audientibus eloquentes quam eloquentiae praecepta sectantibus. **9.** Nec desunt ecclesiasticae litterae, etiam praeter canonem in auctoritatis arce salubriter collocatum, quas legendo homo capax, etsi id non agat, sed tantummodo rebus quae ibi dicuntur intentus sit, etiam eloquio quo dicuntur, dum in his versatur, induitur, accedente vel maxime exercitatione sive scribendi sive dictandi, postremo etiam dicendi, quae secundum pietatis ac fidei regulam sentit. **10.** Si autem tale desit ingenium, nec illa rhetorica praecepta capiuntur nec, si magno labore inculcata quantulacumque ex parte capiantur, aliquid prosunt. Quandoquidem etiam ipsi qui ea didicerunt et copiose ornateque dicunt, non omnes ut secundum ipsa dicant, possunt ea cogitare cum dicunt, si non de his disputant. Immo vero vix ullos eorum esse existimo qui utrumque possint, et dicere bene et ad hoc faciendum praecepta illa dicendi cogitare cum dicunt. **11.** Cavendum est enim ne fugiant ex animo quae dicenda sunt dum attenditur ut arte dicantur. Et tamen in sermonibus atque dictionibus eloquentium impleta reperiuntur praecepta eloquentiae, de quibus illi ut eloquerentur vel cum eloquerentur non cogitaverunt, sive illa didicissent sive ne attigissent quidem. Implent quippe illa, quia eloquentes sunt, non adhibent ut sint eloquentes.

12. Quapropter, cum ex infantibus loquentes non fiant nisi 5.
locutiones discendo loquentium, cur eloquentes fieri non possunt nulla eloquendi arte tradita, sed elocutiones eloquentium legendo et audiendo et, quantum assequi conceditur, imitando? Quid, quod ita fieri ipsis quoque experimur exemplis? Nam sine praeceptis rhetoricis novimus plurimos eloquentiores plurimis qui illa didicerunt, sine lectis vero et auditis

deest C

6 etiam *om. ET* 10—11 inculta *DSM* 11 capiuntur *K* 14 his] eis *E* disputatur *B* 18 dum *β*, cum *α* 22 quia] qui *TBK²* 24 eloquentes *E* 25 discendo] dicendo *SM*, *om. T* 25—26 possunt] possint *Q edd.* 28 quid *om. KS*

eloquentium disputationibus vel dictionibus neminem. **13.** Nam neque ipsa arte grammatica, qua discitur locutionis integritas, indigerent pueri, si eis inter homines qui integre loquerentur crescere daretur et vivere. Nescientes quippe ulla nomina vitiorum, quidquid vitiosum cuiusquam ore loquentis audirent, sana sua consuetudine reprehenderent et caverent, sicut rusticos urbani reprehendunt, etiam qui litteras nesciunt.

IV. 6. **14.** Debet igitur divinarum scripturarum tractator et doctor, defensor rectae fidei ac debellator erroris, et bona docere et mala dedocere atque in hoc opere sermonis conciliare aversos, remissos erigere, nescientibus quod agitur quid expectare debeant intimare. Ubi autem benivolos, intentos, dociles aut invenerit aut ipse fecerit, cetera peragenda sunt sicut postulat causa. Si docendi sunt qui audiunt, narratione faciendum est, si tamen indigeat, ut res de qua agitur innotescat. **15.** Ut autem quae dubia sunt certa fiant, documentis adhibitis ratiocinandum est. Si vero qui audiunt movendi sunt potius quam docendi, ut in eo quod iam sciunt agendo non torpeant et rebus assensum quas veras esse fatentur accomodent, maioribus dicendi viribus opus est. Ibi obsecrationes et increpationes, concitationes et coercitiones et quaecumque alia valent ad commovendos animos sunt necessaria.

7. **16.** Et haec quidem cuncta quae dixi omnes fere homines in his quae loquendo agunt, facere non quiescunt.

V. **17.** Sed cum alii faciant obtunse, deformiter, frigide, alii acute, ornate, vehementer, illum ad hoc opus unde agimus iam oportet accedere, qui potest disputare vel dicere sapienter, etiamsi non potest eloquenter, ut prosit audientibus, etiamsi minus, quam prodesset si et eloquenter posset dicere. Qui vero

---

deest C

---

7 reprehenderunt *K*, repraehenderent *Q* 9 ac *om. ET* 10 dedocere] docere *DASE*, edocere *M* 11 aversos] adversos *EB edd.* quod agitur] quid agitur *M*, quid agatur *edd.* 12 intimare *om. SM* 21 coercitiones *DKAQ*, coercitationes *SMPB*, *alii aliter* 24 loquendo] eloquendo *D m* agunt] arguunt *m mg* 25 obtuse PE^2 *edd.* 29 si et] sic *A*, si* *KS*, si MB^2

affluit insipienti eloquentia, tanto magis cavendus est quanto magis ab eo in his quae audire inutile est, delectatur auditor et eum quoniam diserte dicere audit, etiam vere dicere existimat. **18.** Haec autem sententia nec illos fugit qui artem rhetoricam docendam putarunt. Fassi sunt enim sapientiam sine eloquentia parum prodesse civitatibus, eloquentiam vero sine sapientia nimium obesse plerumque, prodesse numquam. Si hoc ergo illi, qui praecepta eloquentiae tradiderunt, in eisdem libris in quibus id egerunt, veritate instigante coacti sunt confiteri, veram, hoc est supernam quae a patre luminum descendit sapientiam nescientes, quanto magis nos non aliud sentire debemus, qui huius sapientiae filii et ministri sumus? **19.** Sapienter autem dicit homo tanto magis vel minus, quanto in scripturis sanctis magis minusve proficit, non dico in eis multum legendis memoriaeque mandandis, sed bene intellegendis et diligenter earum sensibus indagandis. Sunt enim qui eas legunt et neglegunt: legunt ut teneant, neglegunt ne intellegant. **20.** Quibus longe sine dubio praeferendi sunt qui verba earum minus tenent et cor earum sui cordis oculis vident. Sed utrisque ille melior qui et cum volet eas dicit et sicut oportet intellegit.

21. Huic ergo qui sapienter debet dicere etiam quod non 8.
potest eloquenter, verba scripturarum tenere maxime necessarium est. Quanto enim se pauperiorem cernit in suis, tanto eum oportet in istis esse ditiorem, ut quod dixerit suis verbis probet ex illis, et qui propriis verbis minor erat, magnorum testimonio quodam modo crescat. Probando enim delectat qui minus potest delectare dicendo. **22.** Porro qui non solum sapienter verum etiam eloquenter vult dicere, quoniam profecto plus proderit si utrumque potuerit, ad legendos vel

---

5—7 Cic. inv. 1, 1

---

deest C

---

5 fassi] professi *T* 8 ergo hoc *edd.* 14 profecit *QE edd.* 20 volet] vult *B* dicit] dicet *T* 26 maiorum *m mg*

audiendos et exercitatione imitandos eloquentes eum mitto libentius quam magistris artis rhetoricae vacare praecipio, si tamen hi qui leguntur et audiuntur, non solum eloquenter, sed etiam sapienter dixisse vel dicere veraci praedicatione laudantur. **23.** Qui enim eloquenter dicunt, suaviter, qui sapienter, salubriter audiuntur. Propter quod non ait scriptura 'Multitudo eloquentium', sed *Multitudo sapientium sanitas est orbis terrarum.* Sicut autem saepe sumenda sunt et amara salubria, ita semper vitanda est perniciosa dulcedo. Sed salubri suavitate vel suavi salubritate quid melius? Quanto enim magis illic appetitur suavitas, tanto facilius salubritas prodest. **24.** Sunt ergo ecclesiastici viri qui divina eloquia non solum sapienter, sed eloquenter etiam tractaverunt, quibus legendis magis non sufficit tempus quam deesse ipsi studentibus et vacantibus possunt.

VI. 9. **25.** Hic aliquis forsitan quaerit utrum auctores nostri, quorum scripta divinitus inspirata canonem nobis saluberrima auctoritate fecerunt, sapientes tantummodo an eloquentes etiam nuncupandi sunt. Quae quidem quaestio apud me ipsum et apud eos qui mecum quod dico sentiunt, facillime solvitur. Nam ubi eos intellego, non solum nihil eis sapientius, verum etiam nihil eloquentius mihi videri potest. Et audeo dicere omnes qui recte intellegunt quod illi loquuntur, simul intellegere non eos aliter loqui debuisse. **26.** Sicut est enim quaedam eloquentia quae magis aetatem iuvenilem decet, est quae senilem, nec iam dicenda est eloquentia si personae non congruat eloquentis, ita est quaedam quae viros summa auctoritate dignissimos planeque divinos decet. Haec illi locuti sunt, nec ipsos decet alia nec alios ipsa. Ipsis enim congruit; alios autem, quanto videtur humilior, tanto altius non ventositate,

---

7—8 Sap. 6, 26

---

deest C

---

11 illic magis *SM* facilius] felicius *ET* 14 ipsi] ipsis *ETB*, ipsa *M* 17 canones *ET* 20 sentiunt quod dico *SM*, quod dicunt sentiunt *B* 24 enim est *α*, autem est *Q* 25 est quae] esse quam *D²B*

sed soliditate transcendit. **27.** Ubi vero non eos intellego, minus quidem mihi apparet eorum eloquentia, sed eam non dubito esse talem, qualis est ubi intellego. Ipsa quoque obscuritas divinorum salubriumque dictorum tali eloquentiae miscenda fuerat, in qua proficere noster intellectus non solum inventione, verum etiam exercitatione deberet.

28. Possem quidem, si vacaret, omnes virtutes et ornamenta 10.
eloquentiae de quibus inflantur isti, qui linguam suam nostrorum auctorum linguae non magnitudine, sed tumore praeponunt, ostendere in istorum litteris sacris, quos nobis erudiendis et ab hoc saeculo pravo in beatum saeculum transferendis providentia divina providit. **29.** Sed non ipsa me plus quam dici potest, in illa eloquentia delectant, quae sunt his viris cum oratoribus gentilium poetisve communia. Illud magis admiror et stupeo, quod ista nostra eloquentia ita usi sunt per alteram quandam eloquentiam suam, ut nec deesset eis nec emineret in eis, quia eam nec improbari ab illis nec ostentari oportebat. Quorum alterum fieret si vitaretur, alterum putari posset si facile agnosceretur. **30.** Et in quibus forte locis agnoscitur a doctis, tales res dicuntur, ut verba quibus dicuntur, non a dicente adhibita, sed ipsis rebus velut sponte subiuncta videantur, quasi sapientiam de domo sua, id est, pectore sapientis intellegas procedere et tamquam inseparabilem famulam etiam non vocatam sequi eloquentiam.

31. Quis enim non videat quid voluerit dicere et quam sa- VII. 11.
pienter dixerit apostolus: *Gloriamur in tribulationibus, scientes quia tribulatio patientiam operatur, patientia autem probationem, probatio vero spem, spes autem non confundit; quia caritas dei diffusa est in cordibus nostris per spiritum sanctum qui datus est nobis.* Hic si quis, ut ita dixerim, imperite peritus artis eloquen-

26—30 Rom. 5, 3—5

deest C

2 sed eam tamen *edd.* 16 suam *om. PQ* 20—21 a dicente] adiciente *ET* 23 intellegas procedere *α*, procedere intellegas *β* 28 vero] autem *K*

tiae praecepta apostolum secutum fuisse contendat, nonne a Christianis doctis indoctisque ridebitur? **32.** Et tamen agnoscitur hic figura quae climax graece, latine vero a quibusdam est appellata gradatio, quoniam scalam dicere noluerunt, cum verba vel sensa conectuntur alterum ex altero; sicut hic ex tribulatione patientiam, ex patientia probationem, ex probatione spem conexam videmus. Agnoscitur et aliud decus, quoniam post aliqua pronuntiationis voce singula finita, quae nostri membra et caesa, Graeci autem cola et commata vocant, sequitur ambitus sive circuitus, quem periodon illi appellant, cuius membra suspenduntur voce dicentis, donec ultimo finiatur. **33.** Nam eorum quae praecedunt circuitum, membrum illud est primum *quoniam tribulatio patientiam operatur*, secundum *patientia autem probationem*, tertium *probatio vero spem*. Deinde subiungitur ipse circuitus, qui tribus peragitur membris, quorum primum est *spes autem non confundit*, secundum *quoniam caritas dei diffusa est in cordibus nostris*, tertium *per spiritum sanctum qui datus est nobis*. At haec atque huius modi in elocutionis arte traduntur. Sicut ergo apostolum praecepta eloquentiae secutum fuisse non dicimus, ita quod eius sapientiam secuta sit eloquentia non negamus.

12. **34.** Scribens ad Corinthios, in secunda epistola redarguit quosdam qui erant ex Iudaeis pseudapostoli eique detrahebant. Et quoniam se ipsum praedicare compellitur, hanc sibi velut insipientiam tribuens quam sapienter dicit quamque eloquenter! Sed comes sapientiae, dux eloquentiae, illam sequens, istam praecedens et sequentem non respuens. **35.** *Iterum dico*, inquit, *ne quis me existimet insipientem esse; alioquin velut insipientem suscipite me, ut et ego modicum quid glorier.*

27—126, 23 *II Cor. 11, 16—30

---

deest C

---

3 climax *litteris Romanis scriptum α ETB*, cum ex *PQ* 4 scalam scalam *DSM* 5 connectuntur *Q edd.*, conectitur *B* 7 vidimus *P* 11—12 finiantur *PQ*T^2B^2 17 quoniam] quia *Vulg. edd.* 18 sanctum *om. E* at] ad *PQ*, et *T* 29 et ego] ego *QE*, ergo *T*

[17] *Quod loquor, non loquor secundum deum, sed quasi in stultitia, in hac substantia gloriae.* [18] *Quoniam quidem multi gloriantur secundum carnem, et ego gloriabor.* [19] *Libenter enim sustinetis insipientes, cum sitis sapientes.* [20] *Toleratis enim si quis vos in servitutem redigit, si quis devorat, si quis accipit, si quis extollitur, si quis in faciem vos caedit.* [21] *Secundum ignobilitatem dico, quasi nos infirmati sumus. In quo autem quis audet (in insipientia dico),* [22] *audeo et ego. Hebraei sunt? et ego. Israhelitae sunt? et ego. Semen Abrahae sunt? et ego.* [23] *Ministri Christi sunt? insipiens dico, super ego. In laboribus plurimum, in carceribus abundantius, in plagis supra modum, in mortibus saepius.* [24] *A Iudaeis quinquies quadraginta una minus accepi.* [25] *Ter virgis caesus sum, semel lapidatus sum, ter naufragium feci; nocte et die in profundo maris fui;* [26] *in itineribus saepe, periculis fluminum, periculis latronum, periculis ex genere, periculis ex gentibus, periculis in civitate, periculis in deserto, periculis in mari, periculis in falsis fratribus;* [27] *in labore et aerumna, in vigiliis saepius, in fame et siti, in ieiuniis saepius, in frigore et nuditate;* [28] *praeter illa quae extrinsecus sunt, incursus in me cotidianus, sollicitudo omnium ecclesiarum.* [29] *Quis infirmatur, et ego non infirmor? Quis scandalizatur, et ego non uror?* [30] *Si gloriari oportet, in his quae infirmitatis meae sunt gloriabor.* Quanta sapientia ista sint dicta vigilantes vident, quanto vero etiam eloquentiae concurrerint flumine, et qui stertit advertit.

36. Porro autem qui novit, agnoscit quod ea caesa quae 13.
commata Graeci vocant, et membra et circuitus, de quibus paulo ante disserui, cum decentissima varietate interpone-

---

deest C

---

4 sitis ipsi *KET Vulg.* (ipsi *om. cett. cum Graeco*) 6 caedit *DQB*, cedit *cett.*, coedit *m* 7 sumus] simus E^2T^2B *m*, sunt *E*, fuerimus *P Vulg.* 7—8 insipientiam *DPE* 9 sunt Christi *DM* 10 insipiens] et ego insipiens *KA*, in insipiens *QT*, ut minus sapiens *Vulg.* super] plus *P Vulg.* plurimis *P* 14 profundum *B* 18 saepius] multis *PB* 21 ego *om. EB*, et non ego *AB* 23 videant *E* 25 stertit] steterit *DK*, sterterit *SM* 28 cum *β*, quam *α*

rentur, totam istam speciem dictionis et quasi eius vultum, quo etiam indocti delectantur moventurque, fecerunt. **37.** Nam unde coepimus hunc locum inserere, circuitus sunt. Primus minimus, hoc est bimembris; minus enim quam duo membra circuitus habere non possunt, plura vero possunt. Ergo ille primus est: *Iterum dico, ne quis me existimet insipientem esse.* Sequitur alius trimembris: *Alioquin velut insipientem suscipite me, ut et ego modicum quid glorier.* **38.** Tertius qui sequitur membra habet quattuor: *Quod loquor, non loquor secundum deum, sed quasi in stultitia, in hac substantia gloriae.* Quartus duo habet: *Quoniam quidem multi gloriantur secundum carnem, et ego gloriabor.* Et quintus duo: *Libenter enim sustinetis insipientes, cum sitis sapientes.* Etiam sextus bimembris est: *Toleratis enim, si quis vos in servitutem redigit.* Sequuntur tria caesa: *Si quis devorat, si quis accipit, si quis extollitur.* **39.** Deinde tria membra: *Si quis in faciem vos caedit, secundum ignobilitatem dico, quasi nos infirmati sumus.* Additur trimembris circuitus: *In quo autem quis audet (in insipientia dico), audeo et ego.* Hinc iam singulis quibusque caesis interrogando positis singula itidem caesa responsione redduntur, tria tribus: *Hebraei sunt? et ego. Israhelitae sunt? et ego. Semen Abrahae sunt? et ego.* Quarto autem caeso simili interrogatione posito non alterius caesi, sed membri oppositione respondet: *Ministri Christi sunt? (insipiens dico) super ego.* **40.** Iam caesa quattuor sequentia, remota decentissima interrogatione, funduntur: *In laboribus plurimum, in carceribus abundantius, in plagis supra modum, in mortibus saepius.* Deinde interponitur brevis circuitus, quoniam suspensa pronuntiatione distinguendum est: *A Iudaeis quinquies,* ut hoc sit unum membrum, cui

---

deest C

---

4 minimus] minus *PET* 8 et *om. KQ* 10 deum] dominum *KAQ* 11 quoniam] quando *edd.* 12 quintus habet *edd.* 13 sitis ipsi *B edd.* 17 simus *ETB edd.* 24 insipiens] et ego insipiens *PE* 25 sequentia] sententia *DSM* decentissime D^2 *edd.* 27 saepius] frequenter *PE Vulg.* 28 quoniam] qui D^2 *m mg* distinguendus D^2 *m mg*

conectitur alterum: *Quadraginta una minus accepi.* **41.** Inde reditur ad caesa et ponuntur tria: *Ter virgis caesus sum, semel lapidatus sum, ter naufragium feci.* Sequitur membrum: *Nocte et die in profundo maris fui.* Deinde quattuordecim caesa decentissimo impetu profluunt: *In itineribus saepe, periculis fluminum, periculis latronum, periculis ex genere, periculis ex gentibus, periculis in civitate, periculis in deserto, periculis in mari, periculis in falsis fratribus; in labore et aerumna, in vigiliis saepius, in fame et siti, in ieiuniis saepius, in frigore et nuditate.* **42.** Post haec interponit trimembrem circuitum: *Praeter illa quae extrinsecus sunt, incursus in me cotidianus, sollicitudo omnium ecclesiarum.* Et huic duo membra percontatione subiungit: *Quis infirmatur, et ego non infirmor? Quis scandalizatur, et ego non uror?* Postremo totus iste quasi anhelans locus bimembri circuitu terminatur: *Si gloriari oportet, in his quae infirmitatis meae sunt gloriabor.* **43.** Quod vero post hunc impetum interposita narratiuncula quodam modo requiescit et requiescere auditorem facit, quid decoris et delectationis habeat satis dici non potest. Sequitur enim dicens: *Deus et pater domini Iesu scit, qui est benedictus in saecula, quia non mentior.* Ac deinde quo modo periclitatus fuerit et quo modo evaserit brevissime narrat.

44. Longum est cetera persequi vel in aliis sanctarum scrip- 14.
turarum locis ista monstrare. Quid, si etiam figuras locutionis quae illa arte traduntur, in his saltem quae de apostoli eloquio commemoravi, ostendere voluissem? Nonne facilius graves homines me nimium quam quisquam studiosorum sibi sufficientem putaret? **45.** Haec omnia quando a magistris docen-

19—21 *II Cor. 11, 31

deest C

4 et] ac *edd.* profundum *AQT* 13 ego non] non ego *A*, non (*om.* ego) *ETB* 14 ego non] non ego *AQTB*, non (*om.* ego) *E* 18 facit auditorem *edd.* et] quid *edd.* 20 domini nostri *E edd.* Iesu Christi *K*²*SE edd.* quia] quod *E Vulg. edd.* 22 enarret *K* 24 demonstrare *ET* 25 ad apostoli eloquium *ET*

tur, pro magno habentur, magno emuntur, magna iactatione venduntur. Quam iactationem etiam ego redolere vereor, dum ista sic dissero. Sed male doctis hominibus respondendum fuit, qui nostros auctores contemnendos putant, non quia non habent, sed quia non ostentant quam nimis isti diligunt eloquentiam.

15. **46.** Sed forte quis putat tamquam eloquentem nostrum elegisse me apostolum Paulum. Videtur enim ubi ait: *Etsi imperitus sermone, sed non scientia*, quasi concedendo obtrectatoribus sic locutus, non tamquam id verum agnosceret confitendo. Si autem dixisset: 'Imperitus quidem sermone, sed non scientia', nullo modo aliud posset intellegi. Scientiam plane non cunctatus est profiteri, sine qua esse doctor gentium non valeret. **47.** Certe si quid eius proferimus ad exemplum eloquentiae, ex illis epistolis utique proferimus quae etiam ipsi obtrectatores eius, qui sermonem praesentis contemptibilem putari volebant, graves et fortes esse confessi sunt. **48.** Dicendum ergo mihi aliquid esse video et de eloquentia prophetarum, ubi per tropologiam multa obteguntur. Quae quanto magis translatis verbis videntur operiri, tanto magis cum fuerint aperta dulcescunt. Sed hoc loco tale aliquid commemorare debeo, ubi quae dicta sunt non cogar exponere, sed commendem tantum quo modo dicta sint. Et ex illius prophetae libro potissimum hoc faciam, qui se pastorem vel armentarium fuisse dicit atque inde divinitus ablatum atque missum ut dei populo prophetaret. Non autem secundum Septuaginta interpretes, qui etiam divino Spiritu interpretati ob hoc aliter videntur nonnulla dixisse, ut ad spiritalem sensum scrutandum magis admoneretur lectoris intentio, unde

8—9 II Cor. 11, 6

deest C

1 *alt.* magno β, pro magno α emuntur pretio *m*   4 auctores *om. E*   5 ostendunt *P*   7 nostrum β *M*, nostrorum *DKASM*^{2} 11 sermone et non addidisset *DKSM*   17 putari] parere *Lond. BM Add. 11873*, vel parere *D s. l.*   esse] eius *DM*, *om. SM*^{2} 22 sunt] sint *QT*, *om. E*   23 sint] sunt *PB*

etiam obscuriora nonnulla quia magis tropica sunt eorum, sed sicut ex Hebraeo in Latinum eloquium presbytero Hieronymo utriusque linguae perito interpretante translata sunt.

49. Cum igitur argueret impios, superbos, luxuriosos et 16.
fraternae ideo neglegentissimos caritatis, rusticus vel ex rustico iste propheta exclamavit, dicens: *Vae qui opulenti estis in Sion, et confiditis in monte Samariae, optimates capita populorum, ingredientes pompatice domum Israhel:* [2] *Transite in Chalanne et videte et ite inde in Emath magnam et descendite in Geth Palaestinorum et ad optima quaeque regna horum, si latior terminus eorum termino vestro est.* [3] *Qui separati estis in diem malum et appropinquatis solio iniquitatis,* [4] *qui dormitis in lectis eburneis et lascivitis in stratis vestris, qui comeditis agnum de grege et vitulos de medio armenti,* [5] *qui canitis ad vocem psalterii. Sicut David putaverunt se habere vasa cantici,* [6] *bibentes in phialis vinum, et optimo unguento delibuti, et nihil patiebantur super contritione Ioseph.* **50.** Numquidnam isti, qui prophetas nostros tamquam ineruditos et elocutionis ignaros velut docti disertique contemnunt, si aliquid tale vel in tales dicendum fuisset, aliter se voluissent dicere, qui tamen eorum insanire noluissent?

51. Quid enim est quod isto eloquio aures sobriae plus desi- 17.
derent? Prima ipsa invectio quasi sopitis sensibus ut evigilarent quo fremitu inlisa est! *Vae vobis qui opulenti estis in Sion, et confiditis in monte Samariae, optimates capita populorum, ingredientes pompatice domum Israhel!* Deinde, ut beneficiis dei, qui eis ampla spatia regni dedit, ostendat ingratos, quoniam confidebant in monte Samariae, ubi utique idola colebantur, *Transite,* inquit, *in Chalanne et videte et ite inde in Emath magnam et descendite in Geth Palaestinorum et ad*

6—17 Amos 6, 1—6

deest C

5 rusticos *DKAME* 18 locutionis *KQ* 19 veluti *edd.* dissertique *PE,* desertique *DT* 21 noluissent] voluissent *KAPE* 24 vobis *om. Vulg. edd. cf. l. 6 supra* 28 utique] antique *P*

optima quaeque regna horum, si latior terminus eorum termino vestro est. **52.** Simul etiam cum ista dicuntur, locorum nominibus tamquam luminibus ornatur eloquium, quae sunt Sion, Samaria, Chalanne, Emath magna et Geth Palaestinorum. Deinde verba quae his adiunguntur locis decentissime variantur: *Opulenti estis, confiditis, transite, ite, descendite.*

18. **53.** Consequenter denuntiatur futura sub iniquo rege adpropinquare captivitas, cum adiungitur: *Qui separati estis in diem malum et adpropinquatis solio iniquitatis.* Tunc subiciuntur merita luxuriae: *Qui dormitis in lectis eburneis et lascivitis in stratis vestris, qui comeditis agnum de grege et vitulos de medio armenti.* Ista sex membra tres bimembres circuitus ediderunt. **54.** Non enim ait: 'Qui separati estis in diem malum, qui adpropinquatis solio iniquitatis, qui dormitis in lectis eburneis, qui lascivitis in stratis vestris, qui comeditis agnum de grege, qui vitulos de medio armenti'. Quod si ita diceretur, esset quidem et hoc pulchrum ut ab uno pronomine repetito omnia sex membra decurrerent et pronuntiantis voce singula finirentur. Sed pulchrius factum est ut eidem pronomini essent bina subnexa, quae tres sententias explicarunt: unam ad captivitatis praenuntiationem: *Qui separati estis in diem malum et adpropinquatis solio iniquitatis;* alteram ad libidinem: *Qui dormitis in lectis eburneis et lascivitis in stratis vestris;* ad voracitatem vero tertiam pertinentem: *Qui comeditis agnum de grege et vitulos de medio armenti*, ut in potestate sit pronuntiantis, utrum singula finiat et membra sint sex, an primum et tertium et quintum voce suspendat et secundum primo, quartum tertio, sextum quinto conectendo tres bimembres circuitus decentissime faciat: unum quo calamitas immi-

---

deest C

---

5 his] hic *B* 7—8 adpropinquare] propinquare T^2*B*, *om. ET* 9 tunc] tum *QB* 13 ediderunt] reddiderunt *B* 16 qui] et *edd.* quod *om. m* 18 omnia] singula *edd.* 20 sententias] substantias *DSM* explicarent T^2 *edd.* 24 voracitatem] humanitatem *B* 24—25 comeditis inquit *β* 25 de medio armenti] de armento *B* 26 finiant *DSMET*

nens, alterum quo lectus impurus, tertium quo prodiga mensa monstratur.

55. Deinde luxuriosam remordet aurium voluptatem. Ubi 19.
cum dixisset: *Qui canitis ad vocem psalterii*, quoniam potest exerceri sapienter a sapientibus musica, mirabili decore dicendi, invectionis impetu relaxato, et non ad illos sed de illis iam loquens, ut nos musicam sapientis a musica luxuriantis distinguere commoneret, non ait: 'Qui canitis ad vocem psalterii et sicut David putatis vos habere vasa cantici', **56.** sed cum illud ad illos dixisset quod luxuriosi audire deberent: *Qui canitis ad vocem psalterii*, imperitiam quoque eorum aliis quodam modo indicavit, adiungens: *Sicut David putaverunt se habere vasa cantici, bibentes in phialis vinum et optimo unguento delibuti.* Tria haec melius pronuntiantur si suspensis duobus prioribus membris circuitus tertio finiantur.

57. Iam vero quod his omnibus adicitur: *Et nihil patie-* 20.
bantur super contritione Ioseph, sive continuatim dicatur ut unum sit membrum, sive decentius suspendatur: *et nihil patiebantur*, et post hanc distinctionem inferatur: *super contritione Ioseph*, atque sit bimembris circuitus, miro decore non dictum est: 'Nihil patiebantur super contritione fratris', sed positus est pro fratre 'Ioseph', ut quicumque frater proprio significaretur eius nomine, cuius ex fratribus fama praeclara est, vel in malis quae pendit, vel in bonis quae rependit. **58.** Iste certe tropus ubi Ioseph quemcumque fratrem facit intellegi, nescio utrum illa quam didicimus arte tradatur. Quam sit tamen pulcher et quem ad modum afficiat legentes atque intellegentes, non opus est cuiquam dici, si ipse non sentit.

59. Et plura quidem quae pertineant ad praecepta eloquen- 21.

---

deest C

---

1 quo lectus] collectus *PET* 2 monstretur *PQET edd.* 15 circuitu *PQET* finiant *D*, finiatur *KASM* 17 contritionem *DKAM* continuatum *PQE* 19 contritionem *DKAPETB* 21 contritionem *AMET* 24 certe] ergo α 26 illa *om. QE* didicimus] dicimus *MET* 29 pertinent *edd.*

tiae, in hoc ipso loco quem pro exemplo posuimus, possunt repperiri. Sed bonum auditorem non tam, si diligenter discutiatur, instruit, quam, si ardenter pronuntietur, accendit. Neque enim haec humana industria composita, sed divina mente sunt fusa et sapienter et eloquenter, non intenta in eloquentiam sapientia, sed a sapientia non recedente eloquentia. **60.** Si enim, sicut quidam disertissimi atque acutissimi viri videre ac dicere potuerunt, ea quae oratoria velut arte discuntur, non observarentur et notarentur et in hanc doctrinam redigerentur, nisi prius in oratorum invenirentur ingeniis, quid mirum si et in istis inveniuntur quos ille misit qui fecit ingenia? Quapropter et eloquentes quidem, non solum sapientes canonicos nostros auctores doctoresque fateamur tali eloquentia qualis personis eius modi congruebat.

III. 22. **61.** Sed nos etsi de litteris eorum quae sine difficultate intelleguntur, nonnulla sumimus elocutionis exempla, nequaquam putare debemus imitandos nobis eos esse in his, quae ad exercendas et elimandas quodam modo mentes legentium et ad rumpenda fastidia atque acuenda studia discere volentium, celandos quoque, sive ut ad pietatem convertantur sive ut a mysteriis secludantur, animos impiorum utili ac salubri obscuritate dixerunt. **62.** Sic quippe illi locuti sunt, ut posteriores, qui eos recte intellegerent et exponerent, alteram gratiam, disparem quidem, verumtamen subsequentem in dei ecclesia repperirent. Non ergo expositores eorum ita loqui debent, tamquam se ipsi exponendos simili auctoritate proponant,

7—10 cf. Cic. De orat. 1, 146; Brutus 30. 46

deest C

2 auditorem] auctorem *ET* 2—3 discutiantur *B* 6 sed] et *E* a] *om. PT* 8 velut oratoria *edd.* 10 non redigerentur *edd.* 11 facit *PQ edd.* 12 et *om. P* 13 fatemur *P* 14 eloquentia usos *Q m mg* 17 putare] computare *E*, tamen putare *PQ edd.* eos nobis *edd.* 19 ad *om.* KM^2 acuenda] cavenda *DS*, ad acuenda *B* 20 celandos] zelandos *M m mg* ad] a *E*, *om. DK* 21 mysteriis] ministeriis *DM* 26 ipsi] et ipsi *ETB*, ipsos K^2 proponunt *ET*

sed in omnibus sermonibus suis primitus ac maxime ut intellegantur elaborent, ea quantum possunt perspicuitate dicendi, ut aut multum tardus sit qui non intellegit, aut in rerum quas explicare atque ostendere volumus difficultate ac subtilitate, non in nostra locutione sit causa qua minus tardiusve quod dicimus possit intellegi.

63. Sunt enim quaedam quae vi sua non intelleguntur aut IX. 23.
vix intelleguntur, quantolibet et quantumlibet quamvis planissime dicentis versentur eloquio. Quae in populi audientiam vel raro, si aliquid urget, vel numquam omnino mittenda sunt. In libris autem, qui ita scribuntur ut ipsi sibi quodam modo lectorem teneant cum intelleguntur, cum autem non intelleguntur molesti non sint nolentibus legere, et in aliquorum conlocutionibus non est hoc officium deserendum, ut vera quamvis ad intellegendum difficillima, quae ipsi iam percepimus, cum quantocumque labore disputationis ad aliorum intellegentiam perducamus, si tenet auditorem vel conlocutorem discendi cupiditas nec mentis capacitas desit, quae quoquo modo intimata possit accipere, non curante illo qui docet quanta eloquentia doceat, sed quanta evidentia.

64. Cuius evidentiae diligens appetitus aliquando neglegit X. 24.
verba cultiora nec curat quid bene sonet, sed quid bene indicet atque intimet quod ostendere intendit. Unde ait quidam, cum de tali genere locutionis ageret, esse in ea quandam diligentem neglegentiam. Haec tamen sic detrahit ornatum ut sordes non contrahat. **65.** Quamvis in bonis doctoribus tanta docendi cura

23—25 cf. Cic. Orat. 78

deest C

2 ea] et *PET* 3 intellegat *SP^2Q edd.* 4 atque] aut *P*, aut quas *E*, at *T* 5 qua] quo *QB edd.* 7 vi sua] via sua *DKS*, vi suam *E*, visu aut *B* 9 audientia *E* 10 urguet *DSMP^2E* 13 nolentibus] volentibus *PE* 15 difficillima ad intellegendum *edd.* 17 conloquutorem *α*, collocutorem *edd.* 18 desit] deficit *α* quoquo] quo *DKAPET*, *om. S* 22 sed quid] sed qui *DAS* 24 genere tali *PETB* elocutionis *β* 25 detrahit] trahit *DKA* 26 in] a *DSM*

sit vel esse debeat, ut verbum quod nisi obscurum sit vel ambiguum, latinum esse non potest, vulgi autem more sic dicitur ut ambiguitas obscuritasque vitetur, non sic dicatur ut a doctis, sed potius ut ab indoctis dici solet. Si enim non piguit dicere interpretes nostros: *Non congregabo conventicula eorum de sanguinibus*, quoniam senserunt ad rem pertinere ut eo loco pluraliter enuntiaretur hoc nomen, quod in latina lingua singulariter tantummodo dicitur, cur pietatis doctorem pigeat imperitis loquentem, ossum potius quam os dicere, ne ista syllaba non ab eo quod sunt ossa, sed ab eo quod sunt ora intellegatur, ubi Afrae aures de correptione vocalium vel productione non iudicant? **66.** Quid enim prodest locutionis integritas quam non sequitur intellectus audientis, cum loquendi omnino nulla sit causa si quod loquimur non intellegunt propter quos ut intellegant loquimur? Qui ergo docet, vitabit verba omnia quae non docent, et si pro eis alia quae integra intellegantur potest dicere, id magis eliget. Si autem non potest, sive quia non sunt sive quia in praesentia non occurrunt, utetur etiam verbis minus integris, dum tamen res ipsa doceatur atque discatur integre.

25. **67.** Et hoc quidem non solum in conlocutionibus, sive fiant cum aliquo uno sive cum pluribus, verum etiam et multo magis in populis quando sermo promitur, ut intellegamur instandum est, quia in conlocutionibus est cuique interrogandi potestas, ubi autem omnes tacent ut audiatur unus et in eum intenta ora convertunt, ibi ut requirat quisque quod non intellexerit, nec moris est nec decoris, ac per hoc debet maxime

5 Ps. 15, 4

deest C

4 enim] ergo *PT* 7—8 singulariter dicitur tantummodo *P*, tant. sing. dicitur *edd.* 8 quur α *B* 11 afrae] vafrae D^2P *s. l. Q* 16 omnia verba *K edd.* integra quae *edd.*, quae (integra *om.*) *Q* 17 eliget] eligit *T*, eligat D^2PT^2B, elegit *K* 19 utetur] utitur *ET*, utatur T^2B 20 integra *DSM* 21 conlocutionibus] loquutionibus *DSM*, collocu- *B edd.* 22 et *om. Q edd.* 23 intellegatur P^2TB

tacenti subvenire cura dicentis. **68.** Solet autem motu suo significare utrum intellexerit cognoscendi avida multitudo. Quod donec significet, versandum est quod agitur multimoda varietate dicendi; quod in potestate non habent qui praeparata et ad verbum memoriter retenta pronuntiant. Mox ut autem intellectum esse constiterit, aut sermo finiendus aut in alia transeundum est. **69.** Sicut enim gratus est qui cognoscenda enubilat, sic onerosus qui cognita inculcat, eis dumtaxat quorum tota expectatio in dissolvenda eorum quae panduntur difficultate pendebat. Nam delectandi gratia etiam nota dicuntur, ubi non ipsa, sed modus quo dicuntur adtenditur. Quod si et ipse iam notus est atque auditoribus placet, paene nihil interest utrum is qui dicit dictor an lector sit. **70.** Solent enim et ea quae commode scripta sunt non solum ab eis quibus primitus innotescunt iucunde legi, verum ab his etiam quibus iam nota sunt neque adhuc illa de memoria delevit oblivio, non sine iucunditate relegi vel ab utrisque libenter audiri. Quae autem quisque iam oblitus est, cum commonetur, docetur. Sed de modo delectandi nunc non ago; de modo quo docendi sunt qui discere desiderant loquor. **71.** Is est autem optimus quo fit ut qui audit verum audiat et quod audit intellegat. Ad quem finem cum ventum fuerit, nihil tunc amplius de ipsa re tamquam diutius docenda laborandum est, sed forte de commendanda ut in corde figatur. Quod si faciendum videbitur, ita modeste faciendum est ne perveniatur ad taedium.

72. Prorsus haec est in docendo eloquentia, qua fit dicendo, XI. 26.
non ut libeat quod horrebat aut ut fiat quod pigebat, sed ut appareat quod latebat. Quod tamen si fiat insuaviter, ad paucos quidem studiosissimos suos pervenit fructus, qui ea quae

deest C

1 autem] enim *PET* 5 autem ut *PQT*[2] *edd.*, autem (ut *om.*) *B* 6 constituerit *PT* 8 onerosus est *edd.* 11 modus] motus *PQ* 13 an] vel *edd.* 14 eis] his *β*, iis *edd.* 17 relegi] religi *AS*[2], regi *K* 18 commonetur] commemoratur *S* 20 autem est *edd.*, autem (est *om.*) *KB* 22 cum ventum] conventum *ET* 29 suos] suus *PETB edd.*, *om. Q*

discenda sunt, quamvis abiecte inculteque dicantur, scire desiderant. Quod cum adepti fuerint, ipsa delectabiliter veritate pascuntur, bonorumque ingeniorum insignis est indoles in verbis verum amare, non verba. **73.** Quid enim prodest clavis aurea, si aperire quod volumus non potest? Aut quid obest lignea, si hoc potest? quando nihil quaerimus nisi patere quod clausum est. Sed quoniam inter se habent nonnullam similitudinem vescentes atque discentes, propter fastidia plurimorum etiam ipsa sine quibus vivi non potest alimenta condienda sunt.

II. 27. **74.** Dixit ergo quidam eloquens, et verum dixit, ita dicere debere eloquentem ut doceat, ut delectet, ut flectat. Deinde addidit: *Docere necessitatis est, delectare suavitatis, flectere victoriae.* Horum trium quod primo loco positum est, hoc est docendi necessitas, in rebus est constituta quas dicimus, reliqua duo in modo quo dicimus. Qui ergo dicit cum docere vult, quamdiu non intellegitur, nondum se existimet dixisse quod vult ei quem vult docere, quia etsi dixit quod ipse intellegit, nondum illi dixisse putandus est a quo intellectus non est; si vero intellectus est, quocumque modo dixerit, dixit. **75.** Quod si etiam delectare vult eum cui dicit, aut flectere, non quocumque modo dixerit faciet, sed interest quo modo dicat, ut faciat. Sicut est autem ut teneatur ad audiendum, delectandus auditor, ita flectendus, ut moveatur ad agendum. Et sicut delectatur si suaviter loqueris, ita flectitur si amet quod polliceris, timeat quod minaris, oderit quod arguis, quod commendas amplectatur, quod dolendum exaggeras doleat, cum quid laetandum praedicas gaudeat, misereatur eorum quos miserandos ante oculos dicendo constituis, fugiat eos quos caven-

---

13—14 Cic. Orat. 69

---

deest C

---

1 dicenda *SM* 3 indolis *PET* 8 discentes] dicentes *PQEB* 9 non potest vivi α 10 sunt *om. DSM* 11 ergo] enim *PET* 14 positum] obpositum *P* 15 dicimus] didicimus *DKM* 18 intellexit *ET* 22 faciat *PT* ut] aut *PET* 23 faciat] faciet *DM* 25 loquaris *Q edd.*

dos terrendo proponis, et quidquid aliud grandi eloquentia fieri potest ad commovendos animos auditorum, non quid agendum sit ut sciant, sed ut agant quod agendum esse iam sciunt.

76. Si autem adhuc nesciunt, prius utique docendi sunt 28.
quam movendi. Et fortasse rebus ipsis cognitis ita movebuntur ut eos non opus sit maioribus eloquentiae viribus iam moveri. Quod tamen cum opus est, faciendum est; tunc autem opus est, quando cum scierint quid agendum sit, non agunt. Ac per hoc docere necessitatis est. Possunt enim homines et agere et non agere quod sciunt. Quis autem dixerit eos agere debere quod nesciunt? Et ideo flectere necessitatis non est, quia non semper opus est, si tantum docenti vel etiam delectanti consentit auditor. Ideo autem victoriae est, quia fieri potest ut et doceatur et delectetur et non adsentiatur. **77.** Quid autem illa duo proderunt, si desit hoc tertium? Sed neque delectare necessitatis est, quandoquidem cum dicendo vera monstrantur — quod ad officium docendi pertinet —, non eloquio agitur neque hoc adtenditur ut vel ipsa vel ipsum delectet eloquium, sed per se ipsa, quoniam vera sunt, manifestata delectant. Unde plerumque delectant etiam falsa patefacta atque convicta. Neque enim delectant quia falsa sunt, sed quia falsa esse verum est, delectat et dictio qua hoc verum esse monstratum est.

78. Propter eos autem quibus fastidientibus non placet XIII. 29.
veritas si alio quocumque modo, sed si eo modo dicatur ut placeat et sermo dicentis, datus est in eloquentia non parvus etiam delectationi locus. Quae tamen addita non sufficit duris, quos nec intellexisse nec docentis elocutione delectatos esse

deest C

7 iam moveri] ammoveri *ET* 11 dixit *ET* 13 docendi *SM* delectandi *DSM* 13—14 consentiat *PET* 14 est flectere *edd.* et *om. m* 16 delectari *SPT* 17 necessitas *T* 20 manifesta *KB* 22 falsum esse *Q* 26 aliquocumque *APQE* sed si] sed si in *PET*, nisi *edd.* ut] et *ET* 27 dicenti *PE*

profuerit. Quid enim haec duo conferunt homini qui et confitetur verum et conlaudat eloquium nec inclinat adsensum, propter quem solum, cum aliquid suadetur, rebus quae dicuntur invigilat dicentis intentio? **79.** Si enim talia docentur quae credere vel nosse sufficiat, nihil est aliud eis consentire nisi confiteri vera esse. Cum vero id docetur quod agendum est, et ideo docetur ut agatur, frustra persuadetur verum esse quod dicitur, frustra placet modus ipse quo dicitur, si non ita discitur ut agatur. Oportet igitur eloquentem ecclesiasticum, quando suadet aliquid quod agendum est, non solum docere ut instruat et delectare ut teneat, verum etiam flectere ut vincat. **80.** Ille quippe iam remanet ad consensionem flectendus eloquentiae granditate, in quo id non egit usque ad eius confessionem demonstrata veritas, adiuncta etiam suavitate dictionis.

XIV. 30. **81.** Cui suavitati tantum operae inpensum est ab hominibus, ut non solum non facienda, verum etiam fugienda ac detestanda tot et tanta mala atque turpia, quae malis et turpibus disertissime persuasa sunt, non ut eis consentiatur, sed sola delectationis gratia lectitentur. Avertat autem deus ab ecclesia sua quod de synagoga Iudaeorum Hieremias propheta commemorat dicens: *Pavor et horrenda facta sunt super terram. Prophetae prophetabant iniqua et sacerdotes plausum dederunt manibus suis et plebs mea dilexit sic. Et quid facietis in futurum?* **82.** O eloquentia tanto terribilior quanto purior, et quanto solidior, tanto vehementior. O vere securis concidens petras! Huic enim rei simile esse verbum suum, quod per sanctos prophetas fecit, per hunc ipsum prophetam deus ipse dixit. Absit itaque, absit a nobis, ut sacerdotes plaudant iniqua dicentibus et plebs dei diligat sic. **83.** Absit a nobis,

22—25 *Ier. 5, 30—31 26—27 cf. Ier. 23, 29 LXX

deest C

3 suadetur] suaderetur *DKAM* 4 dicentur *MPQ* 5 eis *om. DSM* 6 id doceatur *DKAM* 7 persuaderetur *DKM* 8—9 discitur] dicitur *D*[2]*ETB* 10 agendum est] sit agendum *B* 12 ille] ipse *edd.* 16 inpensus *PE*

inquam, tanta dementia; nam quid faciemus in futurum? Et certe minus intellegantur, minus placeant, minus moveant quae dicuntur, vera tamen dicantur, et iusta, non iniqua libenter audiantur. Quod utique non fieret, nisi suaviter dicerentur.

84. In populo autem gravi, de quo dictum est deo: *In populo* 31.
gravi laudabo te, nec illa suavitas delectabilis est qua non quidem iniqua dicuntur, sed exigua et fragilia bona spumeo verborum ambitu ornantur, quali nec magna atque stabilia decenter et graviter ornarentur. Est tale aliquid in epistola beatissimi Cypriani, quod ideo puto vel accidisse vel consulto factum esse ut sciretur a posteris quam linguam doctrinae Christianae sanitas ab ista redundantia revocaverit et ad eloquentiam graviorem modestioremque restrinxerit, qualis in eius consequentibus litteris secure amatur, religiose appetitur, sed difficillime impletur. **85.** Ait ergo quodam loco: *Petamus hanc sedem: dant secessum vicina secreta, ubi dum erratici palmitum lapsus pendulis nexibus per arundines baiulas repunt, viteam porticum frondea tecta fecerunt.* Non dicuntur ista nisi mirabiliter affluentissima fecunditate facundiae, sed profusione nimia gravitati displicent. **86.** Qui vero haec amant, profecto eos qui non ita dicunt sed castigatius eloquuntur, non posse ita eloqui existimant, non iudicio ista vitare. Quapropter iste vir sanctus et posse se ostendit sic dicere, quia dixit alicubi, et nolle, quoniam postmodum nusquam.

87. Agit itaque noster iste eloquens, cum iusta et sancta et XV. 32.
bona dicit — neque enim alia debet dicere —, agit ergo

6—7 Ps. 34, 18 16—19 Cypr. Ad Donat. 1

deest C

1 faciamus *TB* 3 verum tamen *SM m* 6 deo] domino *PET* 7 qua] quia *EB* 8 dicuntur] diliguntur *PQ* 9 ornatur *DKAM* quali] quia *B* 11 consulto] consueto *PQ* 16 loco] modo *DSM* 20 fecunditate facundiae] facundia *PET* 23 vitare] devitare *edd.* 26 agit] aget *DS*, egit *cum sequenti interpunctione PET* et iusta *edd.* et bona et sancta *PETB* 27 agit] aget *DMQ*, ait *A* ergo *om.* DB^2

quantum potest cum ista dicit, ut intellegenter, ut libenter, ut oboedienter audiatur. Et haec se posse, si potuerit et in quantum potuerit, pietate magis orationum quam oratorum facultate non dubitet, ut orando pro se ac pro illis quos est allocuturus, sit orator antequam dictor. Ipsa hora iam ut dicat accedens, priusquam exserat proferentem linguam, ad deum levet animam sitientem, ut ructet quod biberit, vel quod impleverit fundat. **88.** Cum enim de unaquaque re, quae secundum fidem dilectionemque tractanda sunt, multa sint quae dicantur et multi modi quibus dicantur ab eis qui haec sciunt, quis novit quid ad praesens tempus vel nobis dicere vel per nos expediat audiri, nisi qui corda omnium videt? Et quis facit ut quod oportet et quem ad modum oportet dicatur a nobis, nisi in cuius manu sunt et nos et sermones nostri? **89.** Ac per hoc discat quidem omnia quae docenda sunt, qui et nosse vult et docere, facultatemque dicendi, ut decet virum ecclesiasticum, comparet. Ad horam vero dictionis illud potius bonae menti cogitet convenire quod dominus ait: *Nolite cogitare quo modo aut quid loquamini: dabitur enim vobis in illa hora quid loquamini. Non enim vos estis qui loquimini, sed spiritus patris vestri qui loquitur in vobis.* Si ergo loquitur in eis spiritus sanctus, qui persequentibus traduntur pro Christo, cur non et in eis qui tradunt discentibus Christum?

XVI. 33. **90.** Quisquis autem dicit non esse hominibus praecipiendum quid vel quem ad modum doceant, si doctores sanctus efficit spiritus, potest dicere nec orandum nobis esse, quia dominus ait: *Scit pater vester quid vobis necessarium sit priusquam petatis ab eo*, aut apostolum Paulum Timotheo et Tito non

---

14—15 cf. Sap. 7, 16 19—21 Matth. 10, 19—20 27—28 *Matth. 6, 8

---

deest C

---

2 audiantur *PET* 4 quos] quo *DMT* 5 hora] ora *AQT* 6 accedens] accedat *DS* 7 eructet *edd.* et quod biberit *DK* 9 dilectionemque] delectationemque *β* 11 quid] quis *P*, qui *E* 13 et quem ad modum oportet *om. SM* 14 manu] manus *DK* et *om. DSM*

debuisse praecipere quid vel quem ad modum praeciperent aliis. Quas tres apostolicas epistolas ante oculos habere debet, cui est in ecclesia persona doctoris imposita. **91.** Nonne in prima ad Timotheum legitur: *Adnuntia haec et doce*? Quae autem sint, supra dictum est. Nonne ibi est: *Seniorem ne increpaveris, sed obsecra ut patrem*? Nonne in secunda ei dicitur: *Formam habe verborum sanorum, quae a me audisti*? Nonne ibi ei dicitur: *Satis age, te ipsum probabilem operarium exhibens deo non erubescentem, verbum veritatis recte tractantem*? Ibi est et illud: *Praedica verbum, insta opportune, inportune; argue, hortare, increpa in omni loganimitate.* **92.** Itemque ad Titum nonne dicit episcopum iuxta doctrinam fidelis verbi perseverantem esse debere, *ut potens sit in doctrina sana et contradicentes redarguere*? Ibi etiam dicit: *Tu vero loquere quae decet sanam doctrinam, senes sobrios esse*, et quae sequuntur. Ibi et illud: *Haec loquere et exhortare et increpa cum omni imperio. Nemo te contemnat. Admone illos principibus et potestatibus subditos esse* et cetera. **93.** Quid ergo putamus? Numquid contra se ipsum sentit apostolus qui, cum dicat doctores operatione fieri spiritus sancti, ipse illis praecipit quid et quem ad modum doceant? An intellegendum est et hominum officia ipso sancto spiritu largiente, in docendis etiam ipsis doctoribus non debere cessare, et tamen *neque qui plantat est aliquid neque qui rigat, sed deus qui incrementum dat*? **94.** Unde ipsis quoque ministris sanctis hominibus vel etiam sanctis

4 *I Tim. 4, 11 5—6 id. 5, 1 7 II Tim. 1, 13 8—9 *II Tim. 2, 15 10—11 *id. 4, 2 13—14 *Tit. 1, 9 14—15 *Tit. 2, 1—2 16—18 *Tit. 2, 15—3, 1 23—24 I Cor. 3, 7

deest C

1 quid vel *om. ET* 3 doctoris persona *edd.* 5 sint] sunt *KPET* 7 quae] quam *M* 8 ei *om.* α 10 inoportune *ME* 11 hortare] obsecra *Vulg. edd.* 15 secuntur *PET* 18 subditos esse *om. DSM* 19—20 doctores operatione] operationem *EB* 20 praecepit *KSP* 23 est] esse *B edd.* 24 qui incrementum dat deus *QE Vulg.* 25 hominibus] in hominibus *T*, in omnibus *E*

angelis operantibus nemo recte discit quae pertinent ad vivendum cum deo, nisi fiat a deo docilis deo, cui dicitur in Psalmo: *Doce me ut faciam voluntatem tuam, quoniam tu es deus meus.* Unde et ipsi Timotheo idem dicit apostolus, loquens utique ad discipulum doctor: *Tu autem persevera in his quae didicisti et tradita sunt tibi, sciens a quo didiceris.* **95.** Sicut enim corporis medicamenta quae hominibus ab hominibus adhibentur, nonnisi eis prosunt quibus deus operatur salutem, qui et sine illis mederi potest, cum sine ipso illa non possint, et tamen adhibentur — et si hoc officiose fiat, inter opera misericordiae vel beneficientiae deputatur —, ita et adiumenta doctrinae tunc prosunt animae adhibita per hominem, cum deus operatur ut prosint, qui potuit evangelium dare homini, etiam non ab hominibus neque per hominem.

VII. 34. **96.** Qui ergo nititur dicendo persuadere quod bonum est, nihil illorum trium spernens — ut scilicet doceat, ut delectet, ut flectat —, oret atque agat ut, quem ad modum supra diximus, intellegenter, libenter, oboedienter audiatur. Quod cum apte et convenienter facit, non immerito eloquens dici potest, etsi non eum sequatur auditoris adsensus. Ad haec enim tria — id est, ut doceat, ut delectet, ut flectat — etiam illa tria videtur pertinere voluisse idem ipse Romani auctor eloquii, cum itidem dixit: *Is erit igitur eloquens, qui poterit parva summisse, modica temperate, magna granditer dicere,* tamquam si adderet illa etiam tria, et sic explicaret unam eandemque sententiam dicens: 'Is erit igitur eloquens, qui ut doceat poterit parva summisse, ut delectet modica temperate, ut flectat magna granditer dicere.'

---

3 *Ps. 142, 10 5—6*II Tim. 3, 14 23—24 Cic. Orat. 101

---

deest C

---

2 *alt.* deo *om.* T^2 *m mg* 3 ut faciam α, facere β *Vulg. edd.* quoniam] quia *P Vulg.* 4 et *om. P* 6 tradita β, credita α *Vulg. edd* 15 dicendo nititur *PQT*, docendo nititur *E*, nitendo dicitur *B* 16 illorum] horum *ME edd.* 18 libenter] diligenter *DS* obedienterque *edd.* 19 immerito] imperite α 21 tria illa *edd.* 23 igitur erit *edd.*

97. Haec autem tria ille, sicut ab eo dicta sunt, in causis forensibus posset ostendere, non autem hoc est in ecclesiasticis quaestionibus, in quibus huius quem volumus informare sermo versatur. In illis enim ea parva dicuntur, ubi de rebus pecuniariis iudicandum est, ea magna, ubi de salute ac de capite hominum. Ea vero ubi nihil horum iudicandum est nihilque agitur ut agat sive decernat, sed tantummodo ut delectetur auditor, inter utrumque quasi media et ob hoc modica, hoc est moderata dixerunt. Modicis enim modus nomen imposuit, nam modica pro parvis abusive, non proprie dicimus. **98.** In istis autem nostris, quandoquidem omnia, maxime quae de loco superiore populis dicimus, ad hominum salutem nec temporariam sed aeternam referre debemus, ubi etiam cavendus est aeternus interitus, omnia sunt magna quae dicimus, usque adeo ut nec de ipsis pecuniariis rebus vel adquirendis vel amittendis parva videri debeant quae doctor ecclesiasticus dicit, sive sit illa magna sive parva pecunia. **99.** Neque enim parva est iustitia, quam profecto et in parva pecunia custodire debemus, dicente domino: *Qui in minimo fidelis est, et in magno fidelis est.* Quod ergo minimum est, minimum est; sed in minimo fidelem esse, magnum est. Nam sicut ratio rotunditatis, id est ut a puncto medio omnes lineae pares in extrema ducantur, eadem est in magno disco quae in nummulo exiguo, ita ubi parva iuste geruntur, non minuitur iustitiae magnitudo. XVIII. 35.

100. De iudiciis denique saecularibus —quibus utique nisi pecuniariis?— cum loqueretur apostolus, *Audet quisquam vestrum,* inquit, *adversus alterum negotium habens, iudicari ab iniquis et non apud sanctos?* [2] *An nescitis quia sancti mundum* 36.

19—20 *Luc. 16, 10 27—145, 11*I Cor. 6, 1—9

deest C

2 hic hoc *Q edd.* 3 huius modi *edd.* 14 magna sunt *edd.* 15 acquirendis *Q edd.* 16 admittendis *PTB* 20 *pr.* minimum est] minus est *B*, *om. MPT* 24 ubi] ut *ET*, ibi *T*[2] 28 habens negotium *Vulg. edd.*

iudicabunt? Et si in vobis iudicatur mundus, indigni estis qui de minimis iudicetis? [3] *Nescitis quoniam angelos iudicabimus, nedum saecularia?* [4] *Saecularia igitur iudicia si habueritis, eos qui contemptibiles sunt in ecclesia, hos conlocate.* [5] *Ad reverentiam vobis dico. Sic non est inter vos quisquam sapiens, qui possit inter fratrem suum iudicare?* [6] *Sed frater cum fratre iudicatur et hoc apud infideles.* [7] *Iam quidem omnino delictum est quia iudicia habetis vobiscum. Quare non magis iniquitatem patimini? Quare non potius fraudamini?* [8] *Sed vos iniquitatem facitis et fraudatis et hoc fratres.* [9] *An nescitis quia iniusti regnum dei non hereditabunt?* **101.** Quid est quod sic indignatur apostolus, sic corripit, sic exprobrat, sic increpat, sic minatur? Quid est quod sui animi affectum tam crebra et aspera vocis mutatione testatur? Quid est postremo quod de rebus minimis tam granditer dicit? Tantumne de illo negotia saecularia meruerunt? Absit. Sed hoc facit propter iustitiam, caritatem, pietatem, quae nulla sobria mente dubitante etiam in rebus quamlibet parvulis magna sunt.

37. **102.** Sane si moneremus homines quem ad modum ipsa negotia saecularia vel pro se vel pro suis apud ecclesiasticos iudices agere deberent, recte admoneremus ut agerent tamquam parva summisse. Cum vero de illius viri disseramus eloquio, quem volumus earum rerum esse doctorem quibus liberamur ab aeternis malis atque ad aeterna pervenimus bona, ubicumque agantur haec — sive apud populum sive privatim sive ad unum sive ad plures sive ad amicos sive ad inimicos sive in perpetua dictione sive in conlocutione sive in tractatibus sive in libris sive in epistolis vel longissimis vel brevissimis —, magna sunt. **103.** Nisi forte quoniam calix

---

deest C

---

1 iudicatur] iudicabitur T^2*B Vulg. edd.* qui de] quidem ut de *B* 2 quoniam] quia *P edd.* 3 nedum] nec dum *PET* eos *om. SM Vulg.* 4 conlocate] constituite ad iudicandum *Vulg. edd.*, conlocate ad iud. *β* 10 fratres] fratribus *P*T^2*B Vulg.* 13 tam aspera *edd.* 25 apud] ad *edd.* 26 sive ad inimicos *om. DSMET* 29 quoniam] quia *Q*, cum *B*

aquae frigidae res minima atque vilissima est, ideo minimum aliquid atque vilissimum dominus ait, quod eum qui dederit discipulo eius non perdet mercedem suam; aut vero quando iste doctor in ecclesia facit inde sermonem, parvum aliquid debet existimare se dicere et ideo non temperate, non granditer, sed summisse sibi esse dicendum. Nonne quando accidit ut de hac re loqueremur ad populum et deus adfuit ut congrue diceremus, tamquam de illa aqua frigida quaedam flamma surrexit, quae etiam frigida hominum pectora ad misericordiae opera facienda spe caelestis mercedis accenderet?

104. Et tamen cum doctor iste debeat rerum dictor esse XIX. 38.
magnarum, non semper eas debet granditer dicere, sed summisse cum aliquid docetur, temperate cum aliquid vituperatur sive laudatur. Cum vero aliquid agendum est et ad eos loquimur qui hoc agere debent nec tamen volunt, tunc ea quae magna sunt dicenda sunt granditer et ad flectendos animos congruenter. Et aliquando de una eademque re magna et summisse dicitur si docetur et temperate si praedicatur et granditer si aversus inde animus ut convertatur impellitur.

105. Quid enim deo ipso maius est? Numquid ideo non discitur? Aut qui docet unitatem trinitatis, debet nisi summissa disputatione agere, ut res ad dinoscendum difficilis quantum datur possit intellegi? Numquid hic ornamenta et non documenta quaeruntur? Numquid ut aliquid agat est flectendus auditor et non potius ut discat instruendus?

106. Porro cum laudatur deus sive de se ipso sive de operibus suis, quanta facies pulchrae ac splendidae dictionis oboritur ei qui potest quantum potest laudare, quem nemo convenienter laudat, nemo quomodocumque non laudat! At si non colatur aut cum illo vel etiam prae illo colantur idola sive

---

2—3 cf. Matth. 10, 42 8—9 cf. II Macc. 1, 32

---

deest C

---

3 aut] at *ET*, ad *E*[2] 7 congrue] non incongrue *edd.* 19 aversus] adversus *PET* 21 discitur] dicitur *S m mg* 26 se *om. DM*

daemonia sive quaecumque creatura, quantum hoc malum sit atque ut ab hoc malo avertantur homines, debet utique granditer dici.

XX. 39. **107.** Summissae dictionis exemplum est apud apostolum Paulum, ut planius aliquid commemorem, ubi ait: *Dicite mihi, sub lege volentes esse legem non audistis?* [22] *Scriptum est enim quod Abraham duos filios habuit, unum de ancilla et unum de libera,* [23] *sed ille quidem qui de ancilla, secundum carnem natus est, qui autem de libera, per repromissionem.* [24] *Quae sunt in allegoria. Haec enim sunt duo testamenta, unum quidem a monte Sina in servitutem generans, quod est Agar.* [25] *Sina enim mons est in Arabia, quae coniuncta est huic quae nunc est Hierusalem, et servit cum filiis suis.* [26] *Quae autem sursum est Hierusalem, libera est, quae est mater nostra.* **108.** Itemque ubi ratiocinatur et dicit: *Fratres, secundum hominem dico, tamen hominis confirmatum testamentum nemo irritum facit aut superordinat.* [16] *Abrahae dictae sunt promissiones et semini eius. Non dicit: Et seminibus, tamquam in multis, sed tamquam in uno: Et semini tuo, quod est Christus.* [17] *Hoc autem dico: testamentum confirmatum a deo post quadringentos triginta annos facta lex non infirmat ad evacuandas promissiones.* [18] *Si enim lege hereditas, iam non ex promissione; Abrahae autem per promissionem donavit deus.* **109.** Et quia occurrere poterat audientis cogitationi: 'Utquid ergo lex data est, si ex illa non est hereditas?' ipse sibi hoc obiecit atque ait velut interrogans: *Quid ergo lex?* Deinde respondit: *Transgressionis gratia proposita est, donec*

5—14 *Gal. 4, 21—26 15—23 *id. 3, 15—18 25—148, 7 *id. 3, 19—22

deest C

6 audistis] legistis *Q Vulg.* enim *om. ET* 8 quidem *om. Vulg. edd.* 10 allegoriam *PT* 11 quod] quae *P Vulg. edd.* 12 qui coniunctus AT^2 *Vulg. edd.* 15—16 confirmatum est *DM* 20 quae post *P Vulg. edd.* et triginta *SMP Vulg. edd.* facta est *SPQEB Vulg. edd.* 21 infirmat] irritam facit *P*, irritum facit *Vulg.* promissiones patrum *P*, promissionem *Vulg.* 22 per repromissionem *K Vulg. edd.* 26 proposita] posita D^2ETB *Vulg.*

veniret semen cui promissum est, dispositum per angelos in manu mediatoris. [20] *Mediator autem unius non est, deus vero unus est.* Et hic occurrebat, quod sibi ipse proposuit: [21] *Lex ergo adversus promissa dei?* Et respondit: *Absit*, reddiditque rationem, dicens: *Si enim data esset lex quae posset vivificare, omnino ex lege esset iustitia.* [22] *Sed conclusit scriptura omnia sub peccato, ut promissio ex fide Iesu Christi daretur credentibus* et cetera vel si quid eius modi est. **110.** Pertinet ergo ad docendi curam non solum aperire clausa et nodos solvere quaestionum, sed etiam dum hoc agitur, aliis quaestionibus quae fortassis inciderint, ne id quod dicimus inprobetur per illas aut refellatur, occurrere, si tamen et ipsa earum solutio pariter occurrerit, ne moveamus quod auferre non possumus. Fit autem ut, cum incidentes quaestioni aliae quaestiones et aliae rursus incidentibus incidentes pertractantur atque solvuntur, in eam longitudinem ratiocinationis extendatur intentio, ut nisi memoria plurimum valeat atque vigeat, ad caput unde agebatur disputator redire non possit. Valde autem bonum est ut quidquid contradici potest, si occurrerit, refutetur, ne ibi occurrat ubi non erit qui respondeat, aut praesenti quidem, sed tacenti occurrat et minus sanatus abscedat.

111. In illis autem apostolicis verbis dictio temperata est: 40.
Seniorem ne increpaveris, sed obsecra ut patrem, iuniores ut fratres, anus ut matres, adulescentulas ut sorores. Et in illis: *Obsecro autem vos, fratres, per miserationem dei, ut exhibeatis corpora vestra hostiam vivam, sanctam, deo placentem.* Et totus fere ipsius exhortationis locus temperatum habet elocutionis genus. Ubi illa pulchriora sunt in quibus propria propriis tamquam

24—25 *I Tim. 5, 1—2 26—27 *Rom. 12, 1

deest C

1 disposita *Q m* 4 redditque *α* 5 possit *PT* 9 nodosa *P* 10 dum] quae dum *α* 11 quae *om. α* inciderent *DKA*, inciderunt *P* 13 quod *om. DSM* 26 miserationem] misericordiam *PQ Vulg.* 29 in quibus] ubi *Q*

debita reddita decenter excurrunt, sicuti est: **112.** *Habentes dona diversa secundum gratiam quae data est nobis,* [7] *sive prophetiam, secundum regulam fidei; sive ministerium, in ministrando; sive qui docet, in doctrina;* [8] *sive qui exhortatur, in exhortatione; qui tribuit in simplicitate; qui praeest, in sollicitudine; qui miseretur, in hilaritate.* [9] *Dilectio sine simulatione, odio habentes malum, adherentes bono,* [10] *caritate fraternitatis invicem diligentes, honore mutuo praevenientes,* [11] *studio non pigri, spiritu ferventes, domino servientes,* [12] *spe gaudentes, in tribulatione patientes, orationi instantes,* [13] *necessariis sanctorum communicantes, hospitalitatem sectantes.* [14] *Benedicite persequentes vos, benedicite et nolite maledicere.* [15] *Gaudere cum gaudentibus, flere cum flentibus,* [16] *id ipsum invicem sentientes.* **113.** Et quam pulchre ista omnia sic effusa bimembri circuitu terminantur: *Non alta sapientes, sed humilibus consentientes*! Et aliquanto post: *In hoc ipso*, inquit, *perseverantes, reddite omnibus debita: cui tributum, tributum; cui vectigal, vectigal; cui timorem, timorem; cui honorem, honorem.* Quae membratim fusa clauduntur etiam ipsa circuitu, quem duo membra contexunt: *Nemini quicquam debeatis, nisi ut invicem diligatis.* Et post paululum: *Nox praecessit*, inquit, *dies autem adpropinquavit. Abiciamus itaque opera tenebrarum et induamus nos arma lucis. Sicut in die honeste ambulemus, non in comessationibus et ebrietatibus, non in cubilibus et impudicitiis, non in contentione et aemulatione; sed induite dominum Iesum Christum, et carnis providentiam ne feceritis in concupiscentiis.* **114.** Quod si quisquam ita diceret:

1—15 *id. 12, 6—16 16—20 *id. 13, 6—8 20—26 *id. 13, 12—14 cf. Conf. 8, 12, 29

deest C

1 reddita] reddidit *PE* 6 dilectio] dilectione *DKA* odio habentes] odientes *SME Vulg.* 7 caritate *ET*, charitate *m*, caritatem *cet.* 10 necessariis] necessitatibus *B Vulg. edd.* 11 persequentibus *DSMPQ Vulg. edd.* 16 ipso] ipsum *PQ* 19 ipsa] ipso *SM*^{2}*EB* 20 paulum *T* 22 nos *om. B Vulg. edd.* 23 comessationibus *PT*^{2}*B*, comisa- *KST*, *alii aliter* 25 providentiam] curam *P Vulg.* 26 concupiscentias (-ci- *D*) *DKM*, desideriis *P Vulg.*

'Et carnis providentiam ne in concupiscentiis feceritis', sine dubio aures clausula numerosiore mulceret; sed gravior interpres etiam ordinem maluit tenere verborum. Quomodo autem hoc in Graeco eloquio sonet, quo est locutus apostolus, viderint eius eloquii usque ad ista doctiores; mihi tamen quod nobis eodem verborum ordine interpretatum est, nec ibi videtur currere numerose.

115. Sane hunc elocutionis ornatum qui numerosis fit clau- 41.
sulis deesse fatendum est auctoribus nostris. Quod utrum per interpretes factum sit an (quod magis arbitror) consulto illi haec plausibilia devitaverint, adfirmare non audeo, quoniam me fateor ignorare. Illud tamen scio, quod si quisquam huius numerositatis peritus illorum clausulas eorundem numerorum lege componat, quod facillime fit mutatis quibusdam verbis, quae tantundem significatione valent, vel mutato eorum quae invenerit ordine, nihil illorum quae velut magna in scolis grammaticorum aut rhetorum didicit, illis divinis viris defuisse cognoscet et multa repperiet locutionis genera tanti decoris, quae quidem et in nostra, sed maxime in sua lingua decora sunt, quorum nullum in eis quibus isti inflantur litteris invenitur. **116.** Sed cavendum est ne divinis gravibusque sententiis, dum additur numerus, pondus detrahatur. Nam illa musica disciplina, ubi numerus iste plenissime discitur, usque adeo non defuit prophetis nostris ut vir doctus Hieronymus quorundam etiam metra commemoret, in Hebraea dumtaxat lingua. Cuius ut veritatem servaret in verbis, haec inde non transtulit. **117.** Ego autem ut de sensu meo loquar, qui mihi quam aliis et quam aliorum est utique notior, sicut in meo eloquio quantum modeste fieri arbitror non praetermitto istos

deest C

1 concupiscentias *KAE*, -am *Q*, *om. M* 4 quo] quod *MPET* 5 quod] quo *PT* 13 clausulas eorundem] clausulae ordinem *PQ* 16 ordinem *KM* illorum] horum *DSM* 17 in illis PT^2B 20 litteris] numeris *PQ* 24 doctissimus M^2 *edd.* 25 commemoret] commemoraret *PE*, commoraret *T* 26 cuius] sic *PE*, sed P^2T

numeros clausularum, ita in auctoribus nostris hoc mihi plus placet quod ibi eos rarissime invenio.

42. **118.** Grande autem dicendi genus hoc maxime distat ab isto genere temperato, quod non tam verborum ornatibus comptum est quam violentum animi affectibus. Nam capit etiam illa ornamenta paene omnia, sed ea si non habuerit, non requirit. Fertur quippe impetu suo et elocutionis pulchritudinem, si occurrerit, vi rerum rapit, non cura decoris adsumit. Satis enim est ei propter quod agitur ut verba congruentia non oris eligantur industria, sed pectoris sequantur ardorem. **119.** Nam si aurato gemmatoque ferro vir fortis armetur, intentissimus pugnae agit quidem illis armis quod agit, non quia pretiosa, sed quia arma sunt; idem ipse est tamen et valet plurimum, etiam cum *rimanti telum ira facit.*

Agit apostolus ut pro evangelico ministerio patienter mala huius temporis cum solatio donorum dei omnia tolerentur. Magna res est et granditer agitur nec desunt ornamenta dicendi: **120.** *Ecce,* inquit, *nunc tempus acceptabile, ecce nunc dies salutis.* [3] *Nullam in quoquam dantes offensionem, ut non reprehendatur ministerium,* [4] *sed in omnibus commendantes nosmetipsos ut dei ministros, in multa patientia, in tribulationibus, in necessitatibus, in angustiis,* [5] *in plagis, in carceribus, in seditionibus, in laboribus, in vigiliis, in ieiuniis,* [6] *in castitate, in scientia, in longanimitate, in benignitate, in spiritu sancto, in caritate non ficta,* [7] *in verbo veritatis, in virtute dei, per arma iustitiae dextra et sinistra,* [8] *per gloriam et ignobilitatem, per infamiam et bonam famam, ut seductores et veraces, ut qui ignoramur et cognoscimur,* [9] *quasi morientes et ecce vivimus, ut coerciti et non mortificati,* [10] *ut tristes, semper autem gaudentes, sicut egeni, multos autem ditantes, tamquam nihil habentes et*

---

14 Verg. Aen. 7, 507 18—152, 2 *II Cor. 6, 2—11

---

deest C

---

4 ornatibus] ordinatibus *DM*, ordinationibus *KA* 5 comptum] compositum *PET* 8 curam *KT* 12—13 non] qui non α 20 ministerium nostrum α *PQ Vulg. edd.* 26 a dexteris a sinistris *Vulg. edd.*

omnia possidentes. Vide adhuc ardentem: *Os nostrum patet ad vos, o Corinthii, cor nostrum dilatatum est* et cetera, quae persequi longum est.

121. Itemque ad Romanos agit, ut persecutiones huius 43.
mundi caritate vincantur, spe certa in adiutorio dei. Agit autem et granditer et ornate: *Scimus*, inquit, *quoniam diligentibus deum omnia cooperantur in bonum, his qui secundum propositum vocati sunt.* [29] *Quoniam quos ante praescivit, et praedestinavit conformes imaginis filii sui, ut sit ipse primogenitus in multis fratribus.* [30] *Quos autem praedestinavit, illos et vocavit; et quos vocavit, ipsos et iustificavit; quos autem iustificavit, illos et glorificavit.* [31] *Quid ergo dicemus ad haec? Si deus pro nobis, quis contra nos?* [32] *Qui filio proprio non pepercit, sed pro nobis omnibus tradidit eum, quomodo non et cum illo omnia nobis donavit?* [33] *Quis accusabit adversus electos dei? Deus qui iustificat?* [34] *Quis qui condemnat? Christus Iesus qui mortuus est, magis autem qui resurrexit, qui et est in dextera dei, qui et interpellat pro nobis?* [35] *Quis nos separabit a caritate Christi? Tribulatio? an angustia? an persecutio? an fames? an nuditas? an periculum? an gladius?* [36] *Sicut scriptum est: 'Quia propter te mortificamur tota die, aestimati sumus ut oves occisionis.'* [37] *Sed in his omnibus supervincimus per eum qui dilexit nos.* [38] *Certus sum enim quia neque mors neque vita neque angelus neque principatus neque praesentia neque futura neque virtus* [39] *neque altitudo neque profundum neque creatura alia poterit nos separare a caritate dei, quae est in Christo Iesu domino nostro.*

122. Ad Galatas autem quamvis tota illa epistola summisso 44.

6—26 *Rom. 8, 28—39 20—21 Ps. 43, 22

---

deest C

---

4 agit] ait *KTB* 7 cooperatur *T* 7—8 domini propositum *DSM* 8 sunt sancti *PB Vulg.* 9 conformes fieri *M²TB Vulg.* 12 dicimus *DSMPB* 13 filio suo proprio *P*, proprio filio *edd.* 14 eum] illum *Vulg. edd.* et] etiam *Vulg. edd.* 14—15 nobis omnia *edd.* 15 accusavit *D²KAMPEB* 17 et *pr. om. SMB Vulg. edd.* in] ad *P Vulg.* 20 quia] quoniam *Q² edd.* 23 angeli *Vulg. edd.* 25 nos poterit *DPT* 27 illa] ipsa *B edd.*

genere scripta sit nisi in extremis partibus ubi est eloquium temperatum, tamen interponit quendam locum eo motu animi, ut sine ullis quidem talibus ornamentis qualia sunt in his quae modo posuimus, non posset tamen nisi granditer dici. **123.** *Dies*, inquit, *observatis et menses et annos et tempora.* [11] *Timeo vos, ne forte sine causa laboraverim in vos.* [12] *Estote sicut ego, quoniam et ego sicut vos. Fratres, precor vos, nihil me laesistis.* [13] *Scitis quia per infirmitatem carnis iam pridem evangelizavi vobis,* [14] *et temptationem vestram in carne mea non sprevistis neque respuistis, sed sicut angelum dei excepistis me, sicut Christum Iesum.* [15] *Quae ergo fuit beatitudo vestra? Testimonium vobis perhibeo, quoniam si fieri posset, oculos vestros eruissetis et dedissetis mihi.* [16] *Ergo inimicus factus sum vobis verum praedicans?* [17] *Aemulantur vos non bene, sed excludere vos volunt, ut eos aemulemini.* [18] *Bonum est autem aemulari in bono semper, et non solum cum praesens sum apud vos.* [19] *Filioli mei, quos iterum parturio donec Christus formetur in vobis.* [20] *Vellem autem nunc adesse apud vos et mutare vocem meam, quia confundor in vobis.* **124.** Numquid hic aut contraria contrariis verba sunt reddita aut aliqua gradatione sibi subnexa sunt aut caesa et membra circuitusve sonuerunt? Et tamen non ideo tepuit grandis affectus, quo eloquium fervere sentimus.

XXI. 45. **125.** Sed apostolica ista sic clara sunt ut et profunda sint, atque ita conscripta memoriaeque mandata ut non solum lectore vel auditore, verum etiam expositore opus habeant, si quis in eis non superficie contentus altitudinem quaerat. Quapropter videamus ista genera dicendi in eis qui istorum lectione ad rerum divinarum atque salubrium scientiam profecerunt eamque ecclesiae ministrarunt. Beatus Cyprianus

5—19 *Gal. 4, 10—20

deest C

1 in *om. β* 6 in vobis A^2*QTB Vulg.* 7 sicut et *Vulg. edd.* 9 ev. vobis iam pridem *P Vulg.* tentationes vestras *edd.* 12 vobis *om. SE* 15 in bono aemulari *edd.* 17 formetur Christus *Vulg. edd.* 18 adesse] esse *Q Vulg.* 22 tepuit] te potuit *DKAM* 23 et *om. ET*

summisso dicendi genere utitur in eo libro ubi de sacramento calicis disputat. **126.** Solvitur quippe ibi quaestio, in qua quaeritur utrum calix dominicus aquam solam an eam vino mixtam debeat habere. Sed exempli gratia aliquid inde ponendum est. Post principium ergo epistolae iam solvere incipiens propositam quaestionem: *Admonitos autem nos scias,* inquit, *ut in calice offerendo dominica traditio servetur neque aliud fiat a nobis quam quod pro nobis dominus prior fecit, ut calix qui in commemoratione eius offertur mixtus vino offeratur. Nam cum dicat Christus: 'Ego sum vitis vera', sanguis Christi non aqua est utique, sed vinum. Nec potest videri sanguis eius quo redempti et vivificati sumus, esse in calice, quando vinum desit calici quo Christi sanguis ostenditur, qui scripturarum omnium sacramento ac testimonio praedicetur.* [3] *Invenimus enim in Genesi circa sacramentum Noe hoc idem praecucurrisse et figuram dominicae passionis illic extitisse, quod vinum bibit quod inebriatus est, quod in domo sua nudatus est, quod fuit recubans nudis et patentibus femoribus, quod nuditas illa patris a medio filio denotata est, a maiore vero et minore contecta, et cetera quae necesse non est exsequi, cum satis sit hoc solum complecti, quod Noe typum futurae veritatis ostendens non aquam sed vinum biberit et sic imaginem dominicae passionis expresserit.* [4] *Item in sacerdote Melchisedech dominicum sacramentum praefiguratum videmus, secundum quod scriptura divina testatur et dicit: 'Et Melchisedech rex Salem protulit panem et vinum. Fuit autem sacerdos dei summi et benedixit Abraham.' Quod autem Melchisedech typum Christi portaret, declarat in Psalmis spiritus*

6—9 Cypr. Epist. 63, 2—4   10 Ioh. 15, 1   14—19 cf. Gen. 9, 21—23   22—26 cf. Gen. 14, 18—20

deest C

3 eam] etiam T^2B 5 ergo] eius *ET*, ergo eius PT^2 8 ut *om.* PQT^2 9 commemorationem *edd.*   vino mixtus *edd.*   14 praedicitur *PT*, praedicatur P^2T^2B *m*   19 denotata] denudata *SM*   est et foris nuntiata *ECypr.*   20 solum] secundum *D*, saeculum *SM*   23 sacerdotem *DKSM*   23—24 dominici sacramenti praef. vid. mysterium *PQ*, sacrificii dominici sacramentum praef. vid. *E Cypr.*

sanctus ex persona patris ad filium dicens: 'Ante Luciferum generavi te. Tu es sacerdos in aeternum secundum ordinem Melchisedech.' Haec et alia quae sequuntur huius epistulae summissae dictionis modum servant, quod facile est explorare
46. legentibus.

127. Sanctus quoque Ambrosius cum agat rem magnam de spiritu sancto, ut eum patri et filio demonstret aequalem, summisso tamen dicendi genere utitur, quoniam res suscepta non ornamenta verborum aut ad flectendos animos commotionis affectum, sed rerum documenta desiderat. Ergo inter cetera in principio huius operis ait: *Quo motus oraculo Gedeon, cum audisset quod deficientibus licet populorum milibus in uno viro dominus plebem suam ab hostibus liberaret, obtulit haedum caprarum, cuius carnem secundum praeceptum angeli et azima supra petram posuit et ea iure perfudit. Quae simul ut virgae cacumine quam gerebat angelus dei contigit, de petra ignis erupit atque ita sacrificium quod offerebatur absumptum est. Quo indicio declaratum videtur quod petra illa typum habuerit corporis Christi, quia scriptum est: 'Bibebant de consequenti petra, petra autem erat Christus'. Quod utique non ad divinitatem eius, sed ad carnem relatum est, quae sitientium corda populorum perenni rivo sui sanguinis inundavit. Iam tunc igitur in mysterio declaratum est quia dominus Iesus in carne sua totius mundi peccata crucifixus aboleret, nec solum delicta factorum, sed etiam cupiditates animorum. Caro enim haedi ad culpam facti refertur, ius ad inlecebras cupiditatum, sicut scriptum est, quia 'concupivit populus cupiditatem pessimam et dixerunt: 'Quis nos cibabit*

1—3 Ps. 109, 3—4 10—156, 4 Ambr. Spir. prol. 2—3 10 cf. Iud. 6, 11—21 19—20 *I Cor. 10, 4 27 *Num. 11, 4

deest C

2 generavi] genui *β Vulg. edd.* 7 demonstret] demonstraret *PETB* 11 quo motus] commotus *M²E edd.* 12 licet populorum milibus *om. DSM* 14 azyma *KA edd. cf. Thesaurus 1645, 53 sqq.* 15 ut] et *QT* 17 adsumptum (ass- *SPQT*) *α PQT* 19 consequenti eos *P Vulg.* 21 quae] qui *PT* 22 ministerio *DKM* 23 dominus] deus *α Q*

carnem?' 'Quod igitur extendit angelus virgam et tetigit petram de qua ignis exiit, ostendit quod caro domini spiritu repleta divino peccata omnia humanae condicionis exureret. Unde et dominus ait: 'Ignem veni mittere in terram', et cetera, in quibus rei docendae ac probandae maxime incumbit.

128. De genere temperato est apud Cyprianum virginitatis 47.
illa laudatio: *Nunc nobis ad virgines sermo est, quarum quo sublimior gloria est, maior et cura. Flos est ille ecclesiastici germinis, decus atque ornamentum gratiae spiritalis, laeta indoles laudis et honoris, opus integrum atque incorruptum, dei imago respondens ad sanctimoniam domini, inlustrior portio gregis Christi. Gaudet per ipsas atque in illis largiter floret ecclesiae matris gloriosa fecunditas; quantoque plus gloriosa virginitas numero suo addit, gaudium matris augescit.* Et alio loco in fine epistulae: *'Quomodo portavimus', inquit, 'imaginem eius qui de limo est, sic portemus imaginem eius qui de caelo est'. Hanc imaginem virginitas portat, portat integritas, sanctitas portat et veritas; portant disciplinae dei memores, iustitiam cum religione retinentes, stabiles in fide, humiles in timore, ad omnem tolerantiam fortes, ad sustinendas iniurias mites, ad faciendam misericordiam faciles, fraterna pace unanimes atque concordes. Quae vos singulae, o bonae virgines, observare, diligere, implere debetis, quae deo et Christo vacantes ad dominum cui vos dicastis, maiore et meliore parte praeceditis. Provectae annis iunioribus facite magisterium; minores natu praebete comparibus incitamentum; hortamentis vos mutuis excitate, aemulis de virtute documentis ad gloriam provocate; durate fortiter, spiritaliter*

---

4 Luc. 12, 49   7—157, 2 Cypr. Hab. virg. 3, 23—24   15—16 *I Cor. 15, 49

---

deest C

---

1 carnem *SMET cum Graeco*, carnes *P*, carne *DKAQB edd.* 4 super terram *Q* 13 *pr.* gloriosa] generosa *Q* *alt.* gloriosa] copiosa *Cypr.* 14 gaudium] gaudio *AE*, tanto plus gaudium *edd.* 16 sic *om. B Cypr. Vulg.* portemus et *B Cypr. Vulg.* 18 dei *om. DKA* 22 singula *Cypr. edd.* o *om. PT* 25 magisterium] ministerium *SM* praebete maioribus ministerium *m*

pergite, pervenite feliciter; tantum mementote tunc nostri, cum incipiet in vobis virginitas honorari.

48. **129.** Ambrosius etiam genere dicendi temperato et ornato professis virginibus proponit tamquam sub exempli forma, quod moribus imitentur, et dicit: *Virgo erat non solum corpore, sed etiam mente, quae nullo doli ambitu sincerum adulteraret affectum; corde humilis, verbis gravis, animi prudens, loquendi parcior, legendi studiosior; non in incerto divitiarum, sed in prece pauperis spem reponens; intenta operi, verecunda sermone; arbitrum mentis non hominem, sed deum quaerere; nulli laedere os, bene velle omnibus; assurgere maioribus natu, aequalibus non invidere; fugere iactantiam, rationem sequi, amare virtutem. Quando ista vel vultu laesit parentes? Quando dissensit a propinquis? Quando fastidivit humilem? Quando risit debilem? Quando vitavit inopem? Eos solos sollicita coetus virorum invisere quos misericordia non erubesceret, ne quem praeteriret verecundia. Nihil torvum in oculis, nihil in verbis procax, nihil in actu inverecundum; non gestus fractior, non incessus solutior, non vox petulantior, ut ipsa corporis species simulacrum fuerit mentis et figura probitatis. Bona quippe domus in ipso vestibulo debet agnosci ac primo praetendat ingressu nihil intus latere tenebrarum, tamquam lucernae lux intus posita foris luceat. Quid ergo exsequar ciborum parsimoniam, officiorum redundantiam: alterum ultra naturam superfuisse, alterum paene ipsi naturae defuisse? Illic nulla intermissa tempora, hic congeminati ieiunio dies, et si quando reficiendi successisset voluntas, cibus plerumque obvius qui mortem arceret, non delicias ministraret,* et cetera. **130.** Haec autem propterea in exemplo huius temperati gene-

5—27 Ambr. Virg. 2, 2, 7—8 8 I Tim. 6, 17 10—11 cf. Ter. Ad. 864

deest C

2 honorari] honori *DKAM* 6 adulterarat *M* 9 sermone *Ambr.*, sermoni *β*, sermonibus *α* 10 solita non *edd.* nulli laedere os] nullum laedere *DQ edd.* 15 sollicita] solita *Ambr. edd.* 16 ne quem] neque *PEB Ambr. edd.* 21 praetendat *QTB Ambr. edd.*, praetentat *cet.* 22 ergo] ego *PQ Ambr. edd.* 25 congeminati] congeminat *DKA*, congeminatos *Ambr.*

ris posui, quia non hic agit ut virginitatem voveant quae nondum voverunt, sed quales esse debeant quae iam votae sunt. Nam ut adgrediatur animus tantum ac tale propositum, grandi utique dicendi genere debet excitari et accendi. Sed martyr Cyprianus de habitu virginum, non de suscipiendo virginitatis proposito scripsit, iste vero episcopus etiam ad hoc eas magno accendit eloquio.

131. Verum ex eo quod ambo egerunt, dictionis grandis 49.
exempla memorabo. Ambo quippe invecti sunt in eas quae formam pigmentis colorant vel potius decolorant. Quorum prior ille cum hoc ageret, ait inter cetera: *Si quis pingendi artifex vultum alicuius et speciem et corporis qualitatem aemulo colore signasset et signato iam consummatoque simulacro manus alius inferret, ut iam formata, iam picta quasi peritior reformaret, gravis prioris artificis iniuria et iusta indignatio videretur. Tu te existimas impune laturam tam improbae temeritatis audaciam, dei artificis offensam? Ut enim impudica circa homines et incesta fucis lenocinantibus non sis, corruptis violatisque quae dei sunt, peior adultera detineris. Quod ornari te putas, quod putas comi, inpugnatio est ista divini operis, praevaricatio est veritatis. Monentis apostoli vox est: 'Expurgate vetus fermentum ut sitis nova consparsio, sicut estis azimi. Nam Pascha nostrum immolatus est Christus. Itaque festa celebremus, non in fermento veteri neque in fermento malitiae et nequitiae, sed in azimis sinceritatis et veritatis'. Num sinceritas perseverat et veritas, quando quae sincera sunt polluuntur et colorum adulterinis medicaminum fucis in mendacium vera mutantur? Dominus tuus dicit: 'Non potes facere capillum unum album aut nigrum', et tu ad vincendam domini tui vocem vis te esse potiorem. Audaci conatu et sacrilego contemptu crines tuos inficis; malo praesagio*

11—159, 1 Cypr. Hab. virg. 15 sq. 21—25 *I Cor. 5, 7—8 28 *Matth. 5, 36

deest C

4 grande *DKA* 10 quorum decolorant *α* 19 retineris *PET* 22 nam] etenim *Vulg. edd.* 26 adulteriis *m* 28 potest *DKA*

futurorum capillos iam tibi flammeos auspicaris. Longum est inserere omnia quae sequuntur.

50. **132.** Ille vero posterior ut in tales diceret, *Hinc illa,* inquit, *nascuntur incentiva vitiorum, ut quaesitis coloribus ora depingant, dum viris displicere formidant, et de adulterio vultus meditentur adulterium castitatis. Quanta hic amentia effigiem mutare naturae, picturam quaerere, et dum verentur maritale iudicium, prodere suum? Prior enim de se pronuntiat, quae cupit mutare quod nata est. Ita dum alii studet placere, prius ipsa sibi displicet. Quem iudicem, mulier, veriorem requirimus deformitatis tuae quam te ipsam, quae videri times? Si pulchra es, quid absconderis? Si deformis, cur te formosam esse mentiris, nec tuae conscientiae nec alieni gratiam erroris habitura? Ille enim alteram diligit, tu alteri vis placere, et irasceris si amet aliam, qui adulterare in te docetur. Male magistra es iniuriae tuae. Lenocinari refugit etiam quae passa est lenonem, ac licet vilis mulier, non alteri tamen, sed sibi peccat. Tolerabiliora propemodum in adulterio crimina sunt; ibi enim pudicitia, hic natura adulteratur.* **133.** Satis, ut existimo, apparet feminas ne suam fucis adulterent formam, et ad pudorem et ad timorem hac facundia vehementer impelli. Proinde neque summissum neque temperatum, sed grande omnino genus hoc elocutionis agnoscimus. Et in his autem quos duos ex omnibus proponere volui, et in aliis ecclesiasticis viris et bona et bene, id est, sicut res postulat, acute, ornate ardenterque dicentibus per multa eorum scripta vel dicta possunt haec tria genera repperiri et assidua lectione vel auditione admixta etiam exercitatione studentibus inolescere.

XXII. 51. **134.** Nec quisquam praeter disciplinam esse existimet ista

3—19 Ambr. Virg. 1, 6, 28

deest C

6 hic] hinc *B*, haec *Ambr. edd.* 8 prodere] perdere *KASME*, perdidere *QTB* 9 alii] aliis *MTB*², aliud *S* 10 veriorem] meliorem *ET* requiremus *m* 12 quid] cur *edd.* 15 male] mala *SB edd.* 16 lenocinari enim *edd.* 29 nec] ne *KM*

miscere; immo quantum congrue fieri potest, omnibus generibus dictio varianda est. Nam quando prolixa est in uno genere, minus detinet auditorem, cum vero fit in aliud ab alio transitus, etiam si longius est, decentius procedit oratio; quamvis habeant et singula genera varietates suas in sermone eloquentium, quibus non sinuntur in eorum qui audiunt frigescere vel tepescere sensibus. Verumtamen facilius summissum solum quam solum grande diutius tolerari potest. **135.** Commotio quippe animi quanto magis excitanda est, ut nobis assentiatur auditor, tanto minus in ea diu teneri potest, cum fuerit quantum satis est excitata. Et ideo cavendum est, ne, dum volumus altius erigere quod erectum est, etiam inde decidat quo fuerat excitatione perductum. Interpositis vero quae sunt dicenda summissius, bene reditur ad ea quae opus est granditer dici, ut dictionis impetus sicut maris aestus alternet. Ex quo fit ut grande dicendi genus, si diutius est dicendum, non debeat esse solum, sed aliorum generum interpositione varietur. Ei tamen generi dictio tota tribuitur, cuius copia praevaluerit.

136. Interest enim quod genus cui generi interponatur vel XXIII. 52.
adhibeatur certis et necessariis locis. Nam et in grandi genere semper aut paene semper temperata decet esse principia, et in potestate est eloquentis ut dicantur nonnulla summisse, etiam quae possent granditer dici, ut ea quae dicuntur granditer, ex illorum fiant comparatione grandiora et eorum tamquam umbris luminosiora reddantur. In quocumque autem genere aliqua quaestionum vincula solvenda sunt, acumine opus est, quod sibi summissum genus proprie vindicat. **137.** Ac per hoc eo genere utendum est et in aliis duobus generibus, quando eis ista incidunt: sicut laudandum aliquid vel vituperandum, ubi nec damnatio cuiusquam nec liberatio nec ad actionem quamlibet assensio requiritur, in quocumque

deest C

1 misceri *DSM* de omnibus *PET* 18 genere *edd.* 22 decent *KA* 23 est *om. PB* 30 incidunt] indicunt *DKAM*

alio genere occurrerit, genus adhibendum et interponendum est temperatum. In grandi ergo genere inveniunt locos suos duo cetera et in summisso similiter. **138.** Temperatum autem genus non quidem semper, sed tamen aliquando summisso indiget, si, ut dixi, quaestio cuius nodus est solvendus incurrat, vel quando nonnulla quae ornari possent ideo non ornantur, sed summisso sermone dicuntur, ut quibusdam quasi toris ornamentorum praebeant eminentiorem locum. Grande autem genus temperata dictio non requirit; ad delectandos quippe animos, non ad movendos ipsa suscipitur.

XXIV. **139.** Non sane si dicenti crebrius et vehementius accla-
53. metur, ideo granditer putandus est dicere. Hoc enim et acumina summissi generis et ornamenta faciunt temperati. Grande autem genus plerumque pondere suo voces premit, sed lacrimas exprimit. Denique cum apud Caesaream Mauritaniae populo dissuaderem pugnam civilem vel potius plus quam civilem, quam Catervam vocabant — neque enim cives tantummodo, verum etiam propinqui, fratres, postremo parentes ac filii lapidibus inter se in duas partes divisi per aliquot dies continuos certo tempore anni sollemniter dimicabant, et quisque ut quemque poterat occidebat —, egi quidem granditer, quantum valui, ut tam crudele atque inveteratum malum de cordibus et moribus eorum avellerem pelleremque dicendo. Non tamen egisse aliquid me putavi cum eos audirem acclamantes, sed cum flentes viderem. **140.** Adclamationibus quippe se doceri et delectari, flecti autem lacrimis indicabant. Quas ubi aspexi, immanem illam consuetudinem a patribus et avis longeque a maioribus traditam, quae pectora eorum hostiliter obsidebat vel potius possidebat, victam antequam re ipsa id ostenderent credidi moxque sermone finito ad agendas deo gratias corda atque ora converti. Et ecce iam ferme octo vel amplius anni sunt propitio Christo, ex quo illic

---

deest C

---

5 si ut] sicut *PETB*, sic *D* 13 temperata *DSM* 24 me aliquid *PT* 29 devictam *B edd.* 30 credidi] credi *PE*

nihil tale temptatum est. Sunt et alia multa experimenta quibus didicimus homines, quid in eis fecerit sapientis granditas dictionis, non clamore potius quam gemitu, aliquando etiam lacrimis, postremo vitae mutatione monstrasse.

141. Summisso etiam dicendi genere sunt plerique mutati, 54.
sed ut quod nesciebant scirent, aut quod eis videbatur incredibile crederent, non autem ut agerent quod agendum iam noverant et agere nolebant. Ad huius modi namque duritiam flectendam debet granditer dici. Nam et laudes et vituperationes quando eloquenter dicuntur, cum sint in genere temperato, sic afficiunt quosdam ut non solum in laudibus et vituperationibus eloquentia delectentur, verum et ipsi laudabiliter appetant fugiantque vituperabiliter vivere. Sed numquid omnes qui delectantur, imitantur, sicut in grandi genere omnes qui flectuntur, agunt, et in summisso genere omnes qui docentur, sciunt, aut credunt verum esse quod nesciunt?

142. Unde colligitur illa duo genera quod efficere intendunt, XXV. 55.
hoc eis esse maxime necessarium, qui sapienter et eloquenter volunt dicere. Illud vero quod agitur genere temperato, id est, ut eloquentia ipsa delectet, non est propter se ipsum usurpandum, sed ut rebus quae utiliter honesteque dicuntur, si nec docente indigent eloquio nec movente, quia et scientes et faventes auditores habent, aliquanto promptius ex delectatione ipsa elocutionis accedat vel tenacius adherescat assensus. **143.** Nam cum eloquentiae sit universale officium, in quocumque istorum trium genere dicere apte ad persuasionem, finis autem, id quod intenderis persuadere dicendo, in quocumque istorum trium genere dicit quidem eloquens apte ad persuasionem, sed nisi persuadeat, ad finem non pervenit eloquentiae. Persuadet autem in summisso genere vera esse quae

deest C

2 didicimus] dicimus *QE* 3 non] nam *DM* 5 plerumque *PE* 6 nesciebant] non sciebant *ETB* 9 laudes ac *KPQET* 14 imitantur] mutantur *edd.* 18 maxime esse *α* 19 genere] generum *TB²* *edd.* 26 genere] generum *edd.* 29 persuadet *DSM* pervenit] venit *D²Q*

dicit, persuadet in grandi ut agantur quae agenda esse iam sciuntur nec aguntur, persuadet in genere temperato pulchre ornateque se dicere. Quo fine nobis quid opus est? **144.** Appetant eum qui lingua gloriantur et se in panegyricis talibusque dictionibus iactant, ubi nec docendus nec ad aliquid agendum movendus, sed tantummodo est delectandus auditor. Nos vero istum finem referamus ad alterum finem, ut scilicet quod efficere volumus cum granditer dicimus, hoc etiam isto velimus, id est, ut bona morum diligantur vel devitentur mala, si ab hac actione non sic alieni sunt homines ut ad eam grandi genere dictionis videantur urguendi, aut si iam id agunt, ut agant studiosius atque in eo firmiter perseverent. Ita fit ut etiam temperati generis ornatu non iactanter, sed prudenter utamur, non eius fine contenti quo tantummodo delectatur auditor, sed hoc potius agentes, ut etiam ipso ad bonum quod persuadere volumus adiuvetur.

XXVI. **145.** Illa itaque tria quae supra posuimus, eum qui sapienter
56. dicit, si etiam eloquenter vult dicere, id agere debere ut intellegenter, ut libenter, ut oboedienter audiatur, non sic accipienda sunt tamquam singula illis tribus dicendi generibus ita tribuantur, ut ad summissum intellegenter, ad temperatum libenter, ad grande pertineat oboedienter audiri, sed sic potius ut haec tria semper intendat et quantum potest agat, etiam cum in illorum singulo quoque versatur. Nolumus enim fastidiri etiam quod summisse dicimus, ac per hoc volumus non solum intellegenter verum etiam libenter audiri. **146.** Quid autem agimus divinis testimoniis docendo quod dicimus, nisi ut oboedienter audiamur, id est, ut credatur eis, opitulante illo cui dictum est: *Testimonia tua credita facta sunt valde*? Quid autem quaerit

29 *Ps. 92, 5

deest C

5 iactant *K²PT² edd.*, iactent *cett.* ad *om.* α *PE* 9 morum] horum *DSM* 11 urgendi *D²S²QT²B* ut *om.* α *B* 12 etiam] iam *B* 19 audiantur β 22 grande] granditer *DKM* 28 credatur] credatis *DM* 29 credita] credibilia *PQ Vulg.* valde] nimis α *Vulg.* quaerit] cupit *Q edd.*

nisi credi, qui aliquid licet summisso eloquio discentibus narrat? Et quis eum velit audire, nisi auditorem nonnulla etiam suavitate detineat? Nam si non intellegatur, quis nesciat nec libenter eum posse nec oboedienter audiri? **147.** Plerumque autem dictio ipsa summissa, dum solvit difficillimas quaestiones et inopinata manifestatione demonstrat, dum sententias acutissimas de nescio quibus quasi cavernis unde non sperabatur eruit et ostendit, dum adversarii convincit errorem et docet falsum esse quod ab illo dici videbatur invictum, maxime quando adest eius quoddam decus non appetitum, sed quodam modo naturale, et nonnulla non iactanticula, sed quasi necessaria atque, ut ita dicam, ipsis rebus exorta numerositas clausularum, tantas adclamationes excitat ut vix intellegatur esse summissa. **148.** Non enim quia neque incedit ornata neque armata, sed tamquam nuda congreditur, ideo non adversarium nervis lacertisque conlidit et obsistentem subruit ac destruit membris fortissimis falsitatem. Unde autem crebro et multum adclamatur ita dicentibus, nisi quia veritas sic demonstrata, sic defensa, sic invicta delectat? Et in hoc igitur genere summisso iste noster doctor et dictor id agere debet ut non solum intellegenter, verum etiam libenter et oboedienter audiatur.

149. Illa quoque eloquentia generis temperati apud elo- 57.
quentem ecclesiasticum nec inornata relinquitur nec indecenter ornatur. Nec solum hoc appetit ut delectet, quod solum apud alios profitetur, verum etiam in his quae laudat sive vituperat, istis appetendis vel firmius tenendis, illis autem devitandis vel respuendis, vult utique oboedienter audiri. Si autem non auditur intellegenter, nec libenter potest. Proinde illa tria, ut intellegant qui audiunt, ut delectentur, ut oboediant, etiam in hoc genere agendum est, ubi tenet delectatio principatum.

---

deest C

---

10 eius] ei *edd.* 11 naturalem *PET* et] est *KSM*, *om. D* 12 extorta *β* 16 et] sed *DSM* 20 genere *om. α* 31 est] esse *S*

58. **150.** Iam vero ubi movere et flectere grandi genere opus est auditorem — quod tunc est opus, quando et veraciter dici et suaviter confitetur et tamen non vult facere quod dicitur —, dicendum est procul dubio granditer. Sed quis movetur si nescit quod dicitur? Aut quis tenetur ut audiat si non delectatur? Unde et in isto genere ubi ad oboedientiam cor durum dictionis granditate flectendum est, nisi et intellegenter et libenter qui dicit audiatur, non potest oboedienter audiri.

XXVII. 59. **151.** Habet autem ut oboedienter audiamur quantacumque granditate dictionis maius pondus vita docentis. Nam qui sapienter et eloquenter dicit, vivit autem nequiter, erudit quidem multos discendi studiosos, quamvis animae suae sit inutilis, sicut scriptum est. Unde ait apostolus: *Sive occasione sive veritate Christus adnuntietur.* Christus autem veritas est, et tamen etiam non veritate adnuntiari veritas potest, id est, ut pravo et fallaci corde quae recta et vera sunt praedicentur. Sic quippe adnuntiatur Iesus Christus ab eis qui sua quaerunt, non quae Iesu Christi. **152.** Sed quoniam boni fideles non quemlibet hominum, sed ipsum dominum oboedienter audiunt, qui ait: *Quae dicunt, facite; quae autem faciunt, facere nolite; dicunt enim et non faciunt*, ideo audiuntur utiliter etiam qui utiliter non agunt. Sua enim quaerere student, sed sua docere non audent, de loco scilicet superiore sedis ecclesiasticae quam sana doctrina constituit. Propter quod ipse dominus priusquam de talibus quod commemoravi diceret, praemisit: *Cathedram Moysi sedent.* Illa ergo cathedra, non eorum sed

12—13 cf. Eccli. 37, 22 13—14 *Phil. 1, 18 20—21 cf. Matth. 23, 3 26 id. 23, 2

deest C

2 opus est *SM* 6 in *om. SQ* 8 qui] quod *SM*, quae *T* 9 audiamur] audiamus *PET*, audiatur *edd.* 13 est scribae et pharisaei in cathedra moysi sederunt quae dicunt facite quae autem faciunt facere nolite dicunt enim et non faciunt *PQ* ait et *Q edd.* 21—22 qui etiam *edd.* 26 super cathedram *B Vulg. edd. cf. Georges, Blaise s. v.* sedeo sedent] sederunt *Vulg. edd.*

Moysi, cogebat eos bona dicere, etiam non bona facientes. Agebant ergo sua in vita sua; docere autem sua cathedra illos non permittebat aliena.

153. Multis itaque prosunt dicendo quae non faciunt, sed 60.
longe pluribus prodessent faciendo quae dicunt. Abundant enim qui malae vitae suae defensionem ex ipsis suis praepositis et doctoribus quaerant, respondentes corde suo, aut etiam si ad hoc erumpunt ore suo atque dicentes: 'Quod mihi praecipis, cur ipse non facis?' Ita fit ut eum non oboedienter audiant, qui se ipse non audit, et dei verbum quod eis praedicatur simul cum ipso praedicatore contemnant. **154.** Denique apostolus scribens ad Timotheum, cum dixisset: *Nemo adulescentiam tuam contemnat*, subiecit unde non contemneretur, atque ait: *Sed forma esto fidelium in sermone, in conversatione, in dilectione, in fide, in castitate.*

155. Talis doctor ut oboedienter audiatur, non impudenter XXVIII
non solum summisse ac temperate, verum etiam granditer 61.
dicit, quia non contemptibiliter vivit. Sic namque elegit bonam vitam ut etiam bonam non neglegat famam, sed provideat bonam coram deo et hominibus quantum potest, illum timendo, his consulendo. In ipso etiam sermone malit rebus placere quam verbis, nec existimet dici melius nisi quod dicitur verius, nec doctor verbis serviat, sed verba doctori. Hoc est enim quod ait apostolus: *Non in sapientia verbi, ne evacuetur crux Christi.* **156.** Ad hoc valet etiam quod ait ad Timotheum: *Noli verbis contendere; ad nihil enim utile est nisi in subversione audientium.* Neque enim hoc ideo dictum est ut adversariis obpugnantibus veritatem nihil nos pro veritate dicamus. Et ubi erit

---

12—15 *I Tim. 4, 12 18—19 cf. II Cor. 8, 21 24 I Cor. 1, 17 25—27 *II Tim. 2, 14

---

deest C

---

8 hoc *om. DM* 18 eligit *DASM edd.* 21 malit] aliter *DSM* 22 existimet] aestimet *α edd.* 24 apostolus ait *edd.* 26 in subversione *α*, ad subversionem *β Vulg. edd.* 27 est *om. ETB* 27—28 obpugnantibus] pugnantibus *P*, inp- *P²*, rep- *T*

quod, cum ostenderet qualis esse episcopus debeat, ait inter cetera: *Ut potens sit in doctrina sana et contradicentes redarguere*? Verbis enim contendere est non curare quomodo error veritate vincatur, sed quomodo tua dictio dictioni praeferatur alterius. **157.** Porro qui non verbis contendit, sive summisse sive temperate sive granditer dicat, id agit verbis ut veritas pateat, veritas placeat, veritas moveat, quoniam nec ipsa quae praecepti finis et plenitudo legis est caritas ullo modo esse recta potest, si ea quae diliguntur non vera, sed falsa sunt. Sicut autem cuius pulchrum corpus et deformis est animus, magis dolendus est quam si deforme haberet et corpus, ita qui eloquenter ea quae falsa sunt dicunt magis miserandi, quam si talia deformiter dicerent. **158.** Quid est ergo non solum eloquenter, verum etiam sapienter dicere, nisi verba in summisso genere sufficientia, in temperato splendentia, in grandi vehementia, veris tamen rebus quas audiri oporteat, adhibere? Sed qui utrumque non potest, dicat sapienter quod non dicit eloquenter, potius quam dicat eloquenter quod dicit insipienter.

XXIX. **159.** Si autem ne hoc quidem potest, ita conversetur ut non solum sibi praemium comparet, sed et praebeat aliis exemplum et sit eius quasi copia dicendi forma vivendi.

62. **160.** Sunt sane quidam qui bene pronuntiare possunt, quid autem pronuntient excogitare non possunt. Quod si ab aliis sumant eloquenter sapienterque conscriptum memoriaeque commendent atque id ad populum proferant, si eam personam gerunt, non improbe faciunt. Etiam sic enim, quod profecto utile est, multi praedicatores veritatis fiunt nec multi magistri,

---

2—3 *Tit. 1, 9 8 cf. I Tim. 1, 5 et Rom. 13, 10

---

deest C

---

1 ostendit *E* 2 sana] sua *DSM* 4 dictio *om. DSMT* 9 recta esse *T*[2] *edd.* 12 miserandi sunt *M*[2] *edd.* 13 talia] alia *DKSM* 16 audire *PT* 21 sibi] si *PET* sed etiam *edd.* 24 si] sibi *DSM* 26 atque] ea quae *ET* 27 etiam *om. T*[2] *edd.* 28 veritatis praedicatores α

si unius veri magistri id ipsum dicant omnes et non sint in eis schismata. Nec deterrendi sunt isti voce Hieremiae prophetae, per quem deus arguit eos *qui furantur verba* eius, *unusquisque a proximo suo.* **161.** Qui enim furantur, alienum auferunt, verbum autem dei non est ab eis alienum qui obtemperant ei; potiusque ille dicit aliena qui, cum dicat bene, vivit male. Quaecumque enim bona dicit, eius excogitari videntur ingenio, sed ab eius moribus aliena sunt. Eos itaque dixit deus furari verba sua, qui boni volunt videri loquendo quae dei sunt, cum mali sint faciendo quae sua sunt. Nec sane ipsi dicunt bona quae dicunt, si diligenter attendas. Quomodo enim dicunt verbis quod negant factis? Non enim frustra de talibus ait apostolus: *Confitentur se nosse deum, factis autem negant.* Modo ergo quodam ipsi dicunt et rursus alio modo non ipsi dicunt, quoniam utrumque verum est quod veritas ait. **161.** De talibus enim loquens, *Quae dicunt,* inquit, *facite; quae autem faciunt, facere nolite.* Hoc est: Quod ex ore illorum auditis, facite; quod in opere videtis, facere nolite; *dicunt enim,* inquit, *et non faciunt.* Ergo quamvis non faciant, dicunt tamen. Sed alio loco tales arguens, *Hypocritae,* inquit, *quomodo potestis bona loqui, cum sitis mali?* Ac per hoc et ea quae dicunt, quando bona dicunt, non ipsi dicunt, voluntate scilicet atque opere negando quod dicunt. **163.** Unde contingit ut homo disertus et malus sermonem quo veritas praedicetur dicendum ab alio non diserto sed bono ipse componat. Quod cum fit, ipse a se ipso tradit alienum, ille ab alieno accipit suum. Cum vero boni fideles bonis fidelibus hanc operam commodant, utrique sua dicunt, quia et deus ipsorum est cuius sunt illa quae dicunt, et ea sua faciunt, quae non ipsi componere potuerunt, qui secundum illa composite vivunt.

1—2 cf. I Cor. 1, 10 3—4 Ier. 23, 30 13 Tit. 1, 16 16—19 *Matth. 23, 3 20—21 *id. 12, 34

deest C

5 ei] eis *P* 7 bona dicit *om. DSM* 14 ipsi non *β* 19 tamen dicunt *α Q*

XXX. 63. **164.** Sive autem apud populum vel apud quoslibet iam iamque dicturus sive quod apud populum dicendum vel ab eis qui voluerint aut potuerint legendum est dictaturus, oret ut deus sermonem bonum det in os eius. Si enim regina oravit Hester, pro suae gentis temporaria salute locutura apud regem, ut in os eius deus congruum sermonem daret, quanto magis orare debet ut tale munus accipiat, qui pro aeterna hominum salute in verbo et doctrina laborat? **165.** Illi vero qui ea dicturi sunt quae ab aliis acceperunt, et antequam accipiant orent pro eis a quibus accipiunt ut eis detur quod per eos accipere volunt, et cum acceperint orent ut bene et ipsi proferant et illi ad quos proferunt sumant, et de prospero exitu dictionis eidem gratias agant, a quo id se accepisse non dubitant, ut *qui gloriatur in* illo *glorietur* in cuius manu sunt et nos et sermones nostri.

XXXI. 64. **166.** Longior evasit liber hic quam volebam quamque putaveram. Sed legenti vel audienti cui gratus est, longus non est. Cui autem longus est, per partes eum legat qui habere vult cognitum. Quem vero cognitionis eius piget, de longitudine non queratur. Ego tamen deo nostro ago gratias quod in his quattuor libris non qualis ego essem, cui multa desunt, sed qualis esse debeat qui in doctrina sana, id est Christiana, non solum sibi sed aliis etiam laborare studet, quantulacumque potui facultate disserui.

4—6 cf. Esth. 14, 13 8 cf. I Tim. 5, 17 13—14 I Cor. 1, 31 14 cf. Sap. 7, 16

---

deest C

---

4 Hester] aester *PE*, esther *edd.* 5 temporaria] temporali *SM* 14 sunt] sumus *DSM* *pr.* et *om.* *α* 19 gratias ago *B edd.* quod] quo *ET* 22 etiam aliis *α* *edd.*

INDICES

(primo numero pagina, altero linea significatur)

INDEX LOCORUM SACRAE SCRIPTURAE

INDEX LOCORUM RELIQUORUM SCRIPTORUM

INDEX NOMINUM

INDEX RERUM ET LOCUTIONUM NOTABILIORUM